맘(mom)이 편해졌습니다

To Katharine, the love of my life,
and to Saphira and Johanna, the loves of our lives
K.J.P.

Simplicity Parenting

Copyright © Kim John Payne 2009, 2019

Translation copyright © Golden Affair Books 2020

All rights reserved.

This Korean edition published by arrangement with Kim John Payne c/o Carol Mann Agency through Shinwon Agency.

illustrations © katharine Payne

이 책의 한국어판 저작권은 신원에이전시를 통해
Ballantine Books와 독점 계약한
'골든어페어'에 있습니다.
저작권법에 의하여 한국 내에서 보호를 받는 저작물이므로
무단전재 및 무단복제를 금합니다.

Simplicity Parenting

MOM 맘이
편해졌습니다

킴 존 페인 지음
이정민 옮김

추천사

우리의 조상들은 체격이 좋거나 힘이 세지도 않았고 송곳니와 발톱으로 무장하지도 않았지만 훨씬 중요한 기술을 한 가지 갖고 있었다. 바로 아이들을 능숙한 기술자이면서 동시에 배려할 줄 알고 협력할 줄도 아는 현명한 사람으로 키우는 기술을 발전시킨 것이다. 인류가 멸종하지 않고 번영할 수 있었던 건 아이들을 돌보고 가르치는 방식인 바로 이 육아 덕분이 아닐까. 인류는 긴 세월 동안 해 오고 있는 이 아름다운 행위를 지난 수백만 년간 잘 해왔다. 간단히 말해 우리는 오랜 세월 육아를 해 왔고 또 잘 하고 있다.

그럼에도 긴 역사의 굴곡 중에는 육아를 제대로 하기가 어려운 시절도 분명 있었다. 봉건 시대에는 아이들에게 밭일을 시킬 수밖에 없었고 산업화 시대에는 학교에서 학업과 노동의 엄격한 규율을 강요하며 통제해야 했다. 초자본주의 시대인 지금은 우리 모두 늘 허둥대며 일하고 눈코 뜰 새 없이 바쁘게 지내야 한다는 압박에 시달리고 있다.

40여 년 전 집필한 내 첫 번째 육아서는 노동자 계급 부모들의 바람직하지 않은 육아 방식에 제동을 거는 내용이었다. 그들은 자녀들을 체벌하고 멍청하고 바보 같으며 헤프다고 비난하면서 자존감을 무참히 짓밟았다. 다행히 1980년대 들어 체벌은 줄어들었지만 끔찍한 말로 자녀의 자아를 공격하는 행위는 없어지지 않았다.

반면 요즘은 자녀를 때리는 부모는 찾아보기 힘들며, 대부분 최선을 다해 격려해 주고 또 엄청난 애정을 쏟는다(1950년대에 내 부모님도 나를 사랑하셨지만 나나 내 누이를 안아주는 경우는 거의 없었다. 그때는 으레 그랬다. 요즘에는 상상하기 힘든 일이다).

그런데 육아 방법이 이렇게 발전했음에도 어린이나 청소년의 정신 건강은 오히려 더 나빠졌고, 심지어 정신적으로 건강하지 못한 아이들이 빠르게 늘고 있는 게 현실이다. 영국, 미국, (내가 살고 있는) 호주에서 불안감이나 우울증에 시달리는 어린이가 5명 중 1명에 이르고, 수십 년간 줄어드는 듯 보였던 십대 자살률 역시 다시 증가하고 있다. 이혼율 또한 40퍼센트에 달하는 데다 평소 행복하다거나 평화롭다고 느끼는 이들은 찾아보기가 힘들다. 행복에 관한 여러 연구에 따르면 사람들의 만족감은 1950년대에 오히려 더 높았는데 장담컨대 1950년대는 그리 좋은 시대가 아니었다!

페인의 저서 『맘(mom)이 편해졌습니다 Simplicity Parenting』를 처음 접했을 때 나는 너무 흥분해서 곧장 그에게 메일을 보냈다. 육아, 그리고 육아 도서의 세계에 무엇보다 필요한 게 바로 이 같은 관점과 사상이라는 사실을 알고 있었기 때문이다.

지금이야 수많은 이가 페인의 메시지를 재생산하고 있지만 자녀를 양육하고 나아가 삶을 살아갈 때 아이의 성장에 걸맞은 속도와 리듬, 스타일로 접근해야 한다고 설파한 건 여전히 그가 최초이자 단연 최고다.

부모는 당연히 아이가 배우고 성장하고 또 성공하길 원한다. 하지만 이를 어떤 방식으로, 어떻게 이룰지가 관건이기에 페인의 관점과 사상은 상당히 중요하다. 당신이 옥수수를 기른다고 상상해 보자. 옥수수 씨에서 싹이 트기 시작해 15센티미터 정도 자라났다. 그런데 지금보다 더 빨리 자라야 한다거나 옆집 옥수수보다 성장 속도가 뒤처지면 안 된다거나, 4개월 이내에 따 먹을 수 있을 만큼 자라야 한다며 조바심에 밤마다 손전등을 들고나가 잎을 잡아당긴다. 그런다고 실제로 옥수수가 더 빨리 자라겠는가? 이렇게 어리석은 사람은 아무도 없겠지만 아이를 이런 식으로 키우는 부모는 갈수록 늘고 있다.

행복한 가정은 평화로운 곳이다. TV에서 온종일 무섭거나 현란한 영상이 흘러나와 아이의 성장하는 뇌를 혹사시키거나 어른의 지친 신경을 혹사시키는 일은 벌어지지 않는다. 대신 회사나 학교에서 돌아와 서로 마주 앉아 함께 먹고 이야기하고 관심을 쏟고 문제를 해결하는 등 복잡하고 미묘하게 상호작용하며 조화를 이룬다. 때로 정신없이 지내는 엄마와 아빠는 혼자만의 시간을 고대하기도 하지만 아이에게 미소를 보내고 격려하는 일을 잊지 않는다. 당신 얘기처럼 들리는가, 아니면 실현 가능성 제로인 먼 나라 얘기 같은가?

페인은 오늘날의 우리가 살아가는 방식을 '열이 난다'라는 아주 적절한 말로 표현한다. 아플 때면 겪게 되는 정신없고 과열된 상태가 우리의 일상이라는 뜻이다. 실제로 우리가 살아가는 방식은 병들었다. 그래서 우리와 우리 아이들까지 아프게 하고, 지상 낙원이어야 마땅하고 풍요와 안전을 누려야 할 유년기를 지옥으로 만들고 있다. 모든 게 지나치다. 모두 지나치게 서두르고 시간이 부족하며 행복하지 않다고 느낀다.

지금 이 순간 이 세상에 가장 필요한 건 단순화하기와 속도 늦추기다. 이 책에는 이를 실천할 수 있는 방법으로 가득하다. 시작은 당신의 가정이겠지만 차츰 퍼져 나가 우리를 둘러싼 비정상을 멈출 수 있길 바랄 뿐이다.

하마터면 '서둘러서 책을 읽으세요!'라고 말할 뻔했다. 하지만 그래서는 안 된다. 여유를 갖고 천천히 읽어 보자. 당신의 삶이 달라질 것이다.

스티브 비덜프

저서 『21세기에 아들 키우기 Raising Boys in the 21st Century』 『남자, 다시 찾은 진실 The New Manhood』 『여자아이에게 가장 필요한 10가지 Ten Things Girls Need Most』

들어가며

자신감을 갖고 네 꿈을 향해 나아가라.
삶을 단순하게 만들수록 우주의 법칙도 더 단순해질 것이다.
- 헨리 데이비드 소로

부모는 가족의 일상을 설계하는 건축가다. 사랑하는 가족을 위해 무엇을 어떻게 함께 할지 선택함으로써 기초를 세우고 하루하루의 리듬과 속도를 정한다. 하지만 실제 자녀를 키우다 보면 건축 과정을 설계하고 통제하는 건축가와는 거리가 멀어도 한참 멀어진다. 이러저러한 책임에 떠밀려 정신없이 사는 삶에 가정이 통제당한다고 느낄 때도 많은 게 현실이다.

생활방식에는 그 가족이 소중하게 여기는 가치가 담겨 있다. 전문 상담가이자 교육가로서 많은 훈련을 받은 나는, 가족이 일상을 꾸려 나가는 방식이 그 가족에 대해 많은 이야기를 해 준다는 사실을 알게 되었다. 하지만 아이들은 나와 같은 훈련을 받지 않고도 본능적으로 부모가 소중히 여기는 가치를 알아차린다. 다시 말해 부모가 온갖 업무에 시달리며 바쁘게 지내면서 그 가치를 드러내지 못하더라도 함께 있으면서 보내는 시간, 사랑을 표현하는 방식을 통해 알아차린다. 아이들은 단순하다. 그리고 아이들이 옳다.

사실 부모의 동기와 의도도 복잡하지 않다. 하나같이 비슷하고 부모로서 꿈도 거의 차이가 없다. 사는 지역이나 경제적 형편에 상관없이 부모는 대부분 자녀가 제일 좋은 것을 누리길 바란다. 사랑해 주고 보호해 주고 충족시켜 주고 싶은 욕구라는 공통된 동기를 가지고 부모는 매일같이 가족의 일상을 꾸려 간다.

이런 부모에게는 건축가로서 가족에 대한 청사진이 있다. 물론, 그 계획은 바뀌고 돈은 모자라기 마련이고, 예상치 못한 일까지 끼어들어 가족의 미래 청사진을 그리는 일은 끝이 없어 보인다. 하지만 이렇게 온갖 시행착오를 겪으며 가정을 꾸리는 과정에서 서로를 더 깊이 이해하게 되고 가족 구성원에 대한 희망을 키워간다. 마치 일곱 살 난 아들 녀석이 마냥 아기 같기는 하지만 언젠가 다 큰 청년의 모습을 보여줄 때가 있을 거라고 생각하는 것처럼 말이다. 부모로서 우리는 청사진에 들어 있는 꿈이라는 단순하고 공통적인 동기에서 소중히 여기는 가치를 지켜낼 에너지와 영감을 얻는다.

보호하기와 기다리기

부모는 오랜 시간 충실하게 자기 자신을 찾아가고 있는 아이가 가족이라는 울타리 안에서 안정과 평화로움을 느끼며 진정한 자신으로 성장할 수 있길 바란다. 그렇다면 아이가 잘 자라도록 도우려면 부모는 아이를 어떻게 사랑하고 가르쳐야 할까?

아이는 보호받고 있다고 느낄수록 빠르게 성장한다. 가족에 둘러싸여 깨우치고 익히면서 놀라운 도약을 해 나간다. 그런데 부모가 아이를 다그치거나 재촉한다면 무슨 일이 일어나겠는가?

그런 도약의 순간을 빼앗아 버리게 된다. 아이는 문득문득 자신이 어떤 사람인지, 지니고 있는 잠재력이 무엇인지, 내면의 진정한 자아가 어떤 모습인지 내보일 때가 있다. 부모는 그런 순간을 보호해 줘야 한다. 특히, 아이는 놀면서 주변 세상을 탐색할 수 있을 때 그리고 그럴 만한 시간과 공간이 주어질 때 가장 행복하다. 부모는 한순간에도 미래와 과거를 오가지만 아이는 지금 그 순간에 오래도록 머물면서 완전히 몰입한다. 그래서 빡빡하게 일정을 잡아 돌리거나 서두르라고 재촉하지 말아야 한다.

부모의 가장 큰 바람은 아이가 자신만의 속도에 맞춰 제 목소리를 찾고 재능과 회복탄력성을 쌓아가는 것이라는 점을 잊지 말자. 또한 하루에도 몇 번씩 잊어버리기는 하지만 그렇게 되기까지 시간이 필요하다는 사실을 부모라면 명심해야 한다.

새로운 정상

하지만 가정에서 휴식을 취하고 재충전할 시간 즉, 자신만의 속도에 맞춰 제 목소리를 찾고 재능과 회복탄력성을 쌓아갈 시간이 점점 더 사라지고 있다. 집안에 있는 컴퓨터는 물론이고 스마트폰을 이용해서도 얼마든지 일을 할 수 있게 됐기 때문이다. 아이들 역시 스케줄이 너무 많아지면서 전자기기 없이는 관리하기도 힘든 지경에 이르렀다. 실제로 2007년, 발달 심리학자 데이비드 엘킨드는 지난 20년간 아이들이 일주일에 12시간도 넘는 자유 시간을 잃어버렸다고 지적했다.[1]

'멀티태스킹'이 생존 기술로 각광받는 지금, 점점 더 많은 아이가 '주의력 결핍'으로 진단받는 건 당연한 결과 아닐까?

우리는 매 순간 아무리 사소한 것이라도 선택을 해야 하는 상황에 직면한다. 그때마다 브랜드, 특징, 크기, 가격을 따져 보는 건 물론이고 문제점이나 주의사항은 없었는지 기억까지 더듬어 본다. 종류가 너무 많아서 선택하기도 힘들다. 어른들도 숨이 막힐 지경인데 하물며 아이들은 어떻겠는가! 게다가 수많은 선택을 거쳐 수많은 것을 갖게 된다고 행복해지는 것도 아니다. 광고 문구와 달리 선택할 게 너무 많아 오히려 스트레스가 더 쌓인다. 괜히 시간만 더 들고 그 과정에서 동기도 희석돼 행복감도 줄어든다.

걸러지지 않은 정보도 가정과 일상, 아이의 의식 속에 마구 쏟아진다. 얼마 전까지만 해도 가정은 고립된 기지요, 외부 세계는 '커다란 수수께끼'로 존재했다. 부모는 한정된 공간인 가정과 지역사회를 넘어 아이가 '진짜 세상'에서 살아남는 데 필요한 모든 정보를 전해주느라 애를 먹었다. 그런데 요즘에는 언제 어디서든 인터넷만 연결되어 있으면 날것 그대로의 '진짜 세상'이 펼쳐진다. 그만큼 문지기로서의 부모 역할이 중요해지고 또 힘들어졌다는 얘기다.

물이 펄펄 끓는 비커에 개구리를 넣으면 빠져나오려고 사력을 다해 발버둥 친다는 얘기를 알고 있을 것이다. 물론, 이는 당연한 얘기다. 그런데 찬물이 담긴 비커에 개구리를 넣고 물을 천천히 데우면 끓는점에 도달할 때까지 개구리는 전혀 고통스러운 기색 없이 가만히 있기만 한다. 나와 같은 근심을 공유해 준 수많은 부모의 사례와 역시 부모인 나의 개인적 경험에 비춰 볼 때 오늘날에는 모든 가족 구성원이, 특히 아이들이 점점 더 지내기 힘든 비커 속에 들어가 있는 것만 같다.

여유와 품위 갖기

혹시 당신의 가족 역시 넘치는 물건, 넘치는 선택, 넘치는 정보, 넘치는 속도라는 네 기둥 위에 지은 집에서 일상을 꾸리고 있지 않은가? 내가 보기에는 그게 현실이다. 하지만 의도적인 건 아니라고 믿는다. 나는 부모가 가족생활의 흐름에 신선한 영감을 불어넣을 수 있다는 사실을 알고 있으며, 실제로 그런 경우를 수없이 봐왔다. 가족의 건축가로서 부모는 아이의 일상에 서두름과 번잡함을 줄여 여유와 품위를 더할 수 있다.

수많은 아이는 물론이고 그 가족들과 함께하면서 나는 아이들의 삶에서 스트레스와 방해물, 선택을 줄일 수 있는 방법을 알게 되었다. 아이들이 여유와 행복감을 되찾는 데 이 책에서 제시하는 방법이 효과가 좋다는 사실도 직접 확인했다. 이 책에서는 가족의 일상을 유년기의 속도와 역할에 맞게 재구성하는 일에 대해 다룬다. 또 부모가 가족들에게 품는 꿈에 맞춰서도 일상을 재구성해야 함을 일러준다. 그러기 위해서 아이의 주의를 산만하게 하고 마음을 갉아먹는 것을 제거하는 일부터 시작한다.

휴식을 취하며 고요하게 보내는 순간은 나이를 막론하고 모든 이에게 일종의 자양분이다. 관계란 별로 특별할 것 없이 문득문득 찾아오는 이런 멈춤의 순간, 즉 아무 것도 하지 않을 때 쌓인다. 이 책은 그와 같은 휴식을 되찾는 방법과 끊임없는 활동의 급류 속에서 아이를 위한 '존재'의 섬을 건설할 수 있는 방법을 다양하게 알려줄 것이다.

천천히 시작하기, 작은 변화 실천하기

만약 매사에 서두르는 사회가 있다면 구성원들이 불안에 잠식돼 있기 때문이다. 이런저런 근심 걱정에 시달리다 보면 온갖 문제와 위험을 피해야 한답시고 최대한 빨리 달리기 마련이다. 부모들도 불안하기는 마찬가지여서 보이지 않는 위험을 피하느라 '자신을 채울 기회'를 놓치고 만다. 물론 그 와중에도 아이에게 좋다는 건 빠짐없이, 누구보다 먼저 해 주려고 안간힘을 쓴다. 하지만 이 책에서 강조하는 건 보이지 않는 위험 요소나 신속한 해결 따위가 아니다. 긴 여정이다. 유년기에 대한 존중과 보호야말로 부모가 봐야 할 숲이요 큰 그림이다.

이 책에 등장하는 개념 중 상당수는 슈타이너 발도르프 교육 원칙에 뿌리를 두고 있다. 전 세계적으로 가장 널리 보급된 독립 교육 형태 중 하나인 발도르프는 아이의 두뇌뿐 아니라 손과 마음까지 포함하는 온전한 발달을 강조한다.

아이가 온전하게 발달하기 위해서는 두려움 대신 유년기를 존중하고 보호하려는 마음으로 행동해야 한다. 그러면 오히려 부모로서 동기는 더 강해지고 영감은 무한히 뻗어나갈 수 있다. 다행히 유년기의 환경을 보호하기 위해 부모가 할 수 있는 건 아주 많다. 아이가 정체성, 회복탄력성, 행복감을 서서히 형성해 나가는 데 이상적인 환경을 지켜내기만 한다면 말이다.

바로 그 이상적인 환경을 만드는 것이 이 책에서 설명하는 단순화하기다. '단순화하기'는 성향이나 동기와 상관없이 모든 가족이 실천할 수 있다. 책에서 제시하는 모든 단계를 빠짐없이 다 실천해야 하는 것이 아니라 그중 꾸준히 할 수 있는 것만 선택해 실천하면 된다. 가족마다 여건이 다른 만큼 중요하게 다가오는 영역과 노력의 정도가 다를 것이기 때문이다. 결국 각 단계를 실천하는 순서도 시작 시점도 다를 수밖에 없을 것이다. 특히 단순화하기 수칙 네 가지는 당신만의 방법을 찾아가는 지도라고 할 수 있다. 각 수칙에 대해서는 뒷부분에서 구체적으로 설명하겠다.

이 책의 구성

1장에서는 단순한 일상이 중요하고 효과가 있는 이유에 대해 알아볼 것이다. 그리고 가족에 대한 당신의 꿈을 되찾는 방법 또한 고민할 것이다. 지속적인 동기부여 장치가 될 수 있기 때문이다.

2장에서는 (실질적인 단순화하기 '작업'에 본격적으로 돌입하기 전) 부모의 본능에 대해 짧게 생각해보면서 이미 알고 있는 것을 다시 한번 상기하는 시간을 가질 것이다. 이 과정을 거침으로써 아이가 고열에 시달릴 때와 마찬가지로 아이에게 과부하가 걸렸을 때에 이를 알아차리고 해결할 수 있게 될 것이다.

3장은 자녀의 침실 문 앞에서 시작된다. 지나치게 많은 장난감과 책, 그 밖에 다른 물건을 줄이는 단순화하기 작업에 착수할 것이다.

4장에서는 단순화하기의 다른 형태인 리듬에 대해 살펴볼 것이다. 리듬이 좀 더 확립된 일상은 시간의 흐름 속에서 평화롭고 예측 가능한 화음을 낸다. 하루의 멜로디 중 식사 시간과 취침 시간이 가장 중심이 되고, 그 사이사이 아이가 집중하고 쉬어갈 수 있는 또 다른 화음은 없을지 고민할 것이다.

이어서 5장에서는 일상을 좀 더 깊이 있게 들여다보면서 아이의 스케줄을 점검해 볼 것이다. '자유 시간'이란 곧 온갖 체험과 연습, (부모들끼리 잡는 자녀의) 놀이 약속 등으로 '빽빽이 채우는 시간'이라는 통념에 반기를 들며, 유난히 활동이 많은 날과 좀 더 차분한 날 간에 균형을 맞추는 법을 고민할 것이다.

6장에서는 어른들의 정보나 근심 걱정을 아이들에게서 차단하는 방법에 대해 고민할 것이다. 부모가 얼마나 개입하는지, 자녀와의 유대는 어떠한 지도 살펴볼 것이다. 아이가 부모 품에서 점점 멀어지다가도 다시 돌아오기를 반복하려면 부모와 자녀 사이의 유대가 끊어질 위험 없이 돈독해야 한다. 또한 부모로서 지나치게 간섭하는 대신 단순히 안정감을 심어 주는 역할에 머무는 것에 대해서도 고민해볼 것이다. 그밖에 두려움이 아닌 신뢰를 바탕으로 아이와 교감하는 방법도 살펴볼 것이다.

변화를 일으키는 '덜어내기'의 힘

가족의 삶에 관심을 갖고 영감을 불어넣는 데 '늦은 때'란 없다. 어린 자녀를 둔 부모일수록 이 책에서 가족의 삶을 보호하고 가꿔 줄 씨앗을 많이 발견할 것이다. 가족이 성장해 나가는 모든 단계에서 여유와 품위는 더하고 서두름과 번잡함은 빼는 게 좋다. 시작을 앞둔 지금 한 가지 더 기억해야 할 점은 무엇이든 '덜' 하고 '더' 믿어주는 게 바로 일상을 단순화하는 길이라는 사실이다. 시간과 안정감이 있다면 아이는 자신에게 가장 좋은 방식과 속도로 세상을 탐험할 것임을 믿어야 한다.

내가 상담한 사례를 살펴보면서 당신에게 가장 잘 맞는 방식을 찾을 수 있을 것이다. '전문가'는 필요 없다. 이 책을 읽는 것만으로 깨달음과 영감을 얻는 순간을 경험할 수 있다. 아이가 커 가는 중간중간 이 책을 다시 집어 들고 반짝이는 아이디어와 격려를 얻을 수 있다면 더 바랄 게 없겠다.

마치 주파수 안 맞는 라디오처럼 당신의 일상에 잡음이 가득하다고 느 낀다면 단순화하기를 통해 부모로서 고유한 주파수를 발견할 수 있다. 자녀와의 관계에 더 큰 관심을 쏟고 이해하게 될수록 당신 안의 확신도 커지고 자녀가 어떤 사람이 되어 가는지 좀 더 제대로 볼 수 있게 될 것이다.

이 책이 지금, 그리고 자녀가 커 가는 내내 당신에게 영감을(희망, 위안, 통찰을) 선사해 주기를 진심으로 바란다.

킴 존 페인 Kim John Payne

CONTENTS

추천사 / 들어가며 4

1장 왜 일상이 단순해야 하는가? 21
    포위된 유년기   28
    다시, 꿈과 희망   40
    단순화하기의 첫걸음, 환경 정리하기의 힘   47
    단순한 일상으로의 변화가 필요한 이유   53

2장 마음에서 나는 열 73
    알아차리기   79
    차분하게 지낼 시간 만들어 주기   85
    더 가까이에서 함께하기   89
    기다리기   93
    일관성이라는 영웅   96

3장 환경 정리하기 101

장난감을 덜어내는 기준 117
넘치는 물건에 대한 해독제 131

4장 리듬 더하기 157

예측 가능성과 투명성 높이기 164
가정의 일상에 리듬 더하기 171
리듬감이 깃든 가정에 싹트는 연결감 178
식사 리듬 187
수면 리듬 202

5장 스케줄 줄이기 217

균형과 통제 225
놀이와 스포츠, 스케줄 247

6장 어른 세상 걸러내기 263

객식구 270
어른의 정보 걸러내기 273
어른의 감정 걸러내기 296
어른의 말 걸러내기 306
어른의 개입 걸러내기 320

나오며 : 창의력, 집중력, 회복탄성력을 키우는 비결... 유년기 보호 331
지은이 후기 / 옮긴이 후기 / 감사의 글 348
부록 I, II 357
주석 및 참고 자료 / 엄선 참고문헌 372

Simplicity Parenting

1장

왜 일상이
단순해야
하는가?

/ 포위된 유년기
/ 다시, 꿈과 희망
/ 단순화하기의 첫걸음, 환경 정리하기의 힘
/ 단순한 일상으로의 변화가 필요한 이유

오늘날 우리는 거대한 문제에 직면해 있다. 이 문제는 너무 거대해서
한눈에 볼 수는 없지만 사실 매일 매 순간 우리들 코앞에 놓여 있다.
우리는 머리끝부터 발끝까지 온갖 활동과 의무로 꽉 찬
버거운 삶을 살아간다. 한숨 돌릴 틈도, 문제의 원인을 찾을 틈도 없다.
– 사라 수산카, 『마음이 사는 집』

한 부부가 초등학교 3학년인 제임스라는 아들의 문제로 나를 찾아왔다. 아내는 교수, 남편은 시청 직원인 부부는 다정하고 밝았는데 제임스가 밤마다 잠을 설치고 복통에 시달려 걱정이 이만저만이 아니었다. 열 살이면 으레 편식이 심하기 마련이지만 제임스는 도가 지나쳤다. 아이의 복통은 오락가락했는데 음식이 원인 같아 보이지는 않았다. 제임스는 어른들과는 당차게 잘 어울리는 반면 또래와의 관계에는 문제가 있었다. 또 위험한 일이다 싶으면 아예 시도조차 하지 않는 탓에 자전거 타는 법도 최근에야 배울 수 있었다.

제임스의 아빠가 말하는 중에 "차만 타면 어쩌는지도 다 이야기해야죠"라며 제임스의 엄마가 끼어들었다. 그러자 제임스의 아빠는 온 가족이 차를 타고 가다 제한속도에서 2~3킬로미터만 더 빨리 달려도 뒷좌석에 앉은 제임스가 경찰관처럼 경고를 주는가 하면 도로 상황을 살피며 이래라저래라 한다고 했다. '뒷자리 운전자'라는 말로도 부족할 정도라고 하니 이런 드라이브가 얼마나 여유롭겠는가!

나는 상담을 진행하면서 제임스 가족의 일상에 전 세계의 이슈들이 너무 깊이 침투해 있다는 사실을 알게 되었다. 부부가 둘 다 뉴스라면 빠짐없이 챙겨 보는 뉴스광이었고 다른 일을 할 때도 항상 CNN 방송이나 실시간 인터넷 뉴스를 틀어 놓고 있었다.

지적 호기심이 많은 부부는 다양한 이슈에 대해, 특히 환경 문제에 대해 장시간 토론하곤 해서 제임스는 아기 때부터 이런 대화에 노출되어야 했다. 부부는 제임스가 지식이 풍부하다는 점을 자랑스러워했고 정보에 밝고 관심도 많으므로 꼬마 운동가이자 '세계 시민'을 키우는 것처럼 느끼고 있었다. 제임스는 지구온난화에 관해서라면 전문가 못지않은 지식을 갖추고 있었지만 누가 봐도 점점 더 예민해지고 있었다.

나는 제임스를 위해 일상을 '단순'하게 만들었다. 부부가 관심을 가지는 지식과 정보가 아이에게 더 이상 노출되지 않도록 하는 것은 물론이고 집안 환경에 변화를 주고 일상생활에도 리듬감을 더하여 예측이 가능하도록 한 것이다. 그렇다면 이 집에 그리고 제임스의 머릿속에 대체 얼마나 많은 지식과 정보가 밀려들고 있었을까 그리고 어떤 변화를 주었을까?

집에는 컴퓨터가 세 대나 있었는데 부부는 제임스를 위해 한 대로 줄이고 그마저도 눈에 안 보이게 서재로 옮겼다. 화면 수를 최소한으로 줄이기 위해 비디오 게임기까지 몽땅 없앴고 두 대나 있던 TV도 오랜 논의 끝에 모두 치웠다. 부부는 제임스보다 자신들이 더 힘들 듯했지만 부딪혀보기로 했다. 희생이 필요하다면 기꺼이 감수할거라고 단단히 마음도 먹었다. 그런데 실제로 다 치우고 난 뒤에는 미디어가 지금껏 소음에 불과했다는 사실을 알게 되었다.

이 과정에서 내가 무엇보다 감명 받았던 점은 몸에 밴 습관을 바꾸기 위해 부부가 혼신의 힘을 다해 노력하는 모습이었다. 부부는 정치나 일, 관심사에 대해 무조건 제임스가 잠든 이후에 토론하겠다는 목표를 세웠다. 물론, 처음에는 적응이 잘 안돼서 제임스가 말똥말똥 눈을 뜨고 있을 때도 그런 이야기가 나오려고 할 때마다 서로 주의를 주느라 바빴다. 하지만 이제는 바뀐 일상이 너무나 자연스러워졌다. 부부의 심야 토론은 깊이를 더해갔고, 오직 둘만의 그 시간은 점점 더 소중해졌다.

부부는 집안 환경에 변화를 주기 시작한 지 2~3주 만에 제임스가 바뀌었다는 점을 확연히 느꼈다. 아이가 한결 잘 자게 된 것이다. 또 이전에는 관심조차 안 보이던 활동들을 하기 시작했다. 일시적인 건 아닌지 부부는 내심 걱정했다. 하지만 이렇게 긴가민가한 것도 잠시, 아이는 계속해서 새로운 면모를 보여주었다. 놀이에 집중하는 시간이 확실히 이전보다 늘었고 놀이가 훨씬 다채로워졌다.

아이의 일상에 놀이가 더 넓게 들어차면서 편식도 점점 나아졌다. 얼마 후에는 제임스의 담임교사까지 아이의 변화를 알아보았다. 제임스는 동네의 또래들과도 어울리기 시작했는데, 특히 그중 한 명과는 돈독한 우정을 쌓아 30대에 접어든 지금도 여전히 가깝게 지내며 서로 아끼는 벗으로 남아 있다.

이 모든 변화의 시작점은 어디였을까? TV를 없애서? 아니면 지구온난화 이야기를 안 해서? 딱 한 가지로 꼬집어 말할 수 있을까? 내 대답은 긍정이기도 하고 부정이기도 하다. 나는 제임스가 더 이상 불안해하지 않고 행동도 달라진 게 어떤 한 가지 마법 같은 해결책 때문이라고 생각하지 않는다. 그보다는 제임스의 어린 시절을 보호하기 위해 밟아나간 '단순화하기'가 제임스는 물론이고 부부에게도 복합적으로 효과를 발휘하여 가족의 일상과 정서 모두에서 변화가 일어난 것이라 생각한다.

부부는 육아에 대한 새로운 깨달음을 얻고 꾸준히 실천했다. 이 깨달음은 그들의 삶에서 되고 안 되고를 판단하는 새로운 기준이 되었다. 부부는 더 이상 제임스가 자신들이 아는 모든 것을 알아야 한다고 생각하지 않는다. 그보다 차이를 인정하고 보호함으로써 제임스에게 더 깊이 있고 행복한 아이가 될 자유를 선사했다.

이러한 긍정적인 변화와 성장을 일구려면, 먼저 아이의 '세상'을 단순하게 만드는 준비 작업이 필요하다. 모든 게 넘쳐나는 세상에서 이 '준비 작업'은 특히 더 중요하다. 우리는 넘치는 물건, 넘치는 선택, 넘치는 정보, 넘치는 속도라는 네 기둥 위에 지은 집에서 가족들과 일상생활을 꾸리고 있기 때문이다.

정신적으로나 육체적으로 바쁘고 산만하며 시간에 쫓기고 번잡하기까지 하면 아이는 자기만의 세상과 이제 막 형성되기 시작한 자아를 탐험할 시간과 여유를 도둑맞고 만다. 게다가 '넘침'의 압박이 모두에게 가해지다 보니 다들 그에 걸맞은 빠른 속도에 '적응'하고 있는 게 사실이다. '넘침'이라는 비정상이 정상처럼 보이기 시작하는 것이다.

제임스의 부모처럼 아이의 유년기를 보호해 주고 싶어지는 게 부모다. 나는 아이를 보호하려는 본능이 부모를 변화로 이끈다고 믿어 의심치 않는다. 급하게 처리해야 할 일이 너무 많아 정신을 차릴 수 없을지라도 부모로서의 본능은 우리를 잠시 멈추게 해 준다. 잠시 멈춰 서서 지금 이 속도가 아이에게 어떤 영향을 미치고 있는지 궁금해한다. 그러다 이 본능 덕분에 아이의 어린 시절과 우리가 꿈꾸는 어린 시절 사이의 엄청난 격차를 발견하고 내면에서 경고음이 울리고 있음을 알아챈다.

캐나다 출신 기자 칼 오너리 역시 이런 순간을 경험하고 영감을 얻어 2006년 『느린 것이 아름답다』라는 제목의 책을 펴냈다. '빨리빨리'를 입에 달고 사는 그였지만 부모로서 경고음이 울려 퍼지는 충격적인 순간을 경험한 것이다.

오너리는 여행 중 들른 공항 서점에서 『1분 잠자리 동화』라는 시리즈를 발견했다. 보자마자 전권을 구입해서 즉시 집으로 보내고 싶은 충동에 휩싸였다. 1분짜리 이야기라는 설정은 완벽해 보였고, 밤마다 몇 개만 읽어 주고 나면 아들에게서 벗어날 수 있을 거라는 생각이 들었다. 그렇지만 다행히도 이내 전혀 다른 느낌이 밀려들었다. 문득 네 살배기 아들한테 책을 읽어줄 때, "또 읽어 주세요, 아빠!"라고 말하는 아이의 모습과 답장해야 하는 여러 이메일과 처리할 일에 대해 걱정하고 있는 자신의 모습이 떠오른 것이다. 미친 듯 서두르며 살다 보니 급기야 이 지경에까지 이르렀다는 사실에 불안감과 혐오감이 들었다. 이런 삶은 과연 우리 아이들에게 무슨 이야기를 하고 또 어떤 영향을 미치고 있을까?

포위된 유년기

우리는 모두 이렇게 경고음이 울리는 순간을 경험한다. 그렇지 않은가? 나도 마찬가지다. 우리는 매일같이 (말로는 표현이 안 될 만큼 사랑하는) 이 작은 존재들의 단순한 요구에 직면하지만 그들의 간청은 멀어도 너무 먼 은하계의 '느림'이라는 행성에서 오는 것만 같다. 네댓 살 때 책 한 권을 몇 번이고 또 읽어 달라고 요구하던 아이는 열 살이 되면 영화 내용을 놀라울 정도로 자세히 이야기하려 해서 끝까지 들어주는 데 실제로 영화 한 편을 보는 것보다 더 오래 걸릴 정도다.

일주일에 한두 번 차를 두고 다니겠답시고 시간을 일분일초 단위로 쪼개 복잡한 카풀 스케줄을 기껏 완성하면 뭐 하겠는가. 아침마다 아이의 신발 끈이 풀리거나, 머리가 잘 빗어지지 않거나, 학교 준비물 하나라도 빠트린 게 있으면 모든 게 헛수고가 되고 말지 않던가.

나도 이 책을 쓰기로 마음먹은 건 직업인으로서 경고음을 들었기 때문이다. 오너리가 서점에서 일순간 깨달음을 얻은 데 비해 나의 깨달음은 느리게 왔다. 내가 느껴온 게 무엇인지 완전히 이해하기까지 10년도 넘게 걸렸다는 사실에 착잡해지기까지 한다.

20대 후반에 고향인 호주에서 사회 복지사 교육을 마치고 아시아의 난민 캠프 두 곳에서 아이들을 돌보는 자원봉사 활동을 했다. 한 번은 인도네시아 자카르타에서, 또 한 번은 태국과 접한 캄보디아 국경 지역에서 활동했다.

규모가 상당했던 자카르타의 캠프는 정치 혼란 속에 살 곳과 재산을 빼앗긴 수십만 명의 사람들로 북적였다. 작은 봉토처럼 운영되던 캠프에는 봉건 영주와 패거리가 있었고, 그 패거리는 사람들에게 다른 '영주들'로부터 보호해 주는 대가로 충성을 강요했다. 그곳은 거대하고 지저분한 판자촌으로, 깡통이나 플라스틱처럼 널려있는 쓰레기로 집을 지었고 길에는 배수로와 하수구에서 나온 오물이 흘러넘쳤다.

내가 돌본 아이들은 캠프를 벗어난 삶은 전혀 알지 못했다. 불편과 질병, 두려움과 위험으로 가득 찬 게 그들의 삶이었다. 안전이나 여가는 꿈도 못 꾸었고, 가족들도 그저 살아남는 데 급급했다. 집단적으로나 개인적으로 엄청난 상실을 겪은 이들이다 보니 외상 후 스트레스 장애PTSD 증상을 보이는 아이들이 대부분이었다. 아이들은 늘 안절부절못하고 불안해하며 상당히 예민하고 경계심도 심했다. 매일 반복되는 일과 사이에 일종의 의식을 끼워 넣는 아이들도 많았다. 이를테면 캠프의 미로 같은 길을 빠져나갈 방법을 아주 상세히 설계하는 식이었는데 스스로를 지키기 위한 방편이었다.

나는 아시아를 떠나 영국에서 슈타이너 발도르프 교사 과정을 수료

했다. 이후 수년간 여러 학교에서 일하고 개인상담소도 운영하면서 아이들에게 ADD(주의력 결핍장애), ADHD(주의력결핍과잉행동장애), OCD(강박장애), ODD(적대적반항장애) 등을 진단했다. 당시는 아이들을 세밀하게 분류하는 섬뜩한 'D의 왈츠' 같았는데, 지금은 너무나 익숙한 곡조로 들린다.

내가 상담한 아이들은 영국인이든 이민자든 저소득층이든 부유층이든, 출신 배경과 가정환경에 상관없이 다양했다. 그중에는 부모와 함께 있을 때나 혼자 있을 때, 혹은 또래들과 놀 때 지나치게 까다롭게 구는 아이들이 있었다. 특히 먹고 자는 문제에서 가장 까다롭게 굴었다. 아이들은 한두 가지 음식을 제외하고는 먹지 않았고 늦은 밤까지도 자지 않았다. 쉽게 화내고 폭발하는 경우도 많았지만 부모들은 이유를 설명하지 못했다. 아이들에게서는 상당한 불안감도 엿보였다. 쉽게 놀라는 반면 진정하거나 여유를 되찾는 데에는 어려움을 겪었다. 아이들은 학교에서 새로운 것을 접하거나 새로운 사람을 만나는 일, 반복되는 일상이나 일정에 변화가 생기는 일처럼 새로운 상황에 노출되면 의심부터 했다.

영국에서 이 아이들을 치료하기 위해 내가 고안해낸 치료법이 오래전 아시아 난민촌에서 개발을 도왔던 치료법과 똑같다는 사실을 마침내 깨달았다. 객관적으로 봤을 때 이 아이들을 위한 방법론과 목표, 그리고 아시아 난민촌에서 사용한 방법론과 목표 사이에 차이점을 발견할 수가 없었다. 가능한 오랫동안 여러 미심쩍은 점을 살펴봤지만 결국 인정해야만 했다. 부유한 국가에서 나고 자란 이 아이들이 '외상 후 스트레스 장애PTSD'에 시달리고 있었던 것이다.

내가 교육받은 바에 따르면, 외상 후 스트레스 장애는 참혹한 전시 상황을 경험하거나 인생의 궤도를 바꿔놓을 정도의 정신적 외상을 입고 혼란 상태에 빠졌을 때 나타난다. 이 일을 하면서 나는 페레스트로이카 시절의 러시아, 헝가리, 아프리카, 이스라엘, 북아일랜드 등 전쟁으로 폐허가 된 지역을 수없이 방문하며 많은 아이들을 만났다. 하지만 영국에서도 '전쟁의 상처를 입은' 아이들을 만날 줄은 상상도 못했다. 그럼에도 나의 결론에는 의심의 여지가 없었다. 처음에는 여건이 전혀 다른 아이들이 똑같은 문제 행동을 보인다는 사실에 긴가민가했다. 그런데 그게 몇 번이고 계속 관찰되다 보니 더 이상 내 직감을 무시할 수 없었다. 그리고 문제 행동과 증상을 확실히 파악하고 나자 원인에 대한 확신도 커졌다. 아이들의 삶을 더 면밀히 관찰하자 아이들 모두 유년기의 존엄성을 침해당했다는 결론에 도달했다. 어른들의 삶이 전혀 걸러지지 않은 채 침투하고 있었던 것이다. 부모들의 두려움, 욕구, 야망과 속도를 자신의 의지와 상관없이 공유한 아이들은 자기를 지킬 경계선과 안전망을 구축하느라 분주했지만 그게 효과가 있을 리 만무했다. 이 아이들은 유년기를 파괴하는 소리 없는 또 다른 전쟁 속에서 피폐해져 가고 있었다.

> 단순하게 말하면…: '넘침'의 압박이 심한 우리 사회는 유년기를 소리 없는 전쟁에 밀어 넣어 폐허로 만들고 있다

만약 내가 영국에만 있으면서 이 아이들에게서 보이는 특징을 밝혀내겠답시고 일상을 유심히 관찰했더라면, 아마 이 아이들은 항상 불안하고 의심이 많으며 회복탄력성이 부족한 반면 경계심은 지나치다고 단정 지었

을 게 뻔하다. 하지만 내가 여러 지역을 다니며 발견한 특징은 이 아이들에게 스트레스와 불안감이 약한 수준이나마 지속되고 있었고 이렇게 약한 스트레스가 축적되면 심리적으로 이를 보정하려는 '욕구'가 생긴다는 점이다.

심리학 협회는 유독 머리글자를 딴 약어를 좋아하는데 나도 내가 발견한 사실을 묘사하기 위해(안 될 게 뭐 있나?!) 하나 만들었다. 바로 스트레스 누적 반응Cumulative Stress Reaction, CSR이다. 이는 내가 스트레스 누적 반응이라 지칭한지 수년이 지난 지금 미국 심리학 협회가 '복합 외상 후 스트레스 장애complex post-traumatic stress disorder'로 일컫는 질병과 증상이 비슷하다.

심리학 협회 역시 아이한테 약한 스트레스가 지속적으로 누적되면 내가 본 성향과 행동(과도한 경계심, 예민함, 불안함, 회복탄력성 부족, 충동조절 부족, 공감능력 부족, 수용능력 부족)이 급격히 악화되어 외상 후 스트레스 장애나 스트레스 누적 반응이 나타날 수 있다는 사실을 깨닫기 시작했다. 스트레스 누적 반응은 약한 스트레스가 지속적으로 쌓이지만 해소하지 못할 때 나타나는 반응을 말한다. 단, 여기서 이야기하는 게 살아가면서 당연히 쌓일 수밖에 없는 수준의 스트레스를 뜻하지는 않는다.

나는 지금 아이들에게 스트레스는 금물이라고 주장하는 게 아니다. 당연히 스트레스가 있게 마련이고 또 있어야 한다. 아이들도 욕구가 좌절되기도 하고, 질병과 슬픔, 상실을 경험한다. 아이들의 삶 역시 스트레스에서 자유롭지 못하며, 어린 시절이라고 해서 마냥 행복한 '무지갯빛 순간들'만 계속되는 건 아니다.

여덟 살배기 한 아이가 초능력으로 무장한 슈퍼 영웅을 꿈꾸다 뒷마당의 벚나무에서 떨어져 자신이 날 수 없다는 사실을 깨달았다고 해 보자. 왼쪽 팔은 너무 아파서 쳐다보기도 겁나는데 무서운 응급실까지 가야 한다. 어린 시절의 이런 사고는 당시에는 엄청난 스트레스로 다가온다. 하지만 시간이 지나고 다시금 떠올릴 때마다 용감함과 강인함, 영웅적 자질을 보여주는 에피소드로 자리매김할 것이다. (여기서 말하는 영웅적 자질이란 안타깝게도 날 수 있는 능력이 아니라 사상가이자 시인인 랠프 월도 에머슨이 묘사한 쪽에 가깝다. '영웅은 보통 사람보다 더 큰 용기를 지닌 이가 아니다. 5분 더 용감한 사람일 뿐이다.')

'스트레스 누적 반응'으로 분류되는 수준의 스트레스는 일상에서 발생하는 스트레스와는 완전히 다르다. 일상생활에서 아이의 기분과 행복감은 시소와 같아서 스트레스가 한쪽 끝을 무겁게 짓눌렀다가도 일단 해소되고 나면 전반적인 균형을 되찾는다. 무릎이 까지고 친구와 다투고 독감에 걸려 5일씩 사투를 벌여도 아이들은 이런 경험을 통해 회복탄력성을 높일 뿐 아니라 스스로의 한계도 파악할 수 있다.

생활 속에서 얼마든지 생길 수 있는 스트레스는 이른바 '필요한 저항'이다. 아이들을 포함해 우리 모두는 삶에서 저항에 직면해야 한다. 그래야 저항을 이해하고 해소한 뒤 앞으로 나아가는 방법을 배울 수 있다. 그와 같은 스트레스는 잠시 불편하긴 하겠지만 스스로 대처할 수 있는 힘이 있음을 깨닫고, 극복해볼 수 있는 기회가 되므로 해로울 게 없다. 중요한 것은 스트레스가 너무 지나치거나 너무 오래 지속될 때다. 만약 아이들에게 저항을 이겨낼 능력이 부족하다면, 스트레스를 이해하거나 해소할 수 없다. 따라서 스트레스 반응이 계속해서 재발하는 악순환에 갇히게 된다.

요약하자면, 스트레스 누적 반응은 트라우마가 생길 정도의 엄청난 스트레스가 아니라 약한 스트레스가 지속적으로 발생해 해소되지 못할 때 나타난다. 이렇게 축적된 스트레스가 아이들의 마음과 행동에 어떤 영향을 미칠까? 내가 깨달은 바에 따르면 아무리 적은 스트레스라도 계속 쌓이면 아이들의 정신적, 감정적, 신체적 회복력이 저하된다. 결과적으로 아이들은 집중력과 안정감이 떨어지고, 새로움과 변화를 수용하는 데에도 불안해하고 소극적인 모습을 보인다. 과제를 수행할 때 자신의 역량을 100퍼센트 발휘할 수 없을 뿐 아니라 집중 자체를 못한다. 어린 시절에는 정체성을 이루는 '과제'에 집중해야 하는데 그게 잘 안되는 것이다.

미네소타 대학 메디컬스쿨 신경행동발달센터 교수인 메건 군나르는 스트레스가 아이들에게 미치는 영향에 대해 연구했다. 그녀에 따르면 스트레스는 '두뇌 발달, 호르몬 체계, 면역 체계, 심혈관 체계, 심지어 DNA가 읽히고 전환되는 방식에도 변화를 일으키는' 등 수많은 질병을 유발한다.[1]

그런데 아이들이 이 스트레스를 일상에서 늘 받고 있다는 사실만큼은 더 이상 반박의 여지가 없어 보인다. 스트레스로 가득한 어른들의 생활이 불행히도 우리 아이들까지 포위해 버린 것이다. 미디어가 넘쳐나고, 멀티태스킹이 필수이며, 복잡하고, 정보가 범람하는 데다 늘 시간에 쫓기는 흐름에 일상이 잠식되고 말았다.

> 단순하게 말하면…: 우리 일상의 속도는 유년기에 필요한 속도와 갈수록 어긋나고 있다

'포위된' 유년기라니 실로 우울한 개념이 아닐 수 없다. 게다가 이는 원

인을 콕 집어내거나 해결하기도 힘들다. 나는 이런 환경이 의도적으로 형성된 건 아니라고 본다. 우리 중에 '부기맨' 같은 사악한 세력이 존재하는 건 아니지 않은가. 그렇다고 특정한 존재나 기업 혹은 단체에 책임을 물을 수도 없다. 필립 모리스, 제너럴 밀스와 같이 일상의 구석구석에 침투해 있는 기업과 광고주들, 혹은 열 살짜리한테 휴대전화를 홍보하는 기술 회사들 중 어느 누구를 비난할 수 있겠는가. 사실 모두의 책임이거나 어느 누구의 책임도 아니다. 자신이 팔거나 홍보하는 것들이 유년기를 궁지로 몰아넣는다는 사실을 인지하는 이는 아무도 없을 것이다. 하지만 우리 사회는 더 많고, 더 크고, 더 새로우며 더 빠른 것에 무조건 열광한다.

우리는 (더 크게 짓는 한이 있어도) 우리의 집에, (분주함과 수면 부족에 시달려도) 우리의 삶에, (실시간 뉴스를 보고, 핸드폰을 쉼 없이 검색하면서) 우리의 의식 속에 점점 더 많은 것들을 구겨 넣고 있다. 한 소비자 연구 단체의 조사에 따르면 미국 아이들은 평균 만 6, 7세가 되면 휴대전화, MP3 플레이어, DVD 플레이어, 온라인 스트리밍 제품 같은 전자 기기를 쓰기 시작한다.[2]

부모는 가속도를 더해가는 이 세상에서 뒤처질까 봐 불안해하는 마음까지 고스란히 내비치며 아이들을 잡아끈다. 10개월이라는 임신 기간을 줄일 방법은 찾지 못했지만 일단 아기가 태어나면 당연한 듯 어린 시절에 가속을 붙이는 게 우리다. 그런데 서두르지 않아도 된다고 느껴지는 게 있기는 한 걸까? 충족시키거나 발전시키거나 혹은 경쟁해서 이길 필요성이 느껴지지 않는 대상 말이다.

이번에는 잠에 비유해서 우리 사회가 유년기를 또 어떻게 궁지로 몰아넣는지 알아보자. 우리는 대부분 하루 일곱 시간에서 여덟 시간씩 숙면을 취해야 한다는 사실에 동의한다. 하지만 많은 사람들이 이보다 훨씬 적게 자고도 제 역량을 발휘할 수 있기를 바란다. 심지어 네 시간만 자도 생활에 아무 지장이 없다고 느끼는 사람들도 있다. 하지만 디트로이트에 위치한 헨리 포드 수면장애센터의 토마스 로스는 생각이 다르다. 그는 "하루 다섯 시간 미만을 자도 되는 인구 비율을 정수로 환산하면 0"이라고 말한다.

하버드 대학교에서 수면 연구를 전문으로 하는 인지 신경과학자 로버트 스틱골드는 한 정신과 의사가 시험 기간 대학원생들에게 온종일 깨어 있게 해 주는 약인 모다피닐을 처방하면 안 되는 이유가 있는지 묻는 질문에 다음과 같이 대답했다고 한다. "아니오, 안 될 이유가 없죠. 잠이 아무런 기능도 하지 않는다고 생각한다면요."[3]

잠을 자지 않으면 살 수 없으니, 잠에는 깨어 있는 시간 사이의 공백을 채우는 것 이외의 '기능'이 있단 말인가? 라는 식의 질문은 고려할 가치도 없다. 과학자들이 잠에 대해 연구한 결과를 보면, 잠을 자는 동안 정신과 감정이 정화되고 운동 능력도 향상된다. 일각에서는 잠이 뇌의 항상성을 유지하는 데 도움을 준다는 주장도 한다. 또한 잠을 못 자면 면역 체계가 제대로 작동할 수 없고, 언어 능력과 기억력이 떨어지는 데다 참신하고 유연한 사고가 이루어지지 않는다. 실제로 잠을 못 잔 쥐들은 17~20일 안에 죽고 말았는데, 털이 다 빠졌고 신진대사가 과열돼 가만히 있는 동안에도 엄청난 칼로리를 소모했다.[4]

과학자들은 잠을 못 자면 어떻게 되는지 연구함으로써 수면의 생물학적 '목적'을 밝혀내고 있다. 잠이 부족한 사람들은 깨어 있을 때 익힌 것들을 기억하거나 활용하는 능력이 훨씬 떨어진다. 면역체계가 약해져 정신적, 심리적 회복탄력성 또한 잃게 된다. 하지만 '자지 않고도 잘 살거나 어떻게든 대충 때워서 잠 때문에 '잃어버린' 우리 인생의 3분의 1을 되찾을 수는 없을까?'라며 여전히 잠을 건너뛸 수 있는지 궁금해한다. 그런데 현대 사회는 이와 똑같은 질문을 유년기에 대고 한다. 유년기에는 어른이 되기까지의 시간을 채우는 것 이외의 기능이 있을까? 유년기가 존재하는 목적이 무엇인가? 좀 더 빨리 지나갈 수는 없나? 아이들을 어른처럼 대하면 성인기를 더 잘 대비할 수 있을까?

유년기를 정신없이 보낸 사람들이 과연 어떤지 확인한 후에야 유년기의 '목적'을 이해할 수 있게 될까 봐 걱정스럽다. 유년기를 정신없이 보낸 이들이 결코 아름다운 모습으로 살고 있을 거라고 생각하지 않는다. 유년기에는 수수께끼 같은 고유한 과정과 속도가 있다. 있는 대로 가속이 붙은 세상에 속도를 맞추라고 아이들을 떠미는 건 무의식적으로 그들에게 상처를 입히는 행위다. 다시 말해 아이들의 행복감과 회복탄력성을 박탈함으로써 점점 더 복잡해지는 세상에서 자신만의 길을 찾을 수 없게 만드는 것이다.

몇 년 전, 강의를 하러 가면서 지구 온난화에 대한 뉴스를 들은 적이 있다. 지금은 앞서 등장한 꼬마 친구 제임스한테 많은 걸 배워서 상황을 잘 알고 있지만 그때는 문제가 심각하다고 느낄 때면 다급히 뭔가를 해야 한다고 생각했다. 실제로 당장 재활용 쓰레기통과 친환경 형광등을 사겠답시고 철물점으로 향했다. 가던 길에 자동차 매장에 들러 하이브리드 자동차를 살펴보는가 하면, 쓰레기를 주우면서 오늘부터 아이들에게는 유기농 순면만 입히겠다고 속으로 다짐하곤 했다.

우리는 왜 이런 행동들을 지금 당장 하지 못해 안달일까? 물론 오존층 구멍을 메우기 위해서겠지만, 동기가 불안감이 아니라 지구를 보호하려는 열정에서 나온다면 우리의 행동은 훨씬 꾸준하고 흔들림이 없을 것이다.

내 강의를 들으러 왔던 한 남성이 떠오른다. 그는 아내의 성화에 못 이겨 억지로 온 게 분명했다. 우연히 나와 나란히 서게 되자 그가 내게로 몸을 돌리면서 말했다. "좋은 강의였습니다!" 친절한 인사였지만 나는 그가 강연 시간에 깨어 있기는 했는지 의문이었다. "한 번쯤 생각해 볼 만한 주제입니다. 제가 하버드 대학교를 나왔는데요. 아들 녀석을 저처럼 하버드에 입학 시키고 싶은데... 그런데 제 아들은 스스로 흥미를 못 느끼면 제가 뭐라 하든 따라와 주질 않아요. 그래서 당장 단순화하기 목록을 만들어 볼 생각입니다. 녀석이 내년에 시험을 보거든요. 그때까지 잘못된 걸 다 바로잡을 수 있을까요?" 불안한 아빠라고 하기에는 강의시간에 너무 푹 쉬었지만 중요한 건, 그가 핵심을 놓치고 있다는 것이다! 불안함에 끌려다니면 장기간 노력하기도 힘들고, 모든 걸 바꿔 놓기는커녕 작은 변화조차 일굴 수 없다. 핵심은 단순화하기의 목표를 아들의 시험 점수를 높이는 데 두는 게 아니라 행복감을 높이는 데 두어야 한다는 점이다. 즉, 사랑하는 아이의 유년기를 보호한다는 더 큰 목표에 집중함으로써 우리의 노력에 동기와 영감을 불어넣을 수 있어 더 큰 변화로 이어진다.

시험 점수만을 걱정하는 아빠처럼, 유년기만의 고유한 체계와 자연스럽게 거치는 여러 과정을 지켜주는 보호막에 이 사회가 전례 없이 많은 구멍을 내고 있다. 다행인 건 유년기를 보호하기 위해 부모로서 우리가 할 수 있는 일이 많다는 사실이다. 어른들의 스트레스와 속도가 전혀 걸러지지 않은 채 집으로, 아이들의 머리와 가슴속으로 침투하는 걸 막을 수 있는 방법이 있다는 말이다. 그 방법인 '단순화하기'에 초점을 맞출수록 아이들이 여유와 행복감을 회복하는 데 얼마나 큰 효과가 있는지도 봐왔다. 단순화하기를 통해 가족이 나아가는 방향을 바꾸어 가족의 꿈에 점점 더 가까이 다가갈 수 있다는 점도 잊지 마라.

> 단순하게 말하면…: 아이의 정체성과 행복감, 회복탄력성이 서서히 형성되는 유년기를 단순화하기를 통해 지킬 수 있다

각 장에서 단순화하기에 대해 알아보기 전에 지금부터 전체 과정을 간략히 소개하겠다. 상담을 시작하면서 내가 항상 던지는 질문들을 당신에게도 던질 것이다. 단순화하기는 꿈꾸는 것에서 시작한다. 두려움이 아닌 희망에서, 걱정보다는 유년기를 존중하려는 마음에서 시작하기 위해서다. 칼 샌드버그는 이렇게 말했다. "꿈꾸지 않으면 아무 일도 일어나지 않는다." 이 일도 예외는 아니다. 가족에 대한 당신의 꿈이 동기를 부여해 줄 것이고, 단순화하기의 과정을 따라가는 동안 당신을 이끌어주는 힘이 될 것이다.

다시, 꿈과 희망

가족들은 대부분 자녀의 문제 행동 때문에 나를 찾아온다. 내게 상담을 요청할 때 상황은 이미 발진이 난 때와 비슷하다. 더 크고 심각한 문제의 징후가 표면에 드러난 때인 것이다. 앞에서 언급한 바와 같이 가족의 일상을 살펴보면 그 가족이 중요시하는 가치를 비롯하여 상당히 많은 걸 알 수 있다. 대개 나는 문제를 좀 더 확실히 파악하기 위해 상담소에서 상담하는 방법과 내가 가정으로 방문하여 상담하는 방법 중 선택하도록 권한다. 처음에 대부분의 가족들은 서로를 초조하게 바라보며 가정 방문보다는 상담소에서 하는 상담을 선택한다. 누군가를 아침에 눈뜨는 순간부터 밤에 아이들이 잠든 이후까지 온종일 자신의 집에 들이는 것은 초대와는 차원이 다른 문제이기 때문이다.

하지만 관찰 기간이 당신이 상상하는 것만큼 불편하지는 않다. 가정 방문을 선택하면 나는 그 가족과 함께 하루를 보내며 일상생활의 흐름을 파악한다. 아이들과 놀거나 설거지를 돕기도 하고, 다른 프로젝트를 살피는 척할 때도 있으며 클립보드에 스톱워치까지 든 모습이 불편하겠다 싶을 때에는 괜히 일어나 두리번대기도 한다. 기본적으로 주변에 머물면서 일상의 전반적인 흐름을 방해하지 않으려고 노력한다. 또 경우에 따라서는 평일과 주말을 적절히 섞어 관찰하기도 한다.

당신 가족의 평범한 하루를 떠올리면서 과연 관찰자인 나에게 어떻게 보일지 상상해 보라. 어떤 문제가 예상되는가? 하루 중 언제 거듭되는 스트레스를 받는가?

나는 아내가 첫아이를 임신했을 때 흔들의자에 앉아 깊은 생각에 잠겨 있는 모습을 찍은 사진을 아주 좋아한다. 그 순간 아내는 가족의 앞날에 대해 생각하고 있는 게 분명했다. 당신에게는 꿈꿔왔던 가족의 모습이 있다. 아이에 대해서는 어떤 상상을 했는가? 부모가 된 당신이 어떤 모습이길 바랐는가? 당신이 자라 온 환경도 분명 뒤돌아보았을 텐데, 그중 당신을 닮으면 좋겠다고 생각한 부분과 닮지 않으면 좋겠다고 생각한 부분은 무엇인가? 아이가 생기면 당신의 가정은 어떨 거라고 상상했는가?

부모로서 우리는 꿈꿔왔던 삶을 살지 못하게 되는 경우가 많다. 육아는 관중석에서 구경만 하는 게 아니라 직접 치열하게 싸워야 하는 경기다. 아무리 우리가 가족의 일상을 설계하는 건축가라고 해도 끊임없이 변하는 가족의 청사진을 그리는 건 힘든 일이다. 아이를 키우면서 살다 보니 꿈꿀 시간도 별로 없어서 부모들은 한때 가족에게 품었던 꿈으로부터 얼마나 멀어졌는지 깨닫고는 깜짝 놀란다. 사실, 그 꿈을 설계할 당시 부모들은 앞으로 닥칠 현실에 대해 잘 알지도 못했다. 하얀 소파를 사자고 주장한 게 당신과 배우자 중 어느 쪽인가? 장난감 상자를 하나만 사서 그 안에 장난감을 전부 다 보관하자고 한 것은 어느 쪽인가?

이처럼 부모가 되면 자신이 꿈꿔오던 삶을 꾸리지 못하는 경우가 태반이다. 하지만 아무리 현실과 맞지 않는 부분이 있다 해도 가족에 대한 당신의 꿈에는 진심이 담겨 있었다. 의미가 있었고 지금도 그렇다. 그 꿈은 가족 꾸리기를 시작하는 삶의 중요한 시점에 당신이 가장 소중하게 여겼던 가치가 무엇인지 보여준다. 그때 그 가치를 찾아야 한다. 매번 새로운 의미를 찾아다니는 게 아니라 당신이 가장 소중히 여긴 가치를 찾고 계속해서 기억하고 발전시켜 나가야 한다.

> 단순하게 말하면...: 여느 예술 작업과 마찬가지로 가족을 꾸리는데도 영감과 상상력이 필요하고, 희망하는 바가 있어야 한다

배우자에게서 가장 사랑스럽고 칭찬할 만한 점을 그대로 물려받은 아이를 그려봤던 게 기억나는가? 아이가 키도 자라고 외모도 변할 때 우리 가족은 또 어떻게 변해 가길 꿈꿨는지 기억하는가? 같이 식사하고 놀며, 집안일을 나눠서 하고, 슬픔은 함께 이겨내고, 많은 이야기를 나누고, 작은 성취를 축하하는 등 함께하는 삶을 당신은 꿈꿨다. 처음 걸음마 하는 순간, 처음 옹알이하는 순간, 처음 학교에 가는 날이 어떨지 상상하기도 했고 아이가 자라면서 맞게 될 생일이나 휴가 때 무엇을 할지도 고민해보았다. 아이와 함께 잠자리에 누워 책을 읽어 주고, 신발 끈을 묶어 주고, 크리스마스카드를 만들고, 함께 웃으며, 어둑어둑해질 때까지 공을 주고받는 소소한 일상도 머릿속에 그려보았다.

당신은 안식처를 꿈꿨다. 조금 독특하지만 사랑스럽고 시끄럽기는 해도 재밌고, 늘 당신 편이며 닮은 구석이 많지만 저마다 개성이 있는 영혼들의 안식처 말이다. 널찍한 공간이 있고 집 냄새가 가득하며 서로를 잘 알고 깊이 사랑하는 것은 물론이고 가족 구성원 각자가 오롯이 자신의 모습도 빛낼 수 있는 안락한 곳이다.

그런데 마루를 비롯하여 집안 곳곳에 많은 물건들이 쌓여 있는 모습을 가장 험악한 꿈에서라도 상상한 적이 있는가?! 그랬을 리 없다. 이는 당신이 꿈꾸는 '가족의 삶'에서 '놓친 세부사항들' 중 하나다. 내가 상담한 많은 부부 역시 자신이 꿈꿨던 삶과 현재 처한 현실 사이에 격차가 너무 크다고 말한다. 게다가 하얀 소파나 널려 있는 장난감처럼 사소한 사항들뿐 아니라 훨씬 근본적인 차원에서도 꿈에서 멀어졌음을 느낀다.

"제가 스테로이드까지 맞은 총알택시가 될 줄은 꿈에도 몰랐어요."라고 울먹이며 말하던 한 엄마가 생각난다. "아이들보다 아이들의 운동 코치, 플루트 레슨 선생님이 더 가깝게 느껴진다니까요." 그녀는 자신의 삶이 가족과는 더 이상 아무 관련도 없는 것처럼 멀어졌고 (말 그대로 그리고 비유적으로) 아이들의 이동 수단으로 전락한 것처럼 느꼈다.

강의가 끝나자 한 아빠가 나를 불러냈다. 담소를 나눈 후 잠시 그는 카펫을 내려다보더니 다시 내 눈을 바라봤다. "진짜 놀라운 게 뭔지 아세요?", 그가 물었다. "이렇게 힘들고 지칠 줄 몰랐다는 겁니다. 오해는 마세요, 저도 물론 갈등이 있을 거라고는 예상했어요. 제가 십대일 때 부모님과 많이 싸워서 그런지 아이가 사춘기가 되면 갈등이 많아질 거라 생각했어요. 그런데 아들과 벌써부터 부딪치니 녀석이 십대가 되었을 때는 상상하기도 어려운 상황입니다. 녀석은 모든 걸 협상하려고 들어요. 완전히 탈진할 때까지 계속 얘기하죠. 무슨 꼬마 변호사라도 되는 것 같아요. 겨우 일곱 살짜리랑 하루에도 열 번씩 말다툼과 협상을 반복하면서 싸우게 될 줄은 꿈에도 몰랐어요."

"이럴 줄은 몰랐어요." 상담할 때마다 귀에 못이 박히도록 듣는 얘기다. 어느 부모든 현실과 이상의 차이를 느낀다는 점은 매한가지였다. 부모들은 꿈을 머릿속에 그리는 데 그치지 않고 실제로 이루고자 노력했다고 이야기한다. 한동안은 제대로 가고 있다고 확신할 수 있었는데 어느 순간 경로를 이탈하면서 전혀 다른 모습이 되었다는 것이다. "모든 게 정상이 아니에요." "원래 이렇지 않았는데 이제 어떻게 할 수가 없어요."

삶이 어떨지 머릿속에 그려보곤 했을 때에는 가족의 생존을 위해 싸우게 될 줄 미처 생각하지 못했다. 그런데 오늘날에는 무슨 얘기를 하든 생존이란 단어가 빠짐없이 등장한다. 만나는 부모마다 '싸우지 않으면 도망쳐야 하는' 스트레스의 바다에서 허우적대고 있는데 이는 비단 일시적인 현상이 아니다. 이미 일상으로 자리 잡았다. 하루하루는 매일 비슷하면서도 눈코 뜰 새 없이 바빠서 모든 게 주먹구구에, 정해진 계획 없이 즉흥적으로 흘러간다. 가족들은 서로 눈길도 주지 않으면서 타인처럼 살아가고, 집안에는 걸러지지 않은 감정이 난무한다.

> **단순하게 말하면…**: 우리의 일상은 꿈꿔오던 가족의 모습과 전혀 다를 수 있다

다시 상담 얘기로 돌아가 보자. 나는 상담이라는 짧지 않은 여정을 항상

'당신이 가족에게 품었던 희망과 꿈을 되찾기 위해서는 무엇이 필요한가?' 라는 질문에서 시작하고 끝맺는다. 그 꿈이 여전히 유효하다는 것만큼은 분명한 사실이다. 하지만 앞서 설명했듯이 그 꿈과 현재 가족이 직면한 현실 사이의 괴리 역시 아플 만큼 선명하다.

이제 다시 한번 칼 샌드버그의 말을 되뇌어 보자. "꿈꾸지 않으면 아무 일도 일어나지 않는다." 그러면 가정 방문을 한 날을 부모와 함께 살펴볼 때 다음과 같은 질문을 유념하는 이유를 짐작할 수 있을 것이다. '당신과 가족이 함께 가꿔 가는 삶은 어떠하리라 상상하는가? 가족 모두의 꿈이 한데 더해진 큰 꿈을 어떻게 되찾을 수 있을까? 어떻게 당신이 가족에게 품었던 희망이 현실과 다시 조화를 이루도록 할 것인가?'

나는 부모들에게 가정 방문을 한 그날 혹시 '일촉즉발의 상황'이나 특별한 문제가 있었는지도 묻는다. 그러면 얄궂게도 부모들은 그날이 육아를 시작한 이래 '최악의 날'이었다며, "식사 시간에 조이가 가만있지 못하는 거 보셨죠"라고 하소연하기 시작한다. 이때쯤 나는 부부가 가족에게 품은 꿈 이야기는 마치고 걱정과 근심을 털어놓도록 한다. 꿈꾸기 위해 상상력을 발휘하고 단순화하기를 시작할 지점은 바로 꿈과 근심 사이 어딘가에 있기 때문이다.

이런 식으로 나는 그날의 일을 차례대로 '더듬어 나가다' 유난히 힘들었던 사건을 좀 더 집중적으로 살펴보고 범위를 넓혀 평소에 일어난 일도 살펴본다. 이런 얘기를 할 때면 부모들은 문제의 원인을 스스로 찾아내기 힘들다 보니 온갖 문제에 지레 압도당하기도 하지만, 나는 식사 시간이나 잠자리에 들기 전처럼 하루 중 유독 버거운 순간을 그날의 흐름에 비춰 본다. 왜냐하면 감정이 폭발하는 순간은 오래전부터 압력이 쌓인 결과로, 원인이 다른 데 있는 경우가 많기 때문이다.

  훌륭한 마사지사는 통증 부위를 바로 주무르지 않고 통증 부위 양 옆의 근육을 먼저 풀어준다. 마찬가지로 상담 초반에는 가족 일상의 흐름을 파악해 현재 상황을 진단하는 일에 목표를 두고 부모들이 가장 걱정하는 문제점에 대해 들어준 뒤 한두 발짝 물러난다. 그래야 가족이 겪고 있는 문제에 대해 부모들은 화만 내는 게 아니라 꿈과 희망을 발판 삼아 변화를 일굴 수 있다.

> 단순하게 말하면…: 단순화하기는 우리의 일상이 다시 꿈에 가까워지도록 길을 내준다

단순화하기의 첫걸음, 환경 정리하기의 힘

각자 자기 방에 틀어박혀 전자기기만 들여다보고 있는 건 가족이라고 할 수 없다. 또한 온갖 물건을 쌓아 가며 어른들이 받는 스트레스를 경쟁하듯 높여 가는 일상을 유년기라고 할 수 없다. 단순화하기는 변화를 일으키고, 그 변화가 깃들 공간을 만든다. 그래서 꿈이 아닌 것들을 버리며 목표에 닿을 길을 찾아야 한다. 덜어낼수록 변화는 확연해질 것이다.

나는 특히 변화에 대해서 두 부분으로 나누어 생각한다. 바로 중요한 것과 할 수 있는 것. 하지만 가장 중요하다고 생각했던 것도 사실 그렇지 않은 경우가 더 많다. 할 수 있는 것부터 시작하도록 하자. 할 수 있는 것을 충분히 하고 나면 중요한 문제가 무엇인지 알게 되고, 성공을 거듭하면서 열의가 생기기 때문이다.

내가 부모들에게 이야기하는 단순화하기의 네 가지 수칙은 환경 정리하기, 리듬 더하기, 스케줄 줄이기, 어른 세상 걸러내기다. 우리는 이 중에서 가장 실천하기 쉬운 게 무엇일지 논의한다. 무턱대고 스케줄 줄이기나 어른의 세상부터 걸러내겠다는 부모들도 있지만 대부분은 환경 정리하기 작업부터 시작하겠다는 의사를 밝힌다. 앞에서 말했듯이 할 수 있는 것부터 달성해야 더 폭넓은 목표를 향해 나아갈 수 있는데, 이처럼 부모들은 자신들의 삶에 변화가 깃들도록 하려면 어디서부터 시작해야 하는지 본능적으로 알고 있다. 마리의 부모 역시 내가 권유한 대로 집안 환경부터 개선하기로 결정했다. 마리 가족의 이야기는 할 수 있는 것부터 시작하면 더 큰 변화를 이룰 수 있음을 보여준다.

마리는 밝고 에너지가 넘치는 일곱 살 여자아이로, 내가 마리 부모와 처음 만났을 때는 유치원에 다니기 시작한 참이었다. 이전에 집에서 마리를 돌봐주던 베이비시터들이 하루가 멀다 하고 바뀌었는데 하나같이 아이를 통제하기 힘들어했기 때문이다. 마리는 말하자면 산만하고 한시도 가만히 있지 못하는 '골칫거리'였다. 유치원에 다니기 전에는 어린이집에 다녔는데 그때도 두 달 만에 나가 달라는 부탁을 받았을 정도다. 마리의 부모는 아주 좋은 분들로 언제나 딸아이를 위해 최선을 다했다. 하지만 둘 다 전문직이다 보니 늘 정신없이 바빠서 상담 날짜 잡기도 힘들었다. 처음 만난 날, 나는 마리의 '파란만장한 이력'을 보고서 부모가 얼마나 심란하고 무력감을 느끼는지 알 수 있었다.

나는 마리 부모와 함께 마리의 주변 환경을 단순화할 방안을 짜내기 시작했다. 먼저 집안의 물리적 환경부터 바꾸기로 결정했다. 무엇보다 마리의 방이 관건이었다. 미국 아이들의 평균 장난감 수가 150개 정도인데 마리는 적어도 그 두 배는 갖고 있었다. 아이 방에는 책도 넘쳤다. 책꽂이에는 책이 가득했고 자리가 부족해 바닥에 그냥 쌓여 있었다. 침대에 가려면 수북이 쌓인 책, 옷가지, 장난감을 이리저리 피해 가야 했다. 부모는 때마다 마리의 방을 치우지만 불과 몇 시간만 지나면 또다시 엉망이 된다고 호소했다.

환경 정리하기에서 집을 치울 때는 대개 서랍장에든 옷장에든 먼저 무더기로 쌓여 있는 장난감부터 시작한다. 집안 여기저기 널려 있는 장난감을 가져다 아이 방 한쪽에 장난감 산을 쌓는다. 그렇게 전부 모은 양을 보고 부모들은 놀라움을 금치 못한다.

이후 커다란 쓰레기봉투를 한 손에 들고 담기 시작한다. 내가 쌓여있는 장난감의 절반만 먼저 봉투에 담자고 제안하면 부모들은 버리기 싫은 장난감이 있어 망설인다. 부모들은 장난감더미에 뛰어들어 움직이고 말하고, 빙빙 돌거나 폭발음을 내는 장난감을 찾아내고는 기뻐한다. 할아버지, 할머니, 삼촌이 사준 선물이기 때문이다. 부모들은 이렇게 묻는다. "할머니가 오실 때를 대비해 이건 갖고 있어야 하지 않을까요?" 할머니는 장난감을 선물할 때의 기쁨은 기억하실지 몰라도 어떤 장난감이었는지는 까맣게 잊으셨을 거라고 나는 그들을 안심시킨다. 아이 역시 이 장난감의 존재를 완전히 잊었거나 이미 부품 한두 개를 잃어버렸을 가능성이 높다.

마침내 아이가 오랜 기간 꾸준히 갖고 노는 장난감만 남겨 높이 쌓인 산을 낮은 언덕으로 만드는 데 성공한다. 아이가 가장 좋아하는 장난감은 대개 복잡하지도 않고 전동기도 달려 있지 않다. 그냥 단순한 장난감이다. 지나치게 섬세하거나 복잡해서 딱 정해진 것밖에 못하는 장난감은 아이에게서 상상할 기회를 앗아간다. 한편, 아이가 잠잘 때 꼭 챙기는 장난감은 절대 버려선 안 된다. 아무리 끔찍하게 생겨도 협상의 여지가 없다. 그밖에 건축 장난감처럼 파내고 옮기는 활동적인 장난감과 물감이나 크레파스,

밀랍이나 점토 같은 만들기 재료는 남겨둬야 한다. 매번은 아니더라도 꾸준히 갖고 노는 물건이기 때문이다.

장난감을 줄이기만 하는 것이 아니다. 신중하게 더하기도 한다. 밝은 색상의 헝겊 조각, 밧줄, 빨래집게를 바구니 하나에 가득 채운다. 아이 키에 맞는 책상도 마련하고, 스케치북과 크레파스도 큰 걸로 하나씩 준비한다.

우리는 마리의 방에도 같은 방법을 적용해 커다란 바구니 몇 개 분량의 장난감만 남겨 두었다. 최종 명단에 들지 못한 장난감 중 절반가량은 망가지거나 부품이 사라져 내다 버렸고 나머지는 창고에 보관했다. 창고에 보관한 장난감은 일종의 장난감 '도서관'을 이루어서 언제든지 다른 장난감으로 바꿔 갈 수 있는 곳이 되었다. 우리는 책도 똑같이 처리했다. 대다수는 상자에 넣고 라벨을 붙여 창고로 보내고, 가장 좋아하는 책 대여섯 권만 마리의 침대 옆 선반에 가지런히 꽂아 두었다.

이쯤 되면 당신은 '크리스마스 정신에 위배되는 활동'을 마리가 알게 되면 충격에 빠지겠다고 예상할 것이다. 하지만 그렇지 않다. 나는 아이들의 이런 반응을 수도 없이 봐 왔다. 마리는 장난감과 책의 4분의 3 이상이 사라졌다는 사실을 별로 신경 쓰지 않았다. 넓어진 공간과 그로 인한 자유를 마음껏 즐겼을 뿐이다.

아이는 며칠 동안 계속해서 헝겊과 빨래집게로 '집'을 지었다. 그 안에 웅크리고 앉아 어떤 날은 베개를, 어떤 날은 책과 인형을 갖고 놀았다. 2주 동안 매일같이 이 과정을 반복했는데 그동안 진짜 필요했던 일을 하고 있는 것처럼 보였다. 다음날 마리는 자신이 다른 집도 지을 수 있다고 믿게 되었고, 그렇게 만든 집에 책임감도 보였다. 그래서 마리와 엄마는 매일 오후, 그날의 작품을 감상한 뒤 이야기를 나누면서 집게를 빼고 헝겊을 걷어

내서 잘 갠 후 다음날에도 쓸 수 있도록 다시 바구니에 넣었다.

여기까지가 단순화하기의 첫 단계인 환경 정리하기로, 실제로는 여러 과정을 거쳐야 하므로 시간이 좀 걸리긴 한다. 그럼에도 이 첫 과정에서 마리의 방에 일어난 변화는 집 전체와 가족의 일상에 그야말로 전면적인 변화를 일으켰다. 가족이 꾸려가는 일상의 공간에 새로운 깨달음이 깃든 것이다. 이는 집 정리가 단순한 '집 정리'가 아니기에 나타난 결과다. 여기서 집 정리는 아이가 중심이 되는 생활에 의식적으로 다가가는 움직임이다. 그렇다고 가정과 그 안에서 일어나는 모든 게 아이를 중심으로 돌아가야 한다는 뜻은 아니다. 가정에서 일어나는 모든 게 오로지 어른 중심으로 돌아가선 안 된다는 얘기를 하는 것이다. '채우기'의 속도나 규모가 어른에게는 예사일지 몰라도 아이들에게는 견디기 힘들거나 괴로울 수 있다.

아이는 촉각적 존재다. 자신의 감각에 무척이나 충실해서 뭔가를 보면 만지고, 냄새 맡고, 가능하면 맛도 보고, 던져 보고, 머리 위에도 올려 보고, 귀에 대고 소리를 들어 보고, 심지어 물속에도 넣어 보고 싶어 한다. 이 모든 게 지극히 자연스러운 반응이다. 그러니 당신은 아이가 자유롭게 세상을 탐험할 수 있도록 헬멧 끈만 단단히 조여 주면 된다. 그런데 아이 주변의 책상, 서랍장, 옷장 등 여기저기가 전부 물건으로 가득 차 있으면 어떻게 될지 생각해 보라. 선택할 게 너무 많고, 자극제가 너무 많으면 아이의 시간과 주의력은 남아나지 않는다. 그리고 자신만의 세상을 깊이 탐험할 틈과 능력도 잃어버린다.

> 단순하게 말하면…: 물건이 너무 많으면 아이는 자신의 세상을 깊이 있게 탐험할 능력과 마음의 여유를 상실하고 만다

지난 수년간 나는 상담을 통해 만난 가족들이 놀랍고 감동적인 변화를 이뤄 가는 모습을 지켜봐 왔다. 아주 단순한 원칙들이 점차 집 안으로 스며들어 가족의 정서와 관계에 극적인 변화를 일으켰다. 단순화하기는 물질적인 면에서 쌓인 잡동사니를 줄임으로써 정신적으로 서로 좀 더 깊이 관심을 쏟으며, 꿈에 다시 가까워지는 삶을 살게 해 준다.

단순한 일상으로의
변화가 필요한 이유

    단순화하기를 위한 상담을 처음 시작했을 때 내가 목격한 변화는 적어도 내 경력에서는 전례 없는 수준이었다. 단순화하기가 내 업무의 핵심이 되자 나는 직업적으로 고립된 느낌을 받았다. 단순화하기 방법을 개발하는 데 내가 거쳐 온 훈련이나 학교에서 받은 교육의 덕을 본 것도 아니고, 발달 심리학이나 학교 상담 경험을 활용하지도 않았으며, 심리 분석 지식을 동원하지도 않았기 때문이다. 내가 받은 학교 교육과 훈련은 복잡했지만 이건 오히려 단순하기 그지없었다.

    약 20년 전 이렇게 직업적으로 새로운 시도를 하던 시점에 나는 미국 매사추세츠 노샘프턴의 뉴잉글랜드 대학가에서 가족과 함께 살고 있었다. 당시 단순화하기에 대한 소문이 퍼지면서 개인 상담 의뢰가 급격히 늘었고, 지금까지도 그곳에서 나는 '쓰레기봉투 선생님'이라는 별명으로 통한다. 얼핏 들으면 이때가 내 커리어에서 별 볼 일 없는 시기였다고 짐작하겠지만 전혀 그렇지 않다. 단순한 일상이 아이들을 다시 느긋하게 만드는 데 얼마나 효과적인지 직접 목격한 것만으로도 무척이나 감사한 시기였다.

다른 이들 역시 단순화하기의 효과에 주목하고 있었다. 노샘프턴은 구역별 심리 치료 전문가 수가 맨해튼 정도를 제외한 미국의 어떤 지역보다 많다. 바로 그런 곳에서 나와 상담했던 가족들뿐 아니라 같은 동네의 심리학자들과 정신과 의사들까지 사람들을 줄줄이 내게 보냈다. 그들은 단순화하기 수칙이 가정에 자리 잡으면 자신들의 치료법이(인지행동 치료법이든, 예술 혹은 대화 치료법이든) 훨씬 큰 효과를 발휘한다는 사실을 경험한 것이다. 한 정신과 전문의 말대로 단순화하기 수칙을 통해 아이들의 일상에 변화가 깃들 공간을 마련해 주고 나면 의사의 처방이 종전과 다르게 '잘 먹혔다.' 다음에서 좀 더 구체적으로 그 이유를 살펴보자

왜 일상이 단순해야 하는가? 치료 전문가가 아니어도 모든 아이가 '괴짜'라는 사실 정도는 알 수 있다. (사실 나는 내 아이들에게 미안한 마음이 있다. 치료 전문가의 자녀야말로 필적할 상대가 없는 괴짜라는 오해를 사기 때문이다.) 이 같은 엄연한 사실에 대부분의 부모가 세차게 고개를 끄덕일 것이다. 수년간 스트레스가 축적되면 아이의 이 별난 행동이나 기질이 강화된다. 심지어 아이가 고강도 스트레스를 받을 경우에는 단순히 괴짜로 여겼던 기질이 장애로 발전한다. 만약 내게 커다란 칠판이 있다면 다음과 같은 공식으로 표현할 수 있을 것이다.

$$Q + S = D$$

별난 기질Quirk 더하기 스트레스Stress 는 장애Disorder 라는 의미다. 한눈에 평가하고 분류하며 처방하는 사회에서 이런 현상은 특히 더 걱정스럽다. 칠판 뒷면에는

$$Q + S = G$$

별난 기질Quirk 더하기 단순화Simplification 는 재능Gift 이라고 적고 싶다. 다시 말해 장애로 발전할 수 있는 요소가 아이의 재능이나 천재성으로 발현될 가능성도 있다는 것이다. 결과는 얼마든지 달라질 수 있다.

자연 속에서 생각에 잠기기를 좋아하는 아이가 있다고 상상해 보자. 이 아이는 천성적으로 공상하기를 좋아한다. 이런 아이는 꼬마 철학자라고 할 만큼 창의적이어서 지구를 한 바퀴 돌고도 남을 긴 시간 동안 계속해서 당신에게 이야기를 들려줄 수 있다. 해변에서 함께 휴가를 보내기에는 더없이 좋지만 스쿨버스 시간이 다가오는 평일 아침에는 속이 터질 수밖

에 없다. 그런데 이 아이의 삶에 당신이 지속적으로 스트레스를 유발할 경우 이 아이는 주의를 기울이지 않는 ADD(주의력결핍장애)로 발전할 수 있다. 이런 아이는 스트레스를 받으면 아예 신경을 꺼 버린다. 이게 그들의 대피로다.

이번에는 상당히 활동적인 아이를 머릿속에 그려 보자. 아이는 청소를 도맡아서 하는가 하면 항상 당신에게 보여줄 새로운 기술이나 재주를 갖고 있다. 이런 아이는 신체 활동에 아주 능해서 동네 놀이터에서 어떤 놀이를 하든 모든 아이에게서 호감을 산다. 그런데 이런 아이에게 지속적으로 스트레스가 생기면 얼마 안 가 ADHD(주의력결핍과잉행동장애)라는 꼬리표가 붙을 수 있다.

아이들의 또 다른 특징으로 불타는 정의감을 들 수 있다. 이런 기질의 아이는 교사가 특정 학생을 유난히 꾸짖는다거나, 덩치가 큰 학생이 친구를 괴롭힌다는 사실을 알게 되면 즉각 피해 학생을 옹호하고 나선다. 자기 자신을 대변하는 경우도 많지만 기본적으로 용기를 발휘할 줄 안다. 그래서 직접 나설 때가 잦고 많은 이들에게 의지가 되기도 한다. 이런 아이는 모든 걸 치열하게 받아들이고 옳고 그름에 대해서도 명확한 기준을 갖고 있다. 그런데 여기에 스트레스를 더하면 이 아이는 얼마 지나지 않아 ODD(적대적반항장애) 진단을 받게 될 것이다.

수집하는 것에 취미를 가진 아이가 있다고 가정해 보자. 이 아이의 방은 다른 사람이 보기에는 정신없을 정도지만 아이는 무엇이 어디에 있는지 정확히 알고 있다. 이런 아이는 대개 세세한 사항을 기억하는 능력이 뛰어나서 엄마 차 키가 어디 있는지, 아빠가 지금 입고 있는 옷은 언제 입었던 건지 알고 있다. 그런데 이런 아이에게 스트레스가 쌓이면 OCD(강박장애),

혹은 행동의 경직성을 의미하는 '정체 stuckness'로 진단받을 수 있다.

이처럼 특정 기질과 장애라는 행동 스펙트럼 안에서 오가는 건 지극히 정상적인 현상이다. 스트레스가 아이를 행동 스펙트럼 안에서 한쪽 방향으로만 몰고 갈 수 있지만 일상을 여러 측면에서 단순하게 만들어 주면 아이는 결국 제자리로 되돌아온다.

우리들 역시 살아오면서 이런 오락가락하는 상황을 겪었다. 대학생 시절, 기말시험에 대비해 공부하던 때가 기억나는가? 혹은 장거리 여행을 앞두고 있는 저녁 시간을 상상해 보자. 평소에 특정한 '기질'을 갖고 있다면 이와 같은 스트레스 상황에서 기질이 '그대로' 드러난다. 만일 당신이 까다로운 기질을 지녔다면 짐을 쌀 때 옷을 크기와 소재에 따라 분류할 뿐 아니라 가장 어두운색부터 밝은 색 순으로도 정리하면서 자신의 기질을 지독하게 발현시킬 것이다. 스트레스에 대한 반응으로 행동 스펙트럼이 달라지는 건 항상 일어나는 일이다. 이렇게 정상 수준의 스트레스에 대처할 때 아이들(그리고 어른들)은 대처 능력을 발전시킨다. 어려운 상황에 대처하다 보면 자신의 역량을 구축하고 또 신뢰하게 된다. 평소 근면하고 활동적인 한 아이가 학예회에 대한 기대감으로 지나치게 흥분했다고 해도 향후 얼마든지 다시 차분해질 수 있다. 이따금 도움이 필요할 때도 있지만 확장과 수축은 지극히 정상적으로 반복되는 과정으로, 우리도 다 경험한 것들이다.

> 단순하게 말하면....: 스트레스는 아이의 행동 스펙트럼을 극단으로 몰고 갈 수 있다. 하지만 아이의 일상을 여러 측면에서 단순하게 만들어주면 아이는 결국 되돌아온다

왜 일상이 단순해야 하는가? 부모인 우리는 '무지개에 중독'되지 않도록 조심해야 한다. 당신은 아이가 매일같이 '꽃길만 걷기'를 바랄 것이다. 실제로 아이가 행복의 비눗방울 위를 둥둥 떠다니도록 할 수만 있다면 근사하지 않겠는가? 하지만 아이에게도 난관이 필요하다. 헬렌 켈러가 말한 것처럼 '품성은 편안하고 고요한 생활에서는 발달할 수 없다.' 아이도 어려운 상황에 맞닥뜨려 대처할 방법을 찾으면서 스스로 대처할 수 있음을 터득해야 한다. 정의감에 불타고 모두 자신의 의견에 따르도록 하겠다는 욕구가 강한 아이일수록 이런 경험이 꼭 필요하다. 이런 아이는 도움을 받아서라도 자기중심적으로 세상을 바라보거나 대하는 방식을 개선해야 한다. 이런 진전 자체가 건강한 삶의 일부이자 품성을 기르고 발달시키는 과정이다.

당신이 아이를 지나치게 보호하고, 아이의 모든 경험과 깨달음에 지나치게 완벽을 기하려 든다면 아이의 행동 스펙트럼이 극단으로 치닫는 걸 막을 수 없다. 오히려 등 떠미는 셈이 될 것이다.

품성을 기르고 정서적 회복탄력성을 높이는 일은 건강한 면역체계를 구축하는 것과 상당히 비슷하다. 아이들은 살아가는 동안 다양한 질병과 바이러스에 노출돼야 한다. 완벽하게 피하는 건 불가능할 뿐 아니라 적절히 노출돼야 면역 장벽이 세워져 스스로를 보호할 수 있기 때문이다. 물론,

우리는 면역력을 강화한답시고 병원 응급실에서 다섯 살 아이의 생일 파티를 벌이는 따위의 행동은 하지 않는다. 그런데 살아가면서 으레 만나게 될 난관을 예방할 심산으로 아이를 보호하려 들면 당장에는 좀 더 안전할지 몰라도 장기적으로는 주변 세상에 대한 대처 능력이 떨어지는 등 오히려 더 취약하게 자라날 것이다.

부모가 지나치게 개입하면 불안감이 유발된다. 부모가 아이에 대해 불안해하면 아이도 불안해진다. 아이는 부모의 감정을 '먹고 자란다.' 부모가 정한 환경, 부모가 창조한 정서 속에서 성장하는 게 아이다. 부모가 아이의 안전을 지나치게 걱정하고 주변을 경계하면 아이도 그 기운을 그대로 전달받아 불안해진다. 따라서 부모의 불안 역시 아이를 행동 스펙트럼의 극단으로 몰아갈 수 있다. 미국의 저널리스트 엘렌 굿맨의 조언은 기본에 충실한 동시에 감동적이다. 내가 이 문구를 적어 지갑 속에 넣어 둔 메모지는 이제 너덜너덜한 지경이 되었다. "자녀를 키울 때 가장 힘든 점은 아이에 대한 걱정보다 희망이 앞서도록 하는 것이다."

> **단순하게 말하면...: 자녀를 키울 때 가장 힘든 점은 아이에 대한 걱정보다 희망이 앞서도록 하는 것이다**

지난 5년여간 나는 동료인 보니 리버와 함께 ADD, 즉 주의력결핍장애 치료를 위해 약물 대신 단순화하기를 적용했을 때 거둘 수 있는 효과를 연구했다.[5] 사실 나는 ADD라는 용어 자체에도 동의하지 않는다. 나로서는 ADD 진단을 받은 아이들에게서 주의력 결핍 증상을 찾아볼 수 없기 때문이다. 오히려 관찰되는 건 주의력 과잉이다. 이 아이들의 문제는 주의 집중은 상당히 잘하는 데 비해 우선순위를 매기는 데 어려움을 겪는다는 것이다. 이들은 주어진 상황에 걸맞게 주의력을 배분할 줄 모른다. 따라서 이 증후군에 좀 더 적절한 약어는 API, 즉, 주의력 우선순위 문제Attention Priority Issue가 될 것이다.

보니와 나는 미국과 캐나다의 32개 학교에서 어린이 55명을 대상으로 연구를 진행했다. 이들은 API 증상이 뚜렷한 아이들이었다. 학교 측에는 책상에 가만히 앉아 있지 못하고 말썽을 피우며 교사의 주의를 끌어 수업을 방해하는 아이들 즉, 학교에서 제일가는 골칫덩어리들을 알려달라고 요청했다. 이 아이들에게 이 책에서 설명한 단순화하기 수칙을 적용했는데, 환경 정리하기와 스케줄 줄이기에 가장 큰 주안점을 두었다.

환경 정리하기를 예로 들면 우리는 부모들에게 아이들이 평소 얼마나 많은 정보를 접하는지 살펴보고 절반으로 줄이도록 요청함으로써 정보량을 최소한으로 줄였다. 차단해야 할 정보원으로 외부 뉴스나 잡지뿐 아니라 저녁식사 때 하는 이야기도 포함시켰다. 왜냐하면, '좋은 정보'나 '나쁜 정보'를 구분하다 도리어 수렁에 빠질 수 있는 만큼 아예 전부 차단할 방법이 필요했고, 문제가 '외부에서 시작된다'고 생각하는 경향도 있었던 탓에 '질'이 아닌 양의 관점에서 접근하는 게 필요하다고 판단했다.

단순화하기 수칙 적용에 참여한 아이들의 68퍼센트가 4개월 만에 '임상적 기능 장애'에서 '임상적 기능 정상'으로 돌아섰다는 사실을 발견했다. 아무런 약물도 사용하지 않았는데 어떻게 이런 결과가 가능한 것인가? 우리는 다시 한번 연구에 돌입했다. 단순화하기 수칙을 적용하기 전과 후를 철저히 조사하고 시험했다. 결과는 정확히 똑같았다. 아이들의 68퍼센트가 임상적으로 바클레이 척도(과잉행동 및 주의력 결핍의 정도를 측정하기 위해 일반적으로 사용하는 심리 검사법-옮긴이)의 92번째 백분위수 위에 있다가 4개월 만에 72번째 백분위수 밑으로 내려왔다. 물론, 이 아이들 중 상당수는 여전히 '악동'으로 여겨진다.

학교 혹은 사회를 하나의 공동체로 봤을 때 이 아이들은 여전히 주변부에서 서성댄다고 볼 수도 있다. 하지만 가족과 학교, 놀이와 일상이 흐르는 물살 속으로 한 발 내디딘 것만은 분명하다. 게다가 사회성과 학습 면에서는 단순히 발을 적신 수준에 그치지 않고 아예 몸을 담갔다. 이들이 아직 졸업생 대표나 무도회 킹카와는 거리가 멀다고 해도 아무 문제없다. 아직은 중심부보다 주변부에 더 가깝다고 해도 괜찮다. 중요한 건 아이들이 이만큼 왔다는 사실이다.

어떻게 이런 일이 일어났을까? 약물도 없이 어떻게 이런 결과를 얻을 수 있었을까? 지금껏 행동문제에 약물 접근법이 적극적으로 사용돼 왔는데 다음 수치를 보면 이를 금방 알 수 있다. 미국에서는 2013~2015년 사이에 만 5~7세 어린이 중 무려 10.4퍼센트가 ADHD 진단을 받아 약물 치료를 받았다.[6] 영국의 경우, 2018년 통계에서 같은 연령대 어린이 중 7퍼센트가 ADHD 진단을 받아 약물 치료를 받았는데, 이는 10년 전에 비해 두 배로 늘어난 수치다.*

이 같은 약물을 이용한 치료에서는 두뇌 회로 작용을 바꾸어 행동을 변

---

* 우리나라 소아청소년의 ADHD 진단을 받고 치료받는 비중은 3~11% 수준이다(소아의 경우 5% 정도 ADHD 증상이 나타나고 남아의 경우가 더 흔하다).
출처 : '주의력결핍과잉행동장애에 대한 보육교사의 지식, 태도, 돌봄효능감 및 관련요인', 2020년 김태임 외, (사)아시아문화학술원 / 보건복지부 ADHD 설명 자료

화시킨다. 리탈린과 애더럴이 그런 역할을 하는 약으로 알려져 있다.

두뇌 회로 작용을 화학식에 비유하기도 한다. 즉, 두뇌에 작용하는 호르몬 배합에 따라 행동이 달라진다는 말이다. 만약 ADD가 전적으로 뇌 화학물질의 작용으로 발생하며 이 비율이 저절로 변하지 않으리라 본다면 화학적 개입만이 타당한 방법일 것이다.[7]

우리의 연구는 두뇌의 '호르몬' 배합이 사전에 결정돼 절대 달라지지 않는다는 견해를 정면으로 반박한다. 우리가 목격한 행동 개선은 단순히 두뇌의 화학물질 수치, 그리고 그에 따라 나온 기질이 낳은 결과라고만은 할 수 없다. 불안한 아이는 몸에 완전히 흡수가 안 될 만큼 코르티손 수치가 높고, 활동적인 아이는 아드레날린 수치가 높다고들 한다. 하지만 아이들(그리고 어른들)은 저마다 내면의 모습이 있고 이를 발현시키는 인자가 따로 있다. 우리의 연구 결과에 따르면 화학적 특징과 발현 인자는 아이의 환경과 생활이 변함에 따라 달라질 수 있으며, 의식적으로 평온한 상태를 만들어 주면 타고난 행동 기질을 누그러뜨리고 진정시킬 수 있다.

우리 연구에서 심각한 수준의 ADHD 증상을 보였던 아이들의 경우, 환경을 단순하게 만들어 주자 소통하고 가르칠 수 있는 상태로 회복했다. 대니엘 골먼의 저서 『EQ 감성지능』에서 처음 언급한 이른바 '편도체 납치'에서 빠져나온 것이다. 편도체란 우리 뇌에서 아주 오래된 부분으로, 위협에 직면했을 때 '싸울지' 혹은 안전한 곳으로 '도망칠지' 결정한다. 공룡들이 세상을 휘젓고 다닐 때 상당히 편리한 기능이었다 하겠다. 편도체에는 기억하는 기능도 있는데 그 대상이 트라우마로 한정된다. 따라서 '예전에 물린 적이 있다'는 사실을 편도체가 기억하여 위험하다고 인식하면 두뇌에서 사고와 느낌을 담당하는 부위를 '납치'하거나 우회해버려 실제 상황에 맞지 않는 반응을 일으킨다.

우리는 아이가 편도체 납치 상태에서 빠져나오면 주의력은 높아지고 과잉행동은 줄어드는 긍정적인 변화를 확인했다. 물론, 리탈린이나 애더럴 같은 약을 통해서도 이 같은 진전을 이루고 임상적 장애 등급에서 정상 등급으로 이동할 수 있다. 하지만 리탈린 같은 약물로는 달성할 수 없는 우리만의 성과도 존재하는데, 바로 연구에 참여한 아이들의 학업 및 인지 능력이 36.8퍼센트나 향상된 점이다. 이 지표는 약물을 이용한 연구에서는 나타나지 않았다. 리탈린을 복용하더라도 눈에 띌 만한 학업 및 인지 능력 상승은 없었던 것이다.

이는 해당 가정에 좋은 소식임에 분명하지만 사람의 존엄성 측면에서도 반가운 소식이다. 아이의 환경에 관심을 쏟기만 하면 아이가 스스로 자신에게 관심을 쏟도록 할 수 있으니 말이다. 더군다나 우리 연구에서는 그 어떤 약물이나 약제도 사용하지 않았다. 그보다 부모, 교사, 그리고 아이가 직접 이뤄낸 변화로, 마음만 먹으면 누구나 실천할 수 있는 방법이다.

그렇다고 해서 행동문제를 해결하는 데 처방약의 효험을 부인하거나 사용 자체를 비난하는 건 아니다. 리탈린을 비롯한 약 덕분에 상당한 진전을 본 아이들도 분명 존재하는 만큼 약도 필요하다. 하지만 이런 약이 지나치게 많이 이용되고 처방돼 왔다는 사실은 부인할 수 없다.

몇 년 전 내가 진행하던 워크숍에서 한 엄마가 내게 다가왔다. 그녀는 워크숍이 끝나면 따로 얘기를 할 수 있는지 물었다. 모두가 돌아간 빈 회의실에서 두 개의 작은 책상을 사이에 두고 마주 앉자 그녀는 울기 시작했다.

그녀의 아들 토마스는 정신과 전문의의 권유로 며칠 전부터 리탈린을 복용하기 시작했다. 토마스는 한동안 학교에서 계속 문제를 일으킨데다가 통제도 안 돼 퇴학당하기 직전이었다. 토마스를 만나본 적 없는 나로서는 그녀의 상황을 깊게 알기는 힘들었지만 이와 비슷한 상황을 많이 봐 온 만큼 그녀가 절망이 아닌 사랑으로 조심스럽고 성실하게 대처하고 있다는 건 알 수 있었다.

나는 그녀에게 이 약이 건축 현장의 비계(飛階)와 비슷하다고 말해 주었다. 건물에 보수가 필요할 때면 굴뚝이나 지붕 높이까지 비계를 세운 뒤 작업을 한다. 일이 끝나면 비계는 철거하는 게 순리다. 아이들을 위한 처방전 중 상당수가 이 비계와 같은데 문제는 철거하지 않아 그 자리에서 녹슬 때가 많다는 사실이다. 나는 약물이 또 다른 구조를 이루거나 지지대가 될 수 있다고 생각하지 않는다. 약물은 대개 일시적인 방편일 뿐이다.

당신의 자녀가 퇴학당할 지경이라면, 약을 이용해 아이의 행동을 개선하고 수용 가능한 틀 안에 다시 '데려다 놓으라.' 이렇게 약으로 시간을 벌 수 있다. 하지만 길게 봤을 때 아이의 일상이나 환경을 단순하게 만드는 '작업'을 약이 대신할 수는 없다. 그리고 나는 단순화하기 작업은 가능하면 약물 사용 이후보다는 이전에 이뤄지는 게 가장 이상적이라고 본다.

> **단순하게 말하면…:** 악동이나 주의력이 걱정스러운 아이에게 약물이 아닌 단순화하기 수칙을 적용하면 행동 기질을 누그러뜨리고 인지능력과 학습능력을 높일 수 있다

신경학 측면에서 이 문제를 좀 더 들여다보자. 지난 몇 년간 신경학 분야에서는 놀라운 연구가 이뤄져 왔다. 뇌의 유연성이나 순응성으로 정의

되는 신경가소성을 알아보는 연구다. 오랫동안 어린아이의 두뇌는 회복력이 엄청나다고 알려져 왔다. 아기의 경우는 두뇌에 막대한 손상을 입어 대뇌 반구 전체를 잃게 되더라도 어른으로 성장하는 동안 거의 정상적인 발달을 보일 수 있다. 이 같은 '가소성'은 아이가 어른이 되고 신경 통로가 '고정되면' 사라진다고 알려졌지만 지금은 나이가 들더라도 신경가소성의 일부는 제 기능을 하는 것으로 본다.

신경학자들은 명상과 기도에 대해 연구함으로써 뇌 구조와 기능에 관한 새로운 사실을 발견하고 있으며, 뇌가 어떻게 바뀔 수 있는지에 대해서도 밝혀내는 중이다. 저널리스트 샤론 베글리는 자신의 저서 『달라이 라마, 마음이 뇌에게 묻다』에서 이 연구에 대해 언급하면서 천 년 역사의 티베트 불교 수행이 오늘날 신경가소성이라는 최첨단 과학에 얼마나 시사하는 바가 많은지 이야기한다.[8]

베글리는 명상 수행이 뇌와 마음에 측정 가능할 만큼 뚜렷한 영향을 미친다는 사실에 신경학자들이 큰 충격을 받았다고 설명한다. 뇌 정밀 검사 결과 고도로 수련한 수도승은 명상에 잠겨 있지 않을 때조차 신경 활동이 확연히 달랐다. 또한 수도승으로서의 생활과 오랜 명상 수행 덕분에, 모성애와 공감능력처럼 복잡한 감정을 주로 다루는 것으로 알려진 뇌 영역(꼬리 및 우측 섬엽)과 기쁨과 행복을 느끼는 뇌 영역(좌측 전두엽)은 해부학적으로도 구조가 달랐다.

이 같은 결과는 강력한 희망의 메시지를 전달함과 동시에 다양한 가능성을 내포한다. 뇌에는 스스로 재조직하고 보수하는 능력이 있어서 이를 학습장애나 치매, 우울증뿐 아니라 뇌졸중 치료에도 활용할 수 있다. 신경가소성을 실재하는 강력한 힘으로 인정할 때 우리는 유전학적, 화학적 사전결정주의로부터, 그리고 유전자와 신경화학물질의 고정된 패턴에 지배된다는 관념으로부터 벗어날 수 있다. 세계에서 가장 유명한 신경학자 중 한 명이자 『아내를 모자로 착각한 남자』를 비롯해 여러 훌륭한 작품을 집필한 올리버 색스는 한 강의에서 다음과 같이 말했다. "신경학을 어느 정도 파고든 이후에도 손을 놓지 않으면 기이해집니다. 만약 그러고도 계속 파고들면 결국 영혼spirit 에 닿게 되지요."

만약 성격과 감정, 행동이 전적으로 뇌의 통제를 받아서 나오는 것이 아니라면 뇌도 몸과 마음, 영혼을 포함하는 훨씬 더 큰 시스템의 일부일 수도 있지 않겠는가? 뇌 가소성 연구에서는 물론이고 ADD에 관한 우리의 소규모 연구에서조차 마음이 시스템의 다른 부분에 영향을 줄 뿐 아니라 받기도 한다고 알려준다. 실제로, 티베트 수도승들은 지난 수세기 동안 주로 명상을 통해 그들의 면역체계와 뇌 구조에도 영향을 미쳤다. 또한 우리 연구에서도 온갖 자극 요소를 제거하자 아이들에게서 육체적 심리적 활력이 생겨났다. 그리고 덕분에 적지 않은 아이들이 여유를 가지면서 자신들의 행동과 학업에 더 관심을 보이는 반면 반발심은 작아졌다. 아이들은 수도승처럼 하루에도 몇 시간씩 명상할 수 있는 건 아니지만 누구의 방해도 없이 놀이에 몰입할 때 동일한 효과를 누린다.

'영혼'이라는 단어에 거부감을 가지는 사람도 있을 수 있으므로(눈치챘겠지만 나는 올리버 색스를 통해 이 단어를 처음 등장시켰다), 부모라면 대부분 진심으로 공감할만한 방법으로 영혼에 대해서도 접근해보자.

부모인 우리는 아이가 단순히 유전자와 타고난 행동 기질을 합쳐 놓은 존재가 아니라는 사실을 알고 있다. 물론, 딸아이는 외할머니의 풍성한 갈색 머리카락을 물려받았고 파란 눈은 아빠를 빼다 박았으며 얼굴 생김새는 엄마 판박이다. 또 날카롭고 분석적인 성향은 아빠를 닮았다. 이렇게 유전자 카드가 골고루 분배돼 있다. 하지만 부모라면 누구나 내 아이에게서 어디서 왔는지는 알 수 없지만 고유한 본성이 있다는 점을 안다. 그래서 우리는 아들 혹은 딸을 처음 만난 그 순간 이렇게 말한다. '이 아이는 특별해.'

아리스토텔레스는 사물 혹은 사람의 정수, 그들의 존재 의도를 목적 즉 텔로스telos 라는 단어로 표현했다. 도토리의 텔로스는 떡갈나무가 되는 것이다. 도토리는 처음부터 그 안에 이 같은 목적을 갖고 있었다. 아이도 우리가 선사하는 유전자, 혹은 우리와 환경으로부터 흡수하는 것을 넘어서서 자신만의 목적 혹은 존재 의도에 다가가려는 존재처럼 보인다. 처음부터 명확하게 드러나는 이 핵심 본성은 도토리가 떡갈나무를 암시하는 것처럼 그들의 미래를 가리킨다. 당신의 아이는 누군가는 영혼이라고 부를 심오한 운명과 함께 당신에게 왔다. 이는 반드시 귀 기울여지고 존중받아야 한다.

한 사회로서, 그리고 이따금 부모로서 우리가 얼마나 근시안이 되어 가는지 보라. 아이 두뇌의 화학적 구성만 들여다보고 있으면 이들이 누구인지, 무엇이 이들(아이들의 삶, 가족, 환경 등)에게 영향을 미치는지 더 큰 맥락을 놓치고 만다. 그 결과 아이들을 놓쳐버린다. 그들의 운명이나 목적도 보지 못한다. 겉으로 드러나는 성향(증후군, 진단명)만을 보고 있으면 우리 아이들이 살아가면서 보여주는 심오한 몸짓인 존재 의도를 놓쳐 버린다.

우리가 '보는 것' 즉, 관심을 쏟고 함께 하는 대상이야말로 우리 자신의 핵심을 이룬다. 아이도 마찬가지로 관심을 쏟고 함께 하는 대상에 따라 어떤 아이가 될지 결정된다.

> 단순하게 말하면...: 당신 아이는 존중받아야 마땅할 심오한 운명과 함께 당신에게 왔다

일상이 단순하게 변해야 하는 이유를 정리하면 다음과 같다.

우리 아이들이 단순하게 생활하도록 만들어 주면 지나치게 많고, 지나치게 빠른 데서 오는 스트레스를 제거할 수 있다. 스트레스는 아이들이 뭔가에 집중할 수 없게 방해하고, 평온함과 안정감을 해친다. 다시 말해, 스트레스는 자아 정체성 발달이라는 유년기의 초점 혹은 '과업'에 방해가 된다. 결국 넘쳐나는 물건, 넘쳐나는 정보, 지나친 서두름과 시급함이라는 방해꾼이 끊임없이 달려드는 이 세상에서 본래 의도했던 사람이 되기 위해 필요한 것은 약간의 여유다. 지나침에서 오는 스트레스는 자아 정체성 발달이라는 유년기의 초점 혹은 '과업'에 방해가 될 뿐이다.

부모인 우리 역시 관심을 쏟고 함께 있는 대상에 따라 우리가 어떤 사람인지 결정된다. 이 사실은 우리의 일상이 정신없는 병원 응급실처럼 느껴질 때에는 잊히기 쉽다. 하지만 일상의 어수선함을 정리함으로써 잡동사니에 파묻히지 않고 진정 소중하게 여기는 것에 집중할 수 있다. 단순화하기를 통해 세상에 휩쓸려가기 전에 가족에게 필요한 것을 존중하는 분위기 즉, 영감이 깃든 가정을 이룰 수 있다. 아이에 대한 당신의 소망이 걱정을 앞설 수 있고 다시금 가족을 향한 당신의 꿈에 맞추어 생활할 수 있다. 또한 이상적 유년기를 바라는 소망과도 조화를 이룰 수 있다.

단순화하기가 덜어내기만 하는 건 아니다. 당신의 삶에 여유와 공간을 만드는 것이기도 하다. 부모들이 내게 끊임없이 하는 얘기가 있는데, 단순화하기 덕분에 한결 마음이 여유로워져, 아이의 성향을 파악하는 걸 넘어 어떤 사람인지 바라보게 됐다는 것이다. 일상의 압박감 속에서는 아이가 어떤 사람인지 즉, 아이의 텔로스를 알아보는 일이 쉽지가 않다. 도토리 모양에서 떡갈나무를 생각해내는 게 쉬운 일이 아니듯이. 아이와 마찬가지로 부모의 육아 생활에도 잡동사니와 스트레스가 넘쳐나므로, 이해할 때보다 걱정될 때가 더 많은 게 육아다. 하지만 방해물이나 정신적 잡동사니를 줄이면 시야를 더 넓힐 수 있고 주의력도 확장된다. 아이에 대한 당신의 인식도 깊어질 것이며 그러면 아이를 온전히 받아들일 뿐 아니라 아이의 속도와 욕구, 재능이 '지금'의 경험에 흠뻑 빠져들도록 존중해 줄 수 있다.

일상을 단순하게 만들면 아이에게 더 많은 여유와 행복감을 선사할 수 있다. 끊임없이 뭔가를 해야 하는 거센 급류 속에서 쉬어갈 섬을 만들어 줄 수 있다. 방해물이 적을수록 아이 역시 주의력이 확장되고, 초점은 깊어지며, 정신적 물리적 공간을 확보해 자신의 운명이 원하는 방식으로 세상을 탐험할 수 있게 된다.

단순화하기의 장점은 이뿐만이 아니다. 이따금 미처 예상하지 못한 기쁨이 스멀스멀 차오르는 순간이 있다. 대부분의 부모가 가능할 거라고 상상하지 못했던 순간 말이다. 아이에 대한 당신의 인식이 넓어지고 깊어질수록, 아이에 대한 당신의 사랑 역시 넓어지고 깊어지기 때문이다. 바로 이것이 일상을 단순하게 만들어야 하는 가장 중요하고 강력한 이유다.

이 장을 마무리하며 다시 한번 강조하지만, '꿈꾸지 않으면 아무 일도 일어나지 않는다.' 소망을 떠올려야 소망을 이루기 위한 과정을 그려볼 수 있다. 말 그대로 그림을 그려보자. 별을 향해 던진 올가미 밧줄처럼 상상이 당신의 목표로 가는 길을 알려줄 것이다.

각 장을 마무리 짓는 이 지점에서 당신이 목표로 했던 꿈을 돌아보고, 그대로 실현된 당신의 집을 상상해보자.

상상 속에서 당신의 집은…

- 시간이 조금 느리게 흐르는 곳이다.
- 잡동사니가 줄어들어 좀 더 편안해 보이는 곳이다.
- 유년기를 위한 공간과 시간, 그리고 매일 서로를 위한 시간이 있는 곳이다.
- 놀이와 탐험이 허용되고 또 존중되는 곳이다.
- 방해물을 제한하고, 너무 많이 갖거나 너무 서둘러서 생기는 스트레스를 거부한 덕분에 여유가 있는 곳이다.
- 평온과 안정이 깃든 곳이다.
- 애정과 관심으로 아이를 보호하고 인정한 덕분에 아이가 부모의 사랑을 확신하는 곳이다.

Simplicity Parenting

2장

마음에서
나는 열

/ 알아차리기
/ 차분하게 지낼 시간 만들어 주기
/ 더 가까이에서 함께하기
/ 기다리기
/ 일관성이라는 영웅

 누구나 할 수 있는 쉬운 것 즉, 이미 알고 있는 사실을 떠올려보고 확인하는 작업부터 시작해 보자. 당신은 당신 아이에 대해 속속들이 안다. 그건 확실하다. 당신만큼 아이를 잘 아는 사람도 없다. 아이가 최고의 컨디션 속에서 반짝반짝 빛날 때의 모습도 알고, 신경이 예민할 때 보이는 엉뚱한 모습도 잘 안다. 아이의 말투만 들어도 진짜 원하는 게(말이나 행동 뒤에 숨은 뜻이) 무엇인지, 그리고 어떤 것에 몰두하는지 훤히 알고 있다.
 당신은 이 작은 존재에 대해 경이로울 만큼 방대한 지식을 자랑한다. 그렇다. 아이에 관해서라면 당신은 보여주거나 얘기할 수 있는 것보다 훨씬 많이 알고 있다. 아이를 마치 엑스레이로 투시하듯 훤히 들여다보고 있으니 어떻게 보면 일종의 초능력을 가졌다고도 할 수 있다. 그만큼 아이를 바라보는 당신의 시선에는 관심과 유대감, 사랑, 아이를 이해하고자 하는 욕구가 뜨겁고도 깊이 있게 담겨 있다.

아이가 아플 때 부모인 당신이 어떻게 대처해왔는지 생각해보자. 아이가 처음으로 고열에 시달리거나, 코가 너무 심하게 막혀서 편히 눕히지도 못할 때면 당신은 안절부절못하며 밤을 새웠다. 하지만 시간이 지남에 따라 경험이 쌓이면 분수토처럼 보기 드문 증상에 맞닥뜨려 허둥지둥하다가도 이내 부모로서의 직감(본능)을 발휘해 상황을 헤쳐나간다. 나중에는 이마를 쓱 한번 만져보거나 눈이 풀린 것만 봐도 열이 난다는 걸 알아차리고 아이를 돌보기 시작할 정도로 능숙해진다.

그러나 아이에 대한 당신의 직관적 지식도 항상 일정할 수는 없다. 당신은 매 순간 아이를 사랑하지만 관심을 미처 못 쏟거나 관계가 멀어지면 아이를 이해하는 게 버겁게 느껴질 때도 있다. 결국 부모로서의 직감도 항상 정확할 순 없다는 말이다.

아이들은 몸이 아픈 것처럼 내가 '마음에서 나는 열'이라고 부르는 증상을 필연적으로 겪게 돼 있다. 이때는 늘 화나 있고 숨 막혀 하며 반항적이 되기 때문에 뭔가 잘못된 것처럼 보일 것이다. 자기 자신의 모습을 탐색하는 데 푹 빠져 있던 네 살 즈음에는 부모의 권위를 받아들이지 못하기도 하고, 그로부터 11년 후에는 온갖 따돌림과 구박을 당하면서도 그 집단에 편입되고 싶어 안달하기도 한다. 싸우는 대상도 다양하다. 원인이 내면에 있든 외부 환경에 있든 이 같은 증상은 이미 아이의 내면을 장악해 행동을 변화시키며 나아가 가정의 정서에도 영향을 미친다.

이런 증상을 '감정적으로 흥분한' 것이라고 볼 수도 있겠지만 나는 '마음에서 나는 열'이라고 부르는 걸 더 선호한다. 왜냐하면 아이는 힘든 모습을 저마다 고유한 방식으로 드러내 보이기 때문이다. 예컨대 열이 나는지 알아차릴 새도 없이 지나가는 아이가 있는가 하면 별일도 아닌 걸로 열경기라고 할 만큼 지독하게 반응하는 아이도 있다. 이렇게 알 길이 없는 자신만의 방식으로 마음의 시련에 맞서 싸우려 하는 게 아이다.

육아에 대해 강의하다 보면 부모들이 항상 이런 질문을 던진다. '내 아이가 마음에서 열이 날 때 어떻게 알아차릴 수 있나요? 애가 궁지에 몰려 있을 때 어떻게 알아보죠?' 여기에는 이런 질문이 뒤따른다. '그럴 때 저는 어떻게 해야 하나요?' 첫 번째 질문에 대한 내 대답은 바로 알아차리기, 즉 직감을 발휘하는 것이다. 직감을 끊임없이 단련해야 한다는 뜻이다. 직감이 정확하고 믿을 수 있어야 아이가 아플 때 이를 알아차리고 돌봐줄 수 있기 때문이다.

이 장에서 나는 두 번째 질문인 '그럴 때 부모인 저는 어떻게 해야 하나요?'에 대한 현답(賢答)을 제시하기 위해 최선을 다했다. 부모는 이 질문에 대한 답을 찾기 위해 노력하지만 사실 당신은 이 답을 알고 이미 실천하고 있다. 아이가 평소보다 기운 없어 보일 때나 몸에 열이 날 때 당신이 본능적으로 보이는 반응을 한번 떠올려 보자. 이때 아이를 돌보기 위해 부모가 쏟는 관심, 그리고 취하는 행동이 결국 단순화하기다. 마음에서 열이 날 때도 마찬가지로 당신은 징조와 증상을 살핀 뒤, 아이가 감정의 면역체계인 회복탄력성을 구축할 수 있도록 돕는 절차를 밟는다. 이 과정에서 우리는 치유를 위해 다른 무엇보다 필요한 건 휴식이라는 사실을 깨닫게 된다.

그래서 1장에서 설명했듯이 아이가 너무 많은 선택과 물건에 시달리고, 정신없는 일상 속에서 스트레스를 받을 때 가장 필요한 게 바로 단순화하기다. 마음에서 고열이 나는 일은 감기에 걸리는 것만큼이나 자연스럽고 피해가기 어려운 일로, 단순화하기를 통해 치유가 가능하다. 단순화하기는 아이가 어른 세계의 스트레스와 압박에서 벗어나 아이만의 세상 속에서 진정한 자아를 탐색하고 나이에 걸맞은 생활을 누릴 수 있도록 여유를 선사한다.

또한 단순화하기를 통해 당신의 주의를 산만하게 하고 아이와의 관계를 소원하게 만드는 방해물도 덜어낼 수 있다. 그러면 아이와 부모 모두 여유를 되찾아 아이는 본연의 모습으로 돌아가는 한편 부모는 아이에게 더 큰 관심을 쏟게 된다. 결과적으로 부모로서의 직감 역시 단련돼 갈수록 더 정확해진다.

이제 아이의 몸과 마음에 균형이 깨졌을 때 알아보는 방법과 그럴 때 부모가 무엇을 해야 하는지 배워 보자. 당신이 이미 알고 있는 것을 되살려 단순화하기를 실천하면 부모로서의 직감이 다시 깨어날 것이다.

알아차리기

아이가 평소와 뭔가 달라 보이면 부모인 당신은 유심히 살피기 시작한다. 반응이 느리거나, 입맛 없어 하거나, 눈이 풀리는 증상이 나타나면 아이가 괜찮지 않다는 걸 알아차릴 수 있다.

마찬가지로 마음에서 나는 열을 알아채려면 불안감의 증상을 몇 가지 알아야 한다. 불안하면 기분이 나쁘거나 잠시 예민한 것 이상으로 내면의 동요가 강하게 일어나고 또 오래 지속된다. 항상 어딘가 불편한 기색을 드러내면서 자신의 별난 기질에 한두 발짝 더 다가선다. 이는 보통 아이가 시무룩해 보이는 모습과 비슷한데 이내 활력을 되찾고 평소 좋아하는 친구들과 어울린다면 마음에서 열이 나는 게 아니라고 볼 수 있다. 마음에서 열이 시작될 때는 별것도 아닌 일로 시도 때도 없이 예민하게 구는데 그 방식은 각자의 기질과 성격에 따라 다양하게 나타난다. 내성적인 아이의 경우 몸도 마음도 풀이 죽어 있다 거슬린다 싶으면 엉뚱한 사람한테 갑자기 '쏘아붙인다.' 반면, 외향적인 아이는 좀 더 직설적으로 화내고 비난을 퍼붓기도 한다.

아이가 어릴수록 이럴 때 곧장 티가 난다. 극도로 예민해져서는 옷의 라벨이 가렵다거나 스타킹이 돌아갔다고 화를 내고, 평소 같았으면 들리지도 않았을 소음이 시끄럽다고 불평을 쏟아낸다. 사소한 것에 민감하게 반응하고 짜증과 변덕이 무척이나 심해지는 것이다. 수면 패턴이 바뀌는가 하면, 어깨와 주먹에 힘이 들어가는 등 자세도 달라진다. 특히, 감정 조절을 제대로 못해서 평소보다 훨씬 쉽게 '폭발한다.' 이를 두고 '내 아이의 모습이 아니'라고 생각하겠지만 사실 아이의 성격적인 특징이 증폭되거나 캐리커쳐처럼 어떤 부분이 과하게 표현되어 나오는 것이다.

중학생이 되면 친구들이 바뀌고 옷차림이나 습관이 달라지며, 숙제나 취미활동처럼 평소 곧잘 집중하던 일도 진득하게 못하는 걸 볼 수 있다. 물론, 규칙과 경계에 반항하는 게 성장하는 십대의 임무라고도 할 수 있지만 마음에서 고열이 나는 시기를 통과할 때는 지나치다 싶을 수 있다. 지금껏 단 한 번도 말 나온 적이 없고 이미 자연스럽게 받아들인 규칙에조차 볼멘소리를 하고 드니 말이다.

여기서 발달 단계 중 특히 '과열된' 시기라 할 수 있는 청소년기에 대해 잠시 생각해 보자. 청소년기의 가장 두드러진 특징은 양극단 사이를 오가는 것이다. 양극단이라고 하면 다음과 같은 모습이 떠오를 수 있다. 지나치게 활동적이어서 정신이 하나도 없거나 마치 시체처럼 소파에 가만히 누워만 있거나, 혹은 언젠가부터 당신보다 밤늦게까지 깨어 있다가 다음날 해가 중천에 뜰 때까지 일어날 생각도 않는다. 또, 다른 어느 때보다 소속감을 느끼고 싶어 하지만 한편으로는 다른 어느 때보다 혼자 있고 싶어 자기 방에 틀어박혀있고 싶어 한다.

집에서는 하나같이 법조계 입문이라도 꿈꾸는 것처럼 언제든 싸울 준비가 되어 있던 아이가 또래 사이에서는 순응의 아이콘, 즉 뭐든 동의하고 받아들이는 물러터진 캐릭터가 되기도 한다. 이처럼 청소년기에는 양극단 사이를 오가는 게 정상이다.

그런데 감정적으로 불안할 때는 양극단 중 한쪽에만 머물면서 유치하게 굴기 일쑤다. 테레사는 내가 지도할 당시 열여섯 살이었는데 뒤죽박죽인 생활을 이어가고 있었다. 부모를 비롯해 많은 어른이 가까이 있었지만 그중 일관성 있게 행동하며 위엄을 갖춘 어른은 찾아볼 수 없었다. 하루는 수업 도중 테레사가 아이들의 관심을 끌고 싶은 듯 방해되는 행동을 했다. 수업에 집중하자는 내 말에 그녀는 이제 모든 아이가 자신에게 집중한다는 걸 알고는 상황을 더욱 악화시켰다. 교사로서 유쾌한 순간은 아니었지만 테레사에게 이렇게 물었던 게 기억난다. "꼭 그렇게 자기중심적으로 굴어야겠니?" 그러자 테레사가 쏘아붙였다. "꼭 그렇게 어려운 말을 써서 이기셔야겠어요?" 나무만 보고 숲은 못 본다는 식상한 관용구를 활용해 자기중심적이라는 단어의 뜻을 설명하자 아이는 경멸의 눈빛으로 나를 바라보았다. "전 열여섯 살이에요. 그게 내 일이라고요!" 그러고는 곧장 교실 밖으로 나가 버렸다.

테레사 말이 맞았다. 십대는 상당히 자기중심적이다. 하지만 그녀는 궁지에 몰려 있기도 했다. 마음에서 고열이 날 때 일어나는 폭발이 그녀의 일상에서 일어나고 있었다. 집이든 학교든 어느 누구도 그녀에게 필요한 무게추 역할을 해 주지 못했다. 분노의 열기가 아닌 따뜻함으로 그녀를 감싸주는 이가 아무도 없었다. 협상이 뭔지 보여주고, 관계를 구축하고 유지하는 법을 알려주는 사람도 없었다. 결국 테레사는 소속감을 느끼고 싶은 욕구를 억누른 채 자신이 강하고 독립적이라는 사실에서만 위안을 얻어야 했다.

청소년기에 양극단 사이를 오가는 현상이 나타나는 건 자기 자신을 완벽히 통제할 수 있게 되기까지 지그재그를 그리며 발달하기 때문이다. 이 시기에도 두뇌, 그중에서도 판단과 이성을 담당하는 영역이 계속 성장한다는 사실을 우리는 이제 알고 있다. 십대 아이가 양극단 사이를 마음껏 오갈 수 있으려면 그들의 삶에서 안정감이 뒷받침돼야 한다. 안전하고 안정적인 기둥이 버티고 있어야 아이가 양극단을 오가다 한쪽 끝에 처박히는 경우가 발생하지 않는다. 아이가 자신의 행동을 제어하는 법을 배워 나가는 동안 다림줄 같은 기준선이 필요한 것이다. 이제 대학을 졸업하고 30대 후반에 접어든 테레사의 경우, 그녀가 고등학생이었을 때 다행히 테레사의 상태를 알아차리고는 주변의 어른들(가족, 교사, 운동 코치)이 한자리에 모여 테레사의 삶에 좀 더 많은 규칙과 일관성을 제공할 방법을 논의하고 시행했다.

테레사의 경우는 다행히 알아차렸지만 그러지 못하는 경우도 많다. 아이의 마음에서 고열이 날 때 알아차리기 힘든 몇 가지 이유가 있기 때문이다. 일단 부모가 너무 바빠 신경 쓸 틈도 없고 지쳐 있으면 불안감의 초기 증상을 알아차리지 못한다. 실제로 고열이 날 때 초기 증상을 놓칠 수 있는 것처럼 얼마든지 그럴 수 있다.

그리고 좋았다 나빴다 하는 게 아이 기분인데 괜히 민감하게 반응하고 싶지 않은 게 부모 마음이다. 실제로 아이의 우울한 기분은 생겼다 금방 사라진다. 코감기처럼 영향도 일시적이고 며칠 지나면 없어진다. 하지만 마음에서 나는 고열은 오래간다. 이 점을 부모들이 간과하기 때문에 그냥 지나쳐 가고 싶은 것이다. 누구나 겪어야 하는 괴로운 증상이라는 의미에서 성장통이라고 불리는데 여기에는 어른이 받는 스트레스에 비하면 사소해 보일 수 있는 상실감도 포함된다.

아이들을 보면 마치 반항이 본능인 것처럼 구는 것도 이해가 된다. 한층 더 성숙해지기 위해서는 그동안 누려 온 안정과 평화에서 벗어나 자신을 둘러싼 모든 것과 부딪쳐 봐야 하는 것이다. 하지만 감정적 고통이 지속적으로 무시당하면 아이는 대개 의식적이든 무의식적이든 관심을 끌어낼 다른 방법을 강구한다. 특히, (네 살배기가 성질을 부리는 것처럼) 아이가 온갖 '고약한 행동'을 보일 때 가장 안전하고 편리한 해결 방법은 부모가 관심을 쏟아주는 것이다. 요즘 나는 평상시 너무 '과장해서 행동하고' 지나치게 부산스러우며 예민한 아이일수록 감정적으로 불안할 때 알아차리기 힘들다는 사실을 많이 느낀다. 격앙된 감정 상태가 이미 '정상'으로 자리 잡았거나 서두르는 게 일상인 아이의 경우 비교해 볼 일종의 평정 상태가 존재하지 않는다. 이런 아이는 갑자기 상태가 악화되면서 극단적 행동을 보이는 경향이 있는데 이때 너나없이 마음속에서 외치고 있는 소리는 동일하다. '쉬고 싶어.'

마음에서 나는 고열에 시달려 쉬고 싶어 하는 당신 아이를 돌보기 위한 첫 단추는 알아차리는 것이다. 부모가 알아차리는 것만으로도 아이는 충분한 응원과 지지, 이해를 받는다고 느낀다. 당신 역시 어린 시절에는 부모님이 내 마음을 알아주기만 해도 '집' 혹은 '가족'이 주는 안정감을 느끼지 않았는가. 당신의 마음이 '읽히고', 이해받고, 균형을 이루는 곳이 생기는 것이다. 반면 어린 시절 감정을 알아주는 사람이 없었던 이는 어른이 된 뒤에도 가정이나 직장에서 표가 나기 일쑤다. 표정이 뿌루퉁하고 툭하면 성질을 부리는 데다 차갑게 돌아서기까지 한다. 나이가 찰수록 이런 행동을 이해하기는 더 힘들어진다. 따라서 여섯 살배기 자녀가 구부정한 자세로 온갖 인상을 다 쓰고 있고 웅얼대거나 크게 한숨 쉴 때 당신은 오히려 고마워해야 한다. 누나가 우스꽝스러운 춤을 추는데 미소조차 짓지 않는다면 뭔가 잘못됐다는 걸 알아차리는 한편 아직은 아이가 별로 예민하지도 않고 잔머리를 굴릴 줄도 모른다는 사실에 감사하면서 이렇게 다가가야 한다. "우리 아기, 무슨 일 있어?"

아이가 내면에서 갈등을 겪고 있을 때 나타나는 여러 가지 증상을 부모가 미처 알아채지 못하거나 무시해 버리면 완전히 해결되기 전까지 계속 악화되거나, 잠시 사라졌다가도 더 극심하게 나타난다는 점을 잊지 말자.

그럼 이제 쉬고 싶다고 외치는 아이를 위해 부모가 무엇을 해야 하는지 배워보자.

차분하게 지낼 시간 만들어 주기

아이가 고열에 복통을 호소하고 기침까지 심하게 할 때 당신은 어떻게 대처하는가? 우선 모든 일상 활동을 중단해야겠다고 마음먹으며 "학교는 못 가겠다. 오늘은 일단 쉬자"라고 말한다. 가족 식사나 외출, 집안일과 같은 일상의 모든 흐름에서도 벗어나 그저 차분한 시간을 보내게 한다.

마음에서 고열이 날 때 아이는 뭔가 상당히 들떠 있다. 아이가 얼마나 (비유적으로나 말 그대로) 미친 듯이 날뛰든 사실은 지쳐서 고삐가 풀린 것이다. 몸에서 고열이 날 때처럼 아이의 감정에 과부하가 걸려 마음에서 고열이 난다면 부모는 즉시 아이의 일상 활동을 멈춰 세워야 한다. 아이가 이따금 평소 같지 않게 새로운 걸 거부하고 엄마 옆에 꼭 붙어 있다면 자신을 좀 멈춰달라는 신호를 보내는 것이다.

이때 부모는 아이가 얼마 동안 어떤 활동까지 중단하는 게 좋을지 결정해야 한다. 자녀가 중학생이라면 아이의 의견을 참고하되 최종 결정은 부모가 내리고, 고등학생이라면 일상적 압박에서 벗어날 수 있는 최선의 방법이 무엇인지 자녀와 함께 고민한다.

나이에 상관없이 아이들은 대부분 2~3일 정도 차분하게 보내고 나면 감정을 다시 추스를 수 있다. 보통 주말 이틀 동안 아무 일 않고 푹 쉬면 감정의 매듭을 푸는 데 충분한 공간과 여유가 생기면서 마음에서 나던 고열이 내린다.

만약 마음에서 고열이 나는 진짜 문제가 따로 있다면 차분히 주말을 보내는 것으로 모든 게 해결되지는 않는다. 하지만 근본 원인을 푸는 데 필요한 회복탄력성은 되찾을 수 있다. 특히, 학교에서 친구 때문에 골머리를 앓는 거라면 고요한 주말로도 해결할 수 있는 게 별로 없다. 그래도 나는 그게 최고의 명약 중 하나라고 주장하고 싶다. 물론, 부모라면 자신이 직접 나서서 '모든 걸 해결하고' 싶은 마음이 굴뚝같겠지만 불가능한 일이고, 이는 아이가 커 갈수록 더욱 그렇다. 아이가 문제에 직면하여 스스로 해결하려면 자신의 감정을 다스리는 등 신체적 감정적 에너지를 제어하는 능력이 있어야 한다. 그래서 한 발 물러나 일상 활동을 중단하는 것이 상당한 도움이 된다.

내 큰딸이 중학교 2학년이 되고 얼마 후부터 같은 반의 한 여자아이에 대해 이야기하기 시작했다. 미르나라는 그 아이는 '바보 같고 심술 맞았다'. 이 두 가지 특징적 표현만으로 다 알 수는 없었지만 아이가 미르나를 경계하고 있는 건 분명했다. 그런데 학년 중반이 되자 딸애는 그 아이와 직접 부딪치는 듯했고 심적으로도 동요하고 있었다. 별로 말하고 싶어 하지는 않았지만 평소 신나서 학교에 가던 아이가 억지로 아침밥을 먹고 옷을 챙겨 입는 게 마음에 걸렸다. "괜찮은 거지?", "네", 아이의 나지막한 대답은 내게 확신을 주지 못했다. 아이는 결국 하루 학교를 안 가고 집에서 쉬면서 심부름을 하는 등 우리 부부와 번갈아 시간을 보냈다.

다음날, 나는 가정의 안정감을 학교에서도 느낄 수 있게 해 주기로 마음먹었다. 그날 아침, 딸애와 함께 학교 교실까지 들어가 아이의 책상이며 최근 활동들을 구경했다. 그리고 그 주에는 학교가 끝나는 대로 다시 만나 아이의 친구들과도 함께 시간을 보내고 집으로 돌아왔다. 우리는 이렇게 미르나와의 문제에 정면으로 부딪히지는 않았지만 신기하게도 언젠가부터 모든 게 제자리를 찾아갔다. 날이 갈수록 나는 아이의 발걸음이 가벼워지고, 자세도 바로잡히는 데다 기분도 다시 밝아지는 걸 느낄 수 있었다.

십대 자녀를 둔 부모라면 아이의 마음에서 고열이 나는 걸 알아차려도 구체적인 원인은 모를 때가 많다. 내가 관찰한 바에 따르면(일반화이기는 하지만 실제 경험에 근거한 것이다) 여자아이한테는 다음과 같은 말을 한 번만 해도 되지만 남자아이의 경우에는 가볍게 여러 번 던져야 한다. "무슨 일이 있구나. 말하고 싶을 때 언제든 내게 얘기해." 설사 십대 자녀가 속상한 게 뭔지 털어놓지 않더라도 당신은 늘 가까이 있어야 한다. 그리고 일상 활동을 중단해 보는 건 어떨지 제안도 해야 한다. "무슨 일인지 꼭 말할 필요는 없지만 나도 문제가 있다는 것 정도는 알아. 그럴 때 우리 가족은 일상에서 빠져나와 차분한 시간을 갖는단다. 네가 그러려면 어떻게 하는 게 좋을지 함께 고민해 보자."

내 동료인 마가렛은 그녀의 열다섯 살 딸아이에 대해 이야기해 주곤 했다. 수영선수다 보니 바쁜 생활을 할 수밖에 없는 아이가 최근 유독 어두워 보이는데 쉬지도 않고 이유가 무엇인지 털어놓지도 않아 걱정이라고 했다. 그렇다면 일상생활에서 잠시 빠져나오게 해 보라는 내 권유에 마가

렛은 고민하는 듯하더니 그로부터 얼마 지나지 않은 주말에 훈련을 비롯한 모든 일정을 취소하고 아이와 함께 차분한 시간을 보냈다. 처음에는 지금 자신을 감금하는 거냐며 저항하는 아이를 억지로 쉬게 해야 했지만 이후로는 아이도 숨이 막힌다고 느낄 때마다 자발적으로 휴식을 취하게 되었다. 심지어 이제 좀 쉴 때가 됐다고 느끼면 먼저 달력에 쉴 날짜를 표시하고서는 요새 힘든 게 무엇인지, 왜 이렇게 질식할 것 같은지 좀 더 터놓고 얘기까지 했다.

마가렛의 딸아이는 자신이 '감금당했다'고 느꼈다. 그리고 나는 이 표현을 좋아한다. 이런 상황에 딱 들어맞기 때문이다. 청소년기를 통과하는 아이에게 마음에서 나는 고열이 심해 어딜 가든 스파크가 튈 위기에 놓였다면 차분한 환경에 '감금해 둘' 필요가 있다. 좀 더 편안하고 회복력 좋은 자신으로 돌아와야 하는 것이다.

아이에게 차분하게 지낼 시간을 만들어 주었다면 혼자 두어서는 안 된다. 이제 함께해야 한다.

더 가까이에서 함께하기

 아이에게 고열이 날 때 당신은 모든 일상 활동을 중단하고 아이를 돌보면서 아이와 신체적, 심리적으로 한층 더 가까워진다.
 마음에서 고열이 나는 아이에게도 관심을 쏟아야 한다. 아이를 더 가까이 두고 휴식 시간을 가지도록 해야 하는데 혹시 아이가 거부할 경우 집안에서 일상과는 전혀 다른 느낌의 활동을 하면서 휴식을 취하는 방법도 있다. 그림을 그리고 가족들과 담소를 나누거나 뭔가를 짓는 등 평소에는 함께하지 못했던 놀이에 온전히 집중하며 순수한 기쁨을 누리면 감정의 매듭이 풀릴 수 있기 때문이다. 부모와 일대일로 보내는 시간은 반가운 변화를 일으킨다.
 그러려면 아이를 신체적, 감정적으로 가까이 둬야 한다. 아이의 컨디션이 별로일 때 모든 걸 다 받아주는 것보다 중요한 건 당신이 늘 곁에 있다는 요란스럽지 않은 확신을 주는 것이다. 일상에 변화를 주고 차분한 환경을 조성하는 이유도 부모와 아이의 관계에 집중하고 연결된 느낌에 집중하기 위해서다.

내 친구는 아이를 낚시터에 데려간다. "한가할 때 종종 그래. 아이가 힘들 때 호수에 나오면 좀 좋아지는 것 같기도 하고." 너무 많은 활동과 정보, 물건에 시달린 나머지 모든 감각이 무뎌져 갈 때 자연은 우리의 오감을 다시 깨워준다. 자연에서 시간을 보내면 차분해지면서 주의력이 생겨 아이는 이내 탐험에 나선다. 나뭇잎, 나뭇가지, 이끼 들을 발견하고 모으면서 특별한 장소를 만들어내는 아이를 지켜보자. 자연은 멋대로 주무를 수 없고 직접 뛰어들어야 한다. 살아 숨 쉬지만 중립적이어서 아이가 창의력을 아낌없이 쏟아부을 수 있는 캔버스다.

수많은 연구 결과에 따르면, 병원에서 나무를 보며 지낸 환자들이 그렇지 않은 환자들보다 더 빨리 회복하는 것으로 나타났다. 당연하다. 자연은 신체적, 감정적으로 엄청난 힐링을 선사한다. 신경학적 관점에서 볼 때도 자연 속에 있으면 고차원적 사고가 이뤄지는 변연계(창의력)와 전두엽(인지) 부위가 활성화된다.

"당신 아이가 보살핌을 받을 자격이 없어 보일 때, 그때가 가장 보살핌을 받아야 할 때다." 어떤 현인이 처음 한 말인지 모르겠지만 박수를 보낸다. 이 말은 우리가 고민하고 있는 질문과 관련이 깊다. 한창 마음에서 고열이 나는 아이에게 어떻게 다가설 수 있을까? 감기에 걸린 아이 곁에 있어 주는 일과는 또 다른 문제다. 당연히 컨디션이 별로인 아이는 꽤나 심술 맞다. 쓰레기통을 갖다 줘도 한사코 당신한테 다 쓴 휴지를 건네주는가 하면 굳이 당신의 무릎에다 던진다. 하지만 아이가 이렇게 내면의 그림자를 탐색하면서 당신이 엘리베이터 버튼인양 마구 눌러대며 당신의 한계를 시험할 때 사랑하는 마음으로 곁을 지키기는 쉬운 일이 아니다.

따라서 마음에서 고열이 나는 아이를 돌볼 때 스스로를 돌보지 않으면 당신 자신의 마음에서도 고열이 나기 쉽다. 아이가 힘든 시기를 겪고 있고, 그 여파가 집안 전체를 장악했을 때 부모에게 해 주는 이야기가 있다. 하루 중 몇 분이라도(더 오래, 더 자주가 좋기는 하지만 힘들면 3분도 충분하다) 시간을 내서 아이의 '장점', 누가 봐도 훌륭한 자아를 떠올려 보자. 아이가 마음에서 나는 고열로 인해 최악의 모습을 보여주는 순간에도 그 이면에는 다른 좋은 면이 있다는 사실을 상기하게 될 것이다 "이게 정말 내 아이가 맞나? 내가 지금껏 늑대를 키운 건가?" 등과 같은 불쑥불쑥 치밀어 오르는 의문에 더 이상 휘둘리지 않게 될 것이다. 아이가 좀 더 고차원적 존재일 때의 모습을 마음속에 간직할 수 있다면 굳이 달라이 라마가 되지 않더라도 힘든 시기를 잘 통과할 수 있다.

아이의 좋은 점을 떠올려야 한다고 스스로를 속이거나 과장할 필요는 없다. 사진첩을 꺼내 아이가 다섯 살 때 생일 케이크 촛불을 껐던 순간을 떠올려 보거나 사진 속에서 빛이 반사돼 반짝이는 아이의 곱슬머리를 바라보라. 아니면 호숫가를 떠나지 못하던 아이의 모습을 떠올려 보라. 어느새 열다섯 살이 된 이 아이, 지금 자신이 어떤지 당신은 절대 이해하지 못한다고 쏘아붙이는 이 아이의 내면에 그 다섯 살배기가 여전히 존재한다는 사실을 기억하자.

이렇게 사랑스러운 이미지를 아무리 떠올려 봐도 마음에서 고열이 나는 듯 갈피를 못잡겠다면 조부모나 이모처럼 당신의 아이를 끔찍이 사랑하는 사람을 불러서 이렇게 부탁하라. "할머니로서 할 일이 있어요. 헨리의 장점을 모조리 떠올릴 수 있게 해 줘요. 제발 내가 '그만'이라고 할 때까지 계속요!" 이 방법을 시도해 본 부모들은 온갖 달콤한 추억이 일으키는 엔도르핀의 홍수에 완전히 푹 빠졌다. 마음먹기에 따라 누릴 수 있는 효과도 달라지겠지만 절실할 때 이 방법을 활용하면 좋다. 힘든 아이를 돌보기 위해서는 부모인 당신 자신도 돌봐야 한다는 사실을 잊지 말자.

아이와 함께하고 가까이 다가가면서 명심해야 할 것이 한 가지 더 있다 바로 기다리는 것이다.

기다리기

감기 바이러스가 얼마 동안 기승을 부릴지 모르지만 그 기간을 인위적으로는 단축하기 힘들다는 사실을 우리는 알고 있다. 질병의 진행 속도를 통제할 힘이 우리에게는 없다. 따라서 아이를 편안하게 하기 위한 모든 일을 다 했으면 이제 아이가 잘 버텨 내도록 지켜봐 준다.

감기 바이러스 때문에 나는 열처럼 마음에서 나는 고열 역시 지속 기간이 정해져 있다. 우리가 단순화하기에 돌입하는 건 아이의 마음에서 나는 고열을 통제하거나 피해가거나 멈추기 위해서가 아니다. 듣기 좋은 말로 구슬리거나 냉철하게 대응하여 극복하게 하라는 것도 아니다.

감정의 폭풍은 인위적으로 단축할 수 없다는 사실을 우리는 대개 아이가 난생처음 떼를 쓴 그 순간부터 알게 된다. 사실 머릿속으로는 알고 있던 이 사실을 실제 몸으로 느꼈던 그날을 결코 잊을 수 없다. 큰딸이 다섯 살일 때, 거실 바닥 한가운데 누워 누가 봐도 연기인 게 분명한 떼를 쓰고 있었다. 억지로 울부짖고, 주먹 쥔 손을 바동거리고... 잠시 후, 내가 잔뜩 화가 나 아이 앞에 서자 아이 역시 분연히 일어나더니 자기 머리를 바닥에 찧기 시작했다. 완전히 얼어 있는데 아내가 들어와 소파에서 쿠션을 집어 들더니 아이가 머리를 찧고 있는 곳에 내려놓았다(이때 이야기를 할 때마다 아내는 항상 이렇게 말하는 듯한 미소를 띤다. "어린이 발달 전문가라는 사람이... 쯧쯧..."). 그러고는 말없이 앉아 뜨개질을 하기 시작했다. 딸아이는 이내 울음을 그치더니 그 자리에 그대로 쓰러져 잠들었다. 후유...

삶에서 마음에서 나는 고열과 성장통을 건너뛰는 사람은 아무도 없다. 이 같은 감정의 동요에 맞서 싸워야, 자신이 누구이고 자신에게 맞는 것이 무엇인지 찾아낼 수 있다. 모든 게 자기 자신을 정의해 가는 과정이다. 딸아이 에이미가 새로 들어간 중학교에 적응하느라 힘들어한다고 걱정하던 한 엄마의 말이 생각난다. 최근 들어 에이미가 평소와 다른 목소리, 말투로 말하는데 엄마가 보기에는 어울리고 있는 아이들을 흉내 내는 게 분명했다. "아이가 편안할 때는 바로 티가 나요. 다른 사람을 '흉내 내지' 않고 자기 목소리로 얘기하거든요."

징후를 파악하고 그에 따라 단순화하기를 해줌으로써 마음에서 나는 고열을 겪고 있는 아이를 지지해 줄 수 있다. 물론, 그렇다고 해서 '달라지는' 건 아무것도 없다. 아이가 자신을 괴롭히는 것을 처리할 수 있도록 휴식기를 제공할 뿐이다. 하지만 이를 통해 부모의 온기를 느낀 아이는 자신의 감정이 소중하고 모든 게 선택의 문제라는 사실을 깨달아 좀 더 유연하게 행동할 수 있다. 메마른 토양에 뿌리내리는 것은 절망과 무기력이다. 그러니 알아차리고 돌봐주는 당신의 열정으로 아이에게 더없이 비옥한 토양을 제공해야 한다.

아이가 앓는 마음의 고열에 단순화하기로 대응한다면 모든 게 지나친 현재의 육아 환경에서 길을 잃을 위험은 크지 않다. 부모로서 영웅적인 모습을 보일 필요도 없고 아이의 삶과 감정에 일일이 관여하려 들어서도 안 된다. 차분하고 늘 지지해 주는 분위기를 만드는 데 몰두해야 아이가 헤치고 나아가야 하는 것을 헤치고 나아갈 수 있다. 단순화하기는 아이 삶의 경로에 놓인 장애물을 깨끗이 제거해 주기 위한 게릴라 전략이 아니다. 이를테면 교사나 다른 아이 부모한테 당장 전화 걸어 비난을 늘어놓는 등의 행위는 부모로서 보일 수 있는 최악의 반응일 때가 많다. 아이가 고통받을 때 당신이 할 수 있는 일은 없다. 단순화하기를 제외한다면 말이다. 단순화하기를 통해 당신은 아이가 자신을 괴롭히는 것을 처리하는 데 필요한 시간과 여유, 열정을 흔들림 없이 제공할 수 있다.

일관성이라는 영웅

 열나던 아이가 한고비 넘기고 회복의 징후를 보일 때만큼 기쁜 순간도 없다. 한 엄마는 아들 녀석이 평소 내로라하는 수다쟁이인데 아플 때 말이 없어지면 그것만큼 속상한 게 없다고 이야기한다. '평소에는 아이가 잠시라도 입 좀 다물어 주기를 바랄 때도 많아요. 그런데 아플 때 제일 참을 수 없는 게 바로 그 정적이라니까요. 말 한마디 없이 소파에 가만히 누워 있는 걸 볼 때가 제일 가슴 아파요. 그러다 "엄마, 그거 알아?"하며 입을 떼면 안도의 한숨이 절로 나오죠. 나아졌다는 신호거든요.'
 감정의 폭풍이 지나가고 열병의 기세가 꺾이면 우리는 바로 알아차린다. 느긋하고 총명한 우리 아이가 돌아온 것이다. 심지어 회복탄력성이 향상되면서 더 강인해진 모습을 보여준다. 숨이 막히던 느낌에서 벗어난 아이는 이제 일상의 흐름에 다시 몸을 던질 준비가 되었다. 이때 당신은 부모의 직감에 집중해 아이가 일상에 다시 적응해 가는 모습을 관찰해야 한

다. 특히 '모든 게 넘치는 생활'의 여파에서 회복했을 때는 더더욱 그렇다. 회복한 아이를 이전의 스케줄로 돌아가게 할 것인가, 이참에 단순화하기를 아예 안착시킬 것인가? 아니면 지금도 역시 지나치게 많은 활동을 하고 있는가?

감정의 폭풍이 한 번씩 지나갈 때마다 아이들의 변화를 느낄 수 있다. 아이들도 이 경험을 통해 얻은 게 있을 것이다. 아무쪼록 자신의 강인함에 대한 인식, '모든 게 전보다 나아졌다'는 느낌이기를 바란다. 아무도 모르는 불안감이 여전히 잠재돼 있다고 해도 아이는 당신이 내내 정성껏 돌봐주고 지지해 줬다는 사실을 알고 있다. 모든 발걸음을 함께 내디며 준 건 아니지만 그 길에 여유를 더해 주었다. 이런 경험이 결코 편하거나 재밌는 건 아니지만 당신과 아이를 더 가깝게 만들어 준 건 분명하다.

내가 잠시 모든 활동을 중단하고 불안해하는 아이를 곁에서 돌봐주라고 제안하면 부모들은 대부분 안도하거나 환영하는 반응을 보인다. 하지만 일부는 모호하고 애매한 방식이라 생각해서 내가 어떤 전화번호를 주거나, 값비싼 물건을 사주라고 하거나, 고액의 전문가를 구하면 '모든 게 바로잡힐' 거라고 말해 줄 때 오히려 더 좋아한다. 심지어 깜짝 놀라면서 "하루 쉬라고요? 왜죠? 그건 미친 짓이에요!"라고 반응하는 이도 있다. 하지만 부모가 휴식에 대해 가당치 않다고 단호하게 반응할수록 나는 부모와 아이가 일상에서 빠져나와 서로를 향하는 시간을 가져야 한다는 데 더 큰 확신이 든다.

고열이 몸에서 나든 마음에서 나든 아이에게는 힘이 들 수밖에 없다. 하지만 지금 이를 무시하면 향후 아이의 행복을 위해 더 많은 것을 희생해야 한다. '마음의 병'이라는 관점에서 우리는 무엇을 '저축'할 것인가? 하루 이

틈간의 캠핑이나 차분히 함께하는 주말 일정을 잡는 데 필요한 예산, 그리고 전문가와의 장기 상담 예산, 둘 중 어느 쪽이 더 부담되는가? 호주 출신의 심리학자이면서 내 동료이자 친한 친구인 스티브 비덜프(『아들 키우는 부모들에게 들려주고 싶은 이야기 Raising Boys』의 저자)는 에둘러 말하지 않는다.

"부모 중 한 명이 오가는 시간을 포함해 하루 열 시간 이상 일할 경우 아이는 힘들다. 하루 15시간 이상 일하면 틀림없이 문제가 생긴다. 감정적 문제, 중독, 자살 충동, 우울증, 학업 부진 등 모든 게 부모가 직장에서 요구하는 걸 해내느라 집에 없는 시간이 많아지면서 증가했다. 아이들은 자신과 동성인 부모의 부재에 특히 취약하다. 물론, 이성 부모의 역할도 중요하지만 아들에겐 아빠가, 딸에겐 엄마가 있어야 한다. 오늘날의 세상에서 감정적으로 건강한 아이로 키운다는 건 소비지상주의 경제체제에 굴복하지 않는 선택을 한다는 걸 의미한다."

나는 병원 대기실, 경찰서 등에서 아이 때문에 극단적 상황에 직면하고 실의에 빠진 부모를 숱하게 만났다. 그때마다 한결같은 부모의 사랑은 우리를 어디로 이끌든, 끝까지 결연히 아이를 지켜내는 힘이라는 생각이 들었다.

다시 말해, 아이를 사랑하고 보살피는 일에서 중요한 건 지속성이다. 아이가 처음으로 열이 펄펄 끓어 힘들어할 때 당신은 밤새 아이 곁을 지킨다. 마음에서 고열이 났을 당시에도 마찬가지다. 일단 알아차리고, 단순화하고, 가까이에 머물면서 아이가 스스로 문제를 해결할 수 있는 시간과 공간을 제공하면 된다.

한 발짝 물러나 활기를 되찾을 수 있는 시간과 여유를 제공하는 것, 이

것이야말로 빠르게 돌아가는 세상에서 당신 아이에게 줄 수 있는 만병통치약이다.

거창한 건 필요 없다. 보살펴준 후 약간의 운만 따라주면 당신은 어깨에 영웅의 망토를 두를 자격이 있다. 하지만 이 망토는 날아다니는 등의 초능력을 뜻하는 게 아니라 일관성이라는 영웅을 뜻한다. 일관성. 단순성, 사랑. 바로 이런 것이 부모를 영웅으로 만든다.

아이는 다음의 사실들을 알고 있을 때 더 큰 안정감을 느낀다.

- 아이가 '들떠 있고', 뭔가 잘못됐다고 느낄 때 당신이 알아차리고 반응할 것이다.
- 아이가 신체적, 감정적으로 숨이 막혀 할 때 부모가 일상 활동을 멈춰줄 것이다.
- 아이의 행복이 위협받을 때 부모가 곁에서 세심히 관찰하며 돌봐 줄 것이다.
- 힘들 때 평정 상태를 회복할 수 있는 시간과 여유를 가질 것이다.
- 아이가 못난 자아를 드러낼 때에도 부모는 사랑으로 포용하여 그 안의 빛나는 자아를 볼 것이다.
- 부모는 아이를 깊이 있게 알고 직감적으로 보살피고 있다.

Simplicity Parenting

3장

환경 정리하기

/ 장난감을 덜어내는 기준
/ 넘치는 물건에 대한 해독제

놀이에 자신을 온전히 내던진 아이는 향후
힘든 일을 할 때에도 자신감 있게 세상일에 전념할 것이다.
- 루돌프 슈타이너

아이 방의 문턱은 마치 국경 검문소 같다. 문턱을 넘어서면 낯선 세계가 펼쳐지니 말이다. 집안의 다른 공간과 비교했을 때 아이의 침실은 전혀 다른 지형과 기후, 물리 법칙이 존재하는 초현실 세계라고 할 수 있다. 높은 장난감더미와 흘러넘치는 바구니, 꽉 차서 닫히지도 않는 서랍을 보면 도저히 가능하다 할 수 없는 엄청난 양이 들어 있기 때문이다. 토끼 인형이 먼지 속에 뒹구는 침대 밑에는 초전도체 자석이라도 있는 건지 종류를 불문하고 싹 다 빨아들인다.

벽이란 건 아예 보이지도 않는다. 각종 포스터, 사진, 낙서, 메모, 그리고 더는 바닥에 굴러다니게 둘 수 없는 것을 보관해 두는 벽장이 점령했기 때문이다. 이곳의 물건은 아이가 지금까지 어떤 쇼핑 생활을 누려 왔는지 보여주면서도, 필요한 걸 빨리 찾고 싶으면 더 깊이 파야 한다는 점에서 고고학 유적과 흡사하다. 파스텔 톤에 심플한 가구로 깔끔하게 꾸민 침실은 계속 늘어만 가는 총천연색 물건에 파묻혀 더 이상 보이지 않는다.

물론, 아이 방이라고 하나같이 이렇지는 않다. 이 이미지는 분명 다소 과장된 측면이 있다. 하지만 내가 숱하게 아이들 침실을 방문하면서 완성한 표본에 비춰 봤을 때 내 아이 방은 이렇지 않다고 완강히 부인할 수 있는 부모는 거의 없다. 부유층 가정에만 한정된 이야기라고 할 수도 없다. '물건'의 품질은 다를지 몰라도 양만큼은 경제적인 형편과 상관없이 거의 동일하다.

여러 강의와 워크숍을 진행하면서 나는 아이한테 장난감과 책, 옷 등이 너무 많은 게 전 세계 공통의 문제라는 사실을 깨달았다. 강연할 때 1장에서 나온 것처럼 '단순화하기'에 대해 대략 설명한 뒤 참가 인원을 네 그룹으로 나눠 단순화하기 수칙(환경 정리하기, 리듬 더하기, 스케줄 줄이기, 어른 세상 걸러내기)에 대해 각각 소그룹으로 나누어 논의하도록 하면 대부분의 부모는 아이 방에 관심을 보이며 '환경 정리하기' 그룹으로 몰려가기 때문이다.

그렇다면 왜 부모는 아이의 가정환경에 대한 고민으로 시작하고 싶어 할까? 말 그대로 '아이 방의 문턱으로 모여드는' 이유가 무엇일까? 여기에는 두 가지 이유가 있다. 먼저, 큰 변화를 이루고자 할 때에는 실질적이고 실천 가능한 것부터 시작하는 게 가장 쉬운 방법이기 때문이다. 단순화하기라는 라이프스타일 혁신을 위해서는 오랜 기간 여러 단계의 변화를 거쳐야 할뿐더러 내내 헌신하는 태도가 필요하다. 따라서 아이를 위한 가정 환경 변화가 단순화하기를 시작하기에 최적의 지점이라는 데 나도 전적으로 동의한다. 아이 방은 당장에라도 단순하게 만들 수 있고 그 결과가 눈에 보이면 이 절차를 계속 진행할 동기와 힘을 얻을 수 있기 때문이다. 이렇게 한 가지를 성공하고 나면 또 계속해 나가는 데 필요한 힘을 얻을 수 있다.

두 번째 이유는 부모라면 너나 할 것 없이 아이 방 문제에 서로 공감하기 때문이다. 출신 배경, 문화, 경제력, 정치 성향 등 도저히 비슷한 점을 찾아볼 수 없는 이들도 아이의 방이 물건에 점령됐다는 사실과 관련해서는 금세 공통점을 발견하고 대화에 빠져든다. 부모들은 이렇게 넘쳐나는 물건이 숨 막히게 한다는 사실을 이미 몇 번이고 느껴보았을 수도 있지만, 아이에게 해로울 수 있다는 생각은 단 한 번도 해 보지 않은 듯하다. 제품과 장난감이 지나치게 많다는 것의 문제는 단순히 그걸로 끝이 아니다. 아이에게 정신 분열과 피로를 유발하는 원인이 될 수도 있다. 물건이 많을수록 아이는 더 많이 가져도 된다고 여긴다는 사실을 부모는 미처 생각하지 못한다. 뿐만 아니라 지나치게 물건이 많다는 건 지나치게 선택을 많이 한다는 의미고, 이는 결국 '초고속' 유년기를 뜻한다는 사실 역시 모르기는 마찬가지다.

소그룹 논의를 듣다 보면 실로 많은 부모가 이 문제를 제대로 파악하지 못하고 있다는 사실에 깜짝 놀란다. 부모들은 말하자면 고속 열차에 탑승 중인 건 알지만 속도가 점점 더 빨라지고 있다는 사실은 믿지 못하는 듯하다.

심리학자 데이비드 엘킨드가 지적하듯 대량 생산되고 저가에다 끝없이 다양한 (플라스틱 재질의) 장난감이 시장을 점령한 게 불과 50년 전의 일이다.[1] 문화 역사가 하워드 추다코프는 놀이의 역사를 다룬 저서에서 1955년을 분수령이 되던 해로 지목했다.[2] 미키마우스 클럽이 장난감 제조업체의 새로운 돈줄로 떠오르는가 하면 마텔 사는 최초로 크리스마스 시즌이 아닐 때에도 장난감 광고를 시작했다. 그야말로 하루 새 아이들 놀이의 중심이 활동에서 갖고 노는 물건, 즉 장난감으로 옮겨 갔다고 추다코프는 단언한다. 사회학자 줄리엣 쇼어는 저서 『쇼핑하기 위해 태어났다Born to Buy』에서 미국 어린이의 경우 매년 평균 70개의 새 장난감을 갖게 된다고 밝혔다.[3] 장난감은 더 이상 특별한 날의 이벤트가 아니라 1년 중 언제 사도 이상할 게 없는 생활용품으로 자리 잡았다.

게다가 없는 데가 없다. 환경 정리하기 소그룹에 참가한 한 아빠는 장난감이 이제 장난감 가게뿐 아니라 어디에 가도 있다며 탄식했다. "아이를 데리고 어딜 갈 때마다 지뢰밭을 걷는 기분이에요. 주유소, 마트 할 것 없이 전부 장난감이 있거든요. 그것도 계산을 위해 서 있어야 하는 카운터 바로 옆에요. 한번은 우체국에 갔는데 심지어 거기에도 있더라고요. 작은 동물 인형이었어요. 제 딸은 또 작은 동물 집배원을 보자마자 사 달라고 난리가 났죠." 심지어 아이가 필요로 하거나 사용하는 거의 모든 것이 장난감으로 둔갑한다. 신발 끈에 불이 들어오고, 비누가 변신하는가 하면, 학용품, 비타민, 반창고에 하나같이 캐릭터가 박혀 있다. 책에서 음악이 나오고 옷을 문지르면 향기가 난다.

워크숍에서 토론을 진행하다 보면 어김없이 펼쳐지는 재미난 상황이 있다. 부부 중 어느 쪽이 아이한테 장난감을 더 잘 사 주는가에 대한 공방이다. 한 엄마가 자신의 남편에 대해 아이한테 장난감을 사 주면서 착하게 행동하도록 '꼬드긴다고' 폭로하면 (워크숍에 오고 싶지 않았던 게 분명한!) 당사자인 남편은 철제 의자에서 다리를 이리 꼬았다 저리 꼬았다 하며 안절부절 어쩔 줄 몰라 한다. 이 같은 얘기는 물론 배우자가 그 자리에 없을 때 더 적나라해지기 마련이다. 하지만 어떤 이야기가 오가든 하나같이 동의하는 건 엄마 아빠 가리지 않고 엄청난 소비 압박이 가해지고 있다는 사실이다.

장난감 업체는 언젠가부터 마케팅 대상에 아이들도 포함시키기 시작했다. 이른바 '조르기의 힘'을 활용하기 위한 전략인데 내버려뒀으면 사려고도 하지 않고, 심지어 알지도 못했을 상품에 대해 아이를 직접 겨냥해 광고함으로써 부모를 졸라 구입하게 만든다. 그렇다면 '조르기의 힘'은 대체 얼마나 강력한가? 엄마와 아빠 중 아이의 성화에 누가 더 취약한지는 의견이 분분하지만 조사 결과 아이들이 직접 끌어낸 매출의 규모가 무려 연 2,860억 달러(약 340조 원)에 이르는 것으로 나타났다.[4] 마케터가 이 같은 결과를 알고 그냥 넘어갔을 리 없다. 실제로 아이를 겨냥한 광고 예산이 1983년 1억 달러에서 현재 160억 달러도 넘는 수준으로 늘었고, 그로 인한 효과도 톡톡히 나타나고 있다. 열두 살짜리 아이가 알고 있는 브랜드 수가 평균 300~400개에 이르는가 하면 네 살배기가 매장 선반에서 특정 브랜드를 알아보고는(말로, 혹은 손가락으로 가리키고 소리치면서) 사달라고 떼쓴다.[5]

마케팅의 영향을 전혀 받지 않는 소비자는 분명 아무도 없다. 하지만 아이의 경우 미디어, 특히 TV 시청을 줄이는 게 의식적이든 무의식적이든 광고 메시지로부터 벗어나는 길이다. 메리 파이퍼는 명저 『서로의 은신처 The Shelter of Each Other』에서 광고가 소비자, 특히 아이들의 무의식에 어떤 메시지를 전달하고 있는지 알려준다.

- 가진 것에 만족하지 마라.
- '네가 우주의 중심이며, 네가 원하는 것은 지금 가져야 한다.'
- 물건을 통해 너의 욕구를 해소 할수 있는 건 물론이고 골치 아픈 문제까지 해결할 수 있다.
- 물건을 구입하는 건 중요하다.

이런 메시지는 시간이 갈수록 아이에게 더 많이 가져도 된다고 생각하게 만들 뿐 아니라 사람이 아닌 물건에 의해 기쁨과 만족감을 느끼는 비뚤어진 성향을 만들어 낸다.[6]

예전에 나는 '버릇없는 괴물, 부추기는 부모'라는 제목으로 강연을 한 적이 있다. 다소 도발적인 제목이라 부모들이 많이 안 올 수도 있겠다고 생각했는데 강연장은 꽉 찼다. 세상이 자신을 기쁘게 하기 위해 돌아간다고 믿는 아이들을 만난 적 있을 것이다. 그들은 상상할 수 있는 모든 것을 소유하고도 불만이 가득하다. 아직 어린 나이에 이미 온갖 선물과 기쁨을 넘치도록 누려 적극성을 잃은 건 물론이고 사는 게 별 재미가 없다고 느끼기까지 한다. 그런데 그 안에 공격적 '추격자'의 면모를 갖고 있어서 자신이 거절당한다고 느끼면 분노를 표출하고 영리한 협상 기술을 드러낸다.

무엇이 이 아이들을 이렇게 만들었는가? 선택할 게 너무 많기 때문이다.

> 단순하게 말하면…: 물건이 너무 많으면 선택할 게 지나치게 많아진다

선택이 나쁜 이유는 무엇인가? 개성을 중시하는 어른이자 소비자, 사회 구성원으로서 우리는 선택이라는 개념을 좋아한다. 보고 원하고, 하려고 하는 모든 것 즉, 삶의 모든 요소를 아이가 (선물처럼) 직접 선택하게 해 주는 것도 좋아한다. 그럼으로써 아이가 자신을 찾는 데 도움을 줄 수 있다고 생각한다. 직접 선택할수록 아이의 인성, 그리고 형성 중인 정체성이 더 명확해진다고 생각하는 것이다.

하지만 사실은 이와 정반대라고 나는 믿어 의심치 않는다. 이 모든 선택은 오히려 어린 시절의 자연스러운 (그래서 기하급수적으로 일어나는) 성장을 방해할 뿐이다. 최대한 절제된 표현으로 설명하겠다. 어린아이는 무척 바쁘다. 태어나서 처음 10년간 이루는 신경학적, 사회적, 신체적 성장에 비하면 어른으로서 우리가 하는 일은 미동도 없이 서 있는 것에 불과하다.

아이는 (놀이와 사회적 교감을 통해) 정체성을 구축할 시간이 필요하다. 그런데 미처 준비도 되기 전에 온갖 선택할 거리를 들이대며 질식하기 직전까지 몰아붙이면 아이는 감정 표현이라고는 이것밖에 못하게 될 것이다. '더!'

칼 융은 아이들이 형식과 현실을 구분하지 못한다고 말했다. 유년기의 세계에서 장난감은 강력한 의미와 중요성을 지닌 의례적 물건으로 단순히 발에 차이는 물건을 넘어 한창 형성 중인 아이의 세계관을 반영한다고 볼 수 있다. 커다란 그림자를 드리울 만큼 높이 쌓인 장난감더미에는 '나는 이 것도, 저것도, 저기 있는 저것도 갖고 놀 수 있어. 다 내 거야! 그런데 별 볼일 없는 것이 너무 많은걸. 다른 뭔가가 필요해!'라는 아이의 마음이 그대로 드러난다. 이 같은 세계관은 아이의 감정에까지 영향을 미치므로 선택권이 지나치게 많은 아이는 자연스레 모든 것을 하찮게 여기게 되고 매번 아직 소유하지 못한 것을 더 내놓으라고 요구한다. 이렇게 너무 많은 권한과 선택거리 속에서 아이는 스스로를 권력자라고 생각하게 되고, 결과적으로 자기 안의 연약한 이면은 보지 못한다.

아이의 삶에서는 성인인 우리가 보호요 책임자다. 자식을 사랑하는 부모로서 선택을 제한하는 방법으로 아이를 도와야 한다. 어쭙잖은 선택거리와 가짜 권력으로 넘치지 않게 하면 아이의 유년기를 확장하고 보호할 수 있다. 단순화하기를 통해 수십억 달러씩 투자해 아이를 조종하려는 기업들에 '노'라고 말하고 아이를 버릇없게 만들고 정신을 빼앗는 것들을 거부하도록 하자.

소그룹에 참여한 부모에게는 머릿속으로 아이 방의 모습을 그려보도록 주문하여 아이 방에서 가장 많은 자리를 차지하고 있는 게 뭔지 확인하도록 하면 대답은 대부분 장난감이다. 그러므로 장난감부터 시작해 보자.

아이가 가진 모든 장난감이 아이 방 한가운데 쌓여 있는 모습을 상상해 보자. 집안 여기저기 널브러져 있던 장난감을 당신이 싹 다 쓸어온다. 커다란 바구니에 담긴 것, 여러 통과 서랍에 꽉꽉 들어찬 것, 여기저기 뒹굴다 결국 식탁 위에 놓여 있는 것까지 모두 가져다 놓는다.

이 장난감더미를 반으로 줄이고, 또 반으로 줄인 다음, 필요하다면 거기서 한 번 더 반으로 줄인다. 보통 이 정도 분류 작업이면 목표량에 도달할 수 있는데 여기서 목표량이란 본래 갖고 있던 장난감 양의 극히 일부를 뜻한다. 이렇게 조언하면 당신 눈에 내가 스크루지 영감이나 인기 영화와 광고에 등장해 선물을 나눠주는 온화한 캐릭터와는 정반대 인물로 비칠 테지만(어떤 모습일지 상상은 잘 안되지만) 참아주길 바란다.

뒷부분에서는 장난감에 대해 좀 더 자세히 살피면서 어떤 건 갖고 있고, 어떤 건 '장난감 도서관'에 보관하며, 또 어떤 건 내다 버릴지 제시하겠다. 하지만 우선은 아이가 가진 장난감의 양을 줄일 때 생기는 결과에만 집중하도록 하자.

> 단순하게 말하면…: 아이가 보고 만지며 노는 장난감 수를 확 줄여야 한다

우리는 그동안 이런저런 장난감이 아이의 상상력을 향상시킨다는 이야기를 숱하게 들어왔다. 그런 장난감 한 개가 실제로 도움이 된다면 10개를 샀을 때에는 상상력이 10배 더 좋아질 것이다. 심지어 장난감이 그보다 더 많아지면 그만큼 아이를 더 일깨우고 자극할 수 있을 테니 얼마나 좋은 일인가? 우리에게 장난감은 자산인데 구입을 중단할 이유가 어디 있겠는가? 이처럼 아이의 상상력을 키우는 데 장난감이 필수라고 여기는 부모가 갈수록 늘고 있다. 게다가 이 필수 육아용품의 조달을 책임지는 게 부모인 만큼 아이 일에 부모가 관여하는 게 당연하다. 동기 자체는 나무랄 데가 없다. 아이의 행복을 위해서라면 가능한 모든 걸 주고 싶은 부모의 뿌리 깊은 욕구에 딱 들어맞는 게 바로 장난감이니 말이다.

그런데 문제는 이렇게 순수한 의도가 악용되고 있다는 사실이다. 광고주는 아이의 내면세계라는 건 오직 장난감에 의해서만 생겨난다고 부모가 믿게 만든다. 광고주가 내세우는 선전 문구에 따르면, 마치 하얀 도화지와도 같은 아이의 상상력을 채우기 위해서는 각자에게 꼭 맞는 장난감은 물

론 최신 상품까지 완벽히 갖추어 줘야 한다.

이제 창의력이란 아이가 개발해 나가는 게 아니라 장난감 업체에서 인위적으로 '발전시키고', '자극해 주는 것'이 되어 버렸다. 이렇게 장난감의 중요성이 지나치게 강조될수록 놀이 역시 상업화돼 더 이상 아이의 자연스러운 세계가 아니라 어른이 뭔가를 제공해 주지 않으면 존재할 수 없는 세계가 되고 만다.

아이를 위하는 부모의 마음이 비뚤어질 수 있는 것도 문제다. 부모가 장난감을 마냥 유익한 것으로만 본다면 사주고 사주고 또 사줘도 된다며 무제한으로 허용할 것이기 때문이다. 심지어 처음에는 아이를 기쁘게 해 주고 싶어 시작한 소비가 어느 순간 자신의 욕구를 채우기 위한 행동으로 변질돼 중독에 빠질 수도 있다. 부모는 이따금 장난감 등 물건을 사주면 기뻐하는 아이를 보면서 자신의 마음을 달래거나 아이와의 소원한 관계를 회복하려 한다. 평소 온갖 책임과 할 일들에 떠밀려 아이와 점점 멀어진다고 느끼는 만큼 빨리 '가까워지는' 방법으로 새로운 물건을 선택하는 것이다.(그런데 '빨리' 가까워지는 게 그냥 가만히 있는 것보다 분명 낫기는 한 걸까?)

우리도 아이와 다를 바 없이 충동적으로 장난감을 산다. 이런 행동이 아이에게 어떤 메시지를 보낼까? 점점 높아져 가는 장난감더미를 보면서도 아이가 느끼는 게 있다. 광고 문구만큼이나 효율적으로 전달되는 이 메시지는 메리 파이퍼가 지목한 내용과 정확히 일치한다. '행복은 돈으로 살 수 있다!' 그리고 '내가 바로 우주의 중심이다!' 이 같은 메시지가 아이의 머릿속에 크고 또렷하게 각인된다.

새 장난감을 갖고 노는 아이를 지켜보고 있으면 기쁘지 않은가? 정말 그렇다. 부모로서 우리는 아이가 뭔가에 완전히 몰두하는 능력에 감탄하며 자신을 놀이의 '흐름'에 맡기는 능력에 감탄한다. 우리는 그렇게 못하기 때문이다. 하지만 장난감이 넘쳐나 선택할 게 많아지면 이 천부적 능력이 길을 잃을 수 있다. 아이로서는 장난감더미 안에 소중한 건 아무것도 없다고 느끼게 되고, 결과적으로 집중하고 싶어도 그 시간이 점점 짧아질 수밖에 없다. 더 많은 걸 주고 싶은 충동으로 인해 우리는 아이의 주의력을 확장시켜 주지는 못할망정 도리어 더 얕게 만들고, 또 가두고 있다.

역설적이게도 넘치는 장난감으로 인해 아이가 순수하게 창의력을 개발할 수 있는 지루한 시간이 줄고 있다. 근본적으로 지루함은 창의력을 끌어내 주는 최고의 촉매제다(이에 대해서는 5장 스케줄 편에서 더 광범위하게 다룰 것이다). '아무것도 할 게 없다'며 낙담한 아이는 뭔가 근사한 걸 시작하기 마련이다. 그런데 놀이에 틈이 생길 때마다, 그리고 아이가 한숨을 내쉴 때마다 새로운 장난감을 들이대며 끼어든다면 아이들 스스로 창의적 기질을 시험할 기회를 빼앗는 행위밖에 안 된다.

그래서 장난감에 관한 패러다임은 이렇게 바뀌어야 한다. '장난감이 적을수록 창의력은 좋아진다.' 아이의 상상력을 개발하는 데에는 특별한 장난감도, 많은 장난감도 필요 없다. 아이는 본능적으로 자신의 상상력을 활용하고 성장시킬 수 있다. 필요한 건 그럴 수 있는 시간뿐이다. 제한 없는 시간과 편안한 마음만 있으면 충분하다.

> 단순하게 말하면…: 장난감의 양을 줄일수록 놀이에 심취할 수 있는 아이의 집중력과 역량은 더 커진다

뉴햄프셔에서 진행한 한 워크숍에서 나는 젊은 부부 수와 마이크를 만났다. 소그룹 논의를 시작하자 그들은 단순화하기에 대한 내 강연 CD를 듣고 아이 방을 완전히 정리했다고 말했다. 다른 부모들도 비슷한 변화를 고민 중이었던 터라 이들이 과연 어떤 성과를 거뒀는지 하나같이 눈을 반짝이며 들었다.

부부에게는 일곱 살배기 딸 엘리스와 다섯 살배기 아들 마이키가 있었다. 이들은 두 아이가 집안의 장난감을 같이 갖고 놀기는커녕 싸우기 바쁘다는 데서 이야기를 시작했다.

"저희 집에는 장난감이 많아요." 수가 말했다. "어쩌다 이렇게 됐는지 모르겠는데 저희도 많이 사주고, 양가 부모님, 삼촌, 이모들도 수시로 사줘서 그런가 봐요." 수북이 쌓인 장난감을 보고 엘리스와 마이키가 보이는 반응은 항상 극과 극이다. "엘리스는 정리하는 걸 좋아해요. 분류하는 걸 좋아해서 장난감도 이렇게 모아 봤다가 저렇게 줄 세워 봤다가를 반복하죠." "그러다 갑자기 빽 소리쳐요." 마이크가 덧붙였다.

"맞아요. 엘리스는 소리 지를 때가 많아요. 엘리스와 달리 마이키는 장난감을 망가뜨리거나 누나가 정리해 놓은 걸 흐트러트리면서 놀거든요!" 듣고 있자니 이런 상황이 어쩌다 한 번씩 '유독 힘든 날'에 벌어지는 게 아니라는 걸 알 수 있었다. "항상 그래요." 부부가 입을 모았다. 수는 남매간 경쟁에 관한 책이라면 모조리 다 읽었다고 했다. 그러다 한 친구가 빌려준 내 CD를 듣고는 단순화하기라는 개념에 깊이 공감해 제일 먼저 장난감더미를 공략하기로 했다. "2~3일 내내 '크리스마스 정신에 위배되는 작업'을 했어요." 그 결과, 장난감 양이 예전의 10분의 1로 줄었다고 했다.

여기서 소그룹에 속한 부모들이 궁금해하는 건 한 가지였다. "그래서 아이들 반응이 어땠나요?!" 부부에 따르면 아이들은 처음에는 눈치도 못 챘다. 그러다 마지막으로 남은 장난감의 대부분을 '장난감 도서관'으로 옮긴 후에야 뭔가 달라졌음을 느꼈다. "처음엔 그냥 가만히 서 있더라고요." 수가 말했다. "마이크와 저는 잔뜩 긴장해 있었죠. 다른 장난감은 창고에 있으니 언제든지 다시 꺼낼 수 있다고 설명해 줬어요. 그런데 그 말이 채 끝나기도 전에 벌써 놀기 시작하더라고요. 오랫동안 파묻혀 있던 장난감을 발견하고는 놀기 시작한 거예요."

남매는 싸우기 마련인데 엘리스와 마이키의 경우에는 싸우는 원인이 서로에게 있는 게 아니라 너무 많은 장난감으로 인해 생긴 숨 막힘에 있었다. 그래서 엘리스는 장난감을 어떻게든 통제하고 분류하려고 했고 마이키는 파괴하고자 했다. 엘리스는 모든 게 정돈돼 있어야 한다는 자신의 느낌을 보호하기 위해 끊임없이 남동생을 막아섰지만 그래 봐야 마이키의 파괴 본능을 더 부채질할 뿐이었다.

수와 마이크는 단순한 가정환경을 조성한 이래 달라진 점에 대해 이야기해 나갔다. 아이들은 덜 싸웠고 (전혀 싸우지 않는 건 아니지만 한결 나아졌다), 자신들의 놀이에 한결 잘 집중했다. 엘리스와 마이키가 요새 어떻게 노는지 이야기 듣다 보니 아이들이 여러 면에서 '해방됐다'는 사실을 알 수 있었다. 지속적으로 싸우지도 않았고, 각자 하던 역할(정리하는 엘리스와 망가뜨리는 마이키라는 역할)에 강박적으로 매달리지도 않았다. 자유롭게 놀이에 집중할 수 있게 되면서 놀이의 네 단계로 나아가기도 했다. 놀이의 네 단계란 평행놀이("난 이거 할 테니까 넌 저거 해"), 협력놀이 혹은 교차놀이("네 벽돌과 내 벽돌을 합치면 더 큰 집을 만들 수 있을 거야"), 역할놀이("내가 마녀를 하고 너는 숲속의 소년이 되는 거야"), 그리고 게임놀이("선에 닿는 사람은 죽는 거야")를 말한다.

> 단순하게 말하면…: 장난감이 적당히 있으면 아이들은 놀이에 더 깊이 몰두한다

마이크는 단순화하기를 한 후 생긴 또 다른 변화에 대해서도 이야기했다. "재밌었어요." 그가 말했다. 처음에는 수긍이 잘 가지 않아서 중간에 되돌려 놓을까도 했는데 수가 자신을 잡아 줬다고 한다. 수로서는 작업이 딱히 재밌지는 않았지만 아이들의 장난감과 방을 단순화한다는 목표를 남편과 공유한다는 게 좋았다고 한다. 부부는 함께 작업하고 이후 아이들이 안정돼 놀이에 빠져드는 모습을 지켜보면서 함께 기뻐하고 성취감도 나눌 수 있었다. 이전에는 마이크와 '한곳을 바라보며 함께 노를 저어가고 있다'는 느낌이 전혀 들지 않았을 때도 있었다고 수가 털어놓자 다들 이해한다는 듯 고개를 끄덕였다.

수와 마이크 역시 이른바 부모 놀이에서 다음 단계로 나아가고 있는 게 분명했다. 오랫동안 각자의 자리에서 평행선을 달리다 이제 교차지점을 발견하고 협력하는 반가운 단계를 경험하고 있는 것이다.

장난감을 덜어내는 기준

지난 수년간 삶과 가정환경을 단순하게 만들고 싶어 하는 이들을 도우면서 나는 물건을 줄이는 방법에 대해 몇 가지 기본 지침을 세웠다. 우리에게 중요한 건 아이를 둘러싼 환경인만큼 아이 방에 가장 큰 중점을 둬야 한다. 그렇다고 아이 방만 달라져선 안 된다. 아이는 불공평한 걸 제일 싫어하기 때문이다. 게다가 온 집안이 잡동사니로 점령돼 발 디딜 틈이 없다면 아이 방을 아무리 치워도 깨끗하게 유지될 리 없다. 방 안에 다시 물건이 쌓이거나 다른 곳이 갈수록 엉망이 되면서 방도 결국 본래 모습으로 되돌아오게 돼 있다. 하지만 이 같은 시행착오를 겪더라도 계속해서 집안 전체를 단순하게 가꾸는 일관성을 보인다면 아이도 당신의 의지를 진심으로 이해하고 받아들일 것이다.

아이에게 허용할 수 있는 장난감의 수는 몇 개인가? 물론 정답은 없다. 강연 후 한 엄마가 이렇게 물은 적이 있다. "장난감이 적을수록 좋다면 하나도 없는 게 제일 좋겠네요?" 그렇지 않다. 나는 장난감을 하나도 남김없이 치우라고 독려하는 게 아니다. 18개월 이상 된 아이에게는 적어도 대여섯 개, 많게는 열댓 개는 있어야 한다. 아이가 유독 아끼는 장난감도 필요하고 다양한 종류의 장난감이 적절히 섞여 있는 것도 중요하다. 우선은 장난감 개수를 줄여 공간을 확보한 뒤 어떤 장난감을 남기고, 어떤 식으로 배합할지 논의하겠다.

만약 집에 장난감이 지나치게 많다면 그 양부터 눈에 띄게 줄여야 한다. 이 작업을 완료하기 위해서는 아이가 집을 비운 시간을 이용하는 게 가장 좋다. 혼자서도 얼마든지 버릴 건 버리고 보관할 건 보관하면서 장난감을 극적으로 줄일 수 있다. 그 결과를 마주한 아이는 장난감 한두 가지를 언급하며 어디 갔는지 물을 것이다. 하지만 그게 무서워서 아이와 함께 작업하려고 한다면 아이가 다섯 살이든 열네 살이든 아무것도 못 버릴 확률이 높다. 지금껏 단 한 번도, 혹은 오랫동안 갖고 놀지 않았거나 이미 망가진 장난감에 대해서도 아끼는 거라고 반박할 게 분명하다. 다시 한 번 말하지만 이 작업은 아이가 집에 없을 때 해야 제대로 할 수 있다.

처음에는 무조건 상당량을 갖다 버리는 (해방) 단계부터 거쳐야 한다. 어디에든 망가졌거나 알아볼 수 없거나 부품이 떨어져 나간 장난감이 있기 마련이다. 이런 장난감은 모아서 '내다 버리는 장난감' 쓰레기봉투에 담도록 한다. 버리고 싶은 장난감 중 멀쩡해서 얼마든지 더 갖고 놀 수 있는 것은 기부하는 게 가장 좋다.

아주 중요한 원칙이 있는데 이는 아이의 장난감을 줄이는 과정에서 가장 믿고 따라야 할 지침이기도 하다. 스스로에게 물어보라. "이건 내 아이에게 상상력을 불어넣을 수 있는 장난감인가, 아니면 '한계가 분명한' 장난감인가?" '한계가 분명하다'는 건 장난감이 너무 정교하고 완성도가 높아서 주어진 기능에 지나치게 충실하다는(즉, 그 기능밖에 못한다는) 의미다. 장난감이 스스로 '모든 걸 다 하는가', 아니면 아이가 장난감을 변형시키고 조작하면서 꿈을 꿀 수 있는가? 장난감에 탑재된 기능이 (이 버튼을 누르면 검이 튀어나오고, 저 버튼을 누르면 불이 켜지고, 또 다른 버튼을 누르면 미사일이 발사되는 식으로) 너무 많아서 내 아이는 그냥 가만히 앉아 버튼만 누르면 되는가? 너무 복잡해서 망가지기 십상인가?

이 개념에 대해 좀 더 구체적으로 설명하겠다. 얼마 전 한 연구에서는 (연구 주제가 특이할수록 자금 조달이 잘된다는 학계의 이론을 증명하면서) 가엾은 바비인형이 최근 몇 년간 대체 얼마만큼의 '폭력'을 겪었는지에 대해 조사하기도 했다. 부모라면 대부분 바비인형은 항상 우리가 알고 있는 것과 다른 모습으로 최후를 맞는지 궁금해하며 왜 이런 연구가 진행됐는지 짐작할 수 있을 것이다. 집안의 각종 보관함이나 장난감더미에서 바비인형 부품이 그렇게나 많이 발견되는 이유는 무엇인가? 가엾은 바비인형은 머리나 팔다리가 왜 자꾸 떨어져 나가고 왜 그리 폭력적으로 다뤄지는가? 이런 현상은 아이들의 무의식에 과연 어떤 메시지를 전달하는가?

여기서 우리는 바비와 켄이 꽤 완성도 높은 장난감이라는 사실에 더 주목해야 한다. 이 인형들은 옷을 갈아입히는 등 외양을 바꿀 수는 있어도 표정이나 몸 등 '이미지'는 거의 고정돼 있다. 한계가 분명하거나 복잡한 장난감은 대개 방치되거나 망가지기 일쑤다. 장난감더미를 뒤지다 보면 이렇게 정교한 장난감은 상당수가 망가져 있는 걸 발견하게 될 것이다. 아이가 마음을 덜 쏟을수록 더 쉽게 망가트리는 게 당연하기 때문이다.

실제로, 그리고 기억 속에서도 가장 단순한 종류의 장난감이 끝까지 살아남는다. 장난감에 기능이 적을수록 더 다양하게 갖고 놀 수 있다. 당신에게 소중했던 장난감이나 어른이 된 지금까지 갖고 있는 것도 보면 대부분 단순한 장난감일 것이다. 물론, 당신이 어렸을 때에는 최첨단 공룡 로봇 같은 건 존재하지도 않았지만 (곰인형이나 주방용품 장난감이 전부였던) 당시 상황을 감안하더라도 추억 속에 남은 건 좀 더 단순한 형태의 장난감일 것이다.

아이를 위한 놀이 공간을 설계할 때 종종 적용되는 이론 중에 건축가 사이먼 니콜슨이 1970년대에 발표한 '느슨한 부분 이론Theory of Loose Parts'이라는 게 있다. 사이먼은 어떤 환경에서든 창의력과 독창성은 그 안에 주어진 요소에 따라 다르게 개발된다고 한다. 다시 말해 아이의 상상력이 발휘되는 지점은 각 요소를 옮기고 또 변형시킬 때라는 것이다. 자연에서 놀 때 개울 바닥에서 건져 올린 돌로 산을 쌓고 나뭇가지로 집을 만드는 것처럼. 창의력은 사물 자체에 있는 게 아니다. 사물을 옮기고 상상하며 설계하는 힘에 있다. 그런 창의력을 발휘할 수 있는 유연함이야말로 한계가 분명한 장난감과 한계가 없는 장난감의 차이다. 그러므로 아이의 장난감을 줄이는 과정에서 믿고 따라야 할 첫 번째 지침은 바로 장난감에 유연함이 있어야 한다는 점이다.

대부분의 장난감 업체들이 이 같은 유연함이 아니라 기술적으로 더 복잡한 장난감 개발에 몰두한다는 사실이 흥미롭지 않은가? 「뉴욕타임즈」의 보도에 따르면, 최근 몇 년간 계속되고 있는 장난감 매출 부진에 대응하기 위해 피셔프라이스, 와우위, 해즈브로, 레이저USA와 같은 기업은 장난감과 전기 장치를 결합시킨 최첨단 장난감을 속속 선보이고 있다.[7] 한 가지 이유는 '연령 압축'으로 상품을 홍보할 대상 연령층에 굳이 제한을 두지 않는다는 데 있다. 요즘 아이들이 상당히 빨리 성숙해진다고 주장하면서 (장난감 산업의 마케팅 용어 KAGOY는 '아이들이 점점 더 조숙해지고 있다Kids Are Getting Older Youger'는 뜻이다) 점점 더 어린아이를 겨냥함으로써 시장을 넓히고, 발달과 상관없이 아이들을 하루빨리 상업적으로 활용하겠다는 의도다.[8] 아이들(특히 여자아이들)은 이제 이르면 여덟 살만 돼도 '10대 초반용' 상품의 목표 고객층이 된다. "여자아이들은 이제 열 살 혹은 열두 살만 돼도 첫 휴대전화를 선물 받아요." THQ 와이어리스 사의 해외 마케팅 담당 제프 누지는 말한다. "우리는 이를 이동통신의 통과의례라고 부르죠."[9]

장난감이 갈수록 최첨단이 되어가는 경향을 보면 아이의 관심을 끌기 위해 점점 더 큰 자극이 필요하다는 사실을 알 수 있다. 광고 역시 이를 입증이라도 하듯 경쟁적으로 자극적 이미지를 쏟아낸다. 결국 부모는 놀이에 장난감이 반드시 필요하며, 더 복잡한 장난감이 더 많이 있어야 아이의 주의를 끌 수 있다고 확신하게 된다. 그러다 결국 주는 어른도 받는 아이도 자극에 중독될 수 있다. 장난감을 줄이는 과정에서 믿고 따라야 할 두 번째 지침은 장난감이 복잡하지 않아야 한다는 점이다. 어른의 세상만큼이나 빠르게 돌아가고 과열된 아이의 세상에서 꼭 덜어내야 할 게 바로 더 큰 자극이기 때문이다.

장난감의 유연함은 늘리고 복잡성을 줄임으로써 아이에게 스스로 상상의 세계를 구축할 자유를 선사할 수 있다. 아이는 자신이 무엇을 원하고 또 상상해야 하는지 지시받지 않으면 자신만의 흥미를 좇고 내면의 목소리를 신뢰하는 방법을 배울 수 있다. 진정한 자신의 목소리를 발견할 수 있는 것이다.

장난감이 너무 많아 질식할 지경이 아닐 때 가진 것에 집중할 수 있고 장난감의 형태가 단순할 때 더 흠뻑 빠질 수 있다. 그래야 집중하고, 몰입하며, 빠져들 자유가 더 커지는 것이다. 별 기능 없는 장난감일수록 놀이는 무궁무진하게 확장될 수 있다. 아이의 마음과 장난감 상자를 모범 답안으로 채우려 들지 않는다면 아이 스스로 상상력을 발휘해 자신만의 놀이를 진행해 나갈 것이다.

> 단순하게 말하면…: 유연한 장난감일수록 그리고 복잡한 장난감을 줄일수록 아이는 더 깊은 관심을 갖고 진심으로 몰두한다

놀이의 세계가 소비주의가 아닌, 아이를 중심으로 돌아갈 때 부모로서 우리의 역할도 단순해진다. 아이의 발달은 남들보다 앞서야 하는 경쟁이라는 주장에, 그리고 아이의 상상력은 구입할 수 있다는 주장에 반박할 때 우리는 소비의 굴레를 스스로 벗어던질 수 있다. 아이는 자신의 세상을 더 깊이 탐험할 자유를 얻고 부모는 비뚤어진 책임감과 통제 의식에서 벗어날 수 있다. 부모로서 '다 주고 싶은 마음'을 필수 장난감 목록의 최신 상품을 사는 데 쏟을 게 아니라 좀 더 단순하고 강력한 방식으로 발휘해야 한다. 아이가 마음껏 상상을 펼치면서 놀 수 있는 시간과 기회를 보호해 줘야 하는 것이다.

장난감 버리기

다시 말하지만 장난감을 단순화할 때 무엇보다 중요한 건 장난감의 양

과 종류를 줄이는 것이다. 장난감더미를 뒤지면서 무엇을 버릴지 결정할 때 고려할 사항을 좀 더 상세하게 알아보자. 단, 최종 결정권자는 언제나 당신이며, 내가 제시하는 항목은 참고용에 불과하다는 사실을 기억하라. 설사 각 항목의 의도에 동의하지 않더라도 한 번쯤 생각해 볼 수는 있을 것이다. 만에 하나 당신만의 기준을 따른다고 해도 목표는 장난감 양을 지금보다 크게 줄이는 것이어야 한다.

"이런 장난감은 버려라" - 체크리스트 10가지

1. 망가진 장난감

크든 작든 오래됐든 새것이든, 가장 소중하게 여기는 장난감이 아닌데 망가졌다면 주저 없이 버려라. '제조업체에 연락해서 새 부품을 받는 대로 고쳐야지'라고 생각한 장난감도 이 항목에 포함시키는 게 좋다. 만약 정말 소중한 장난감이어서 직접 고치거나 수리를 해서라도 갖고 있을 생각이라면 마무리될 때까지는 치워 두도록 하자.

2. 아이의 발달 단계에 적합하지 않은 장난감

몇 년만 지나면 아이가 거들떠보지도 않을 게 뻔한 장난감은 좋을 게 없다. 장난감더미를 뒤지다 보면 단순하고 기본적인 형태의 장난감이 아이가 발달해도 계속해서 살아남는다는 사실을 깨닫게 될 것이다. 견고한 덤프트럭과 단순한 인형은 몇 년이고 변함없이 사랑받는다. 하지만 특정 캐릭터 장난감이나 TV쇼에 나오는 장난감, 특정 연령대에 한정된 장난감은 대부분 '유효기간'이 정해져 있다. 그러므로 옷처럼 장난감도 주기적으로 정리해야 한다. 성장한 아이에게 맞지 않는 장난감 역시 더 어린 자녀를 둔 부모에게 물려주어라. 이 과정을 통해 소비주의의 악순환을 끊을 수 있다.

3. 상상의 한계가 분명한 장난감

장난감더미에서 가장 흔하게 볼 수 있는 게 바로 영화, 만화책, 혹은 TV 쇼에 등장하는 캐릭터를 플라스틱으로 정교하게 만들어 놓은 장난감이다. 미국의 경우, 만 6세 이하 아이의 무려 97퍼센트가 TV쇼나 영화에 등장하는 캐릭터 장난감을 가지고 있다.[10] 이 장난감은 아마 해당 프로그램을 감상하던 당시의 즐거움을 떠올리게 해 줄 것이다. 또 앞으로 나올 상품에 대한 기대감도 불러일으킬 수 있다. 하지만 닌자 터틀, 다스 베이더, 한나 몬타나, 도라도라 캐릭터를 보고 있노라면 결국 한 가지 질문이 떠오르지 않을 수 없다. 이 장난감은 대체 누구의 상상력을 높이는 것인가? 할리우드인가? 아이인가?

4. 기능이 많아 툭하면 고장 나는 장난감

불꽃을 발사하고 암석 샘플을 수집하는 로켓 장난감은 아마 더 이상 작동하지 않을 것이다. 이 같은 특수 기능은 고장 나기 십상이다. 게다가 정해진 것밖에 못하는 다른 장난감처럼 이 로켓 역시 놀이에서 다른 역할은 하지 못한다. 이렇게 역할이 정해진 장난감은 아이의 상상력을 일으키기는커녕 도리어 앗아간다.

5. 자극적인 장난감

번쩍이는 불빛, 기계음, 빠른 속도와 효과음 등으로 마치 비디오 게임을 하는 듯한 경험을 선사하는 장난감은 아이가 반응을 보이는 자극의 기준을 상당히 높여 놓는다. 이 장난감은 말하자면 어른들이 허락해 준 카페인 폭탄처럼 아이를 '흥분시키기 위해' 설계되었다. 그런데 문제는 일상이 이미 온갖 자극으로 넘쳐난다는 사실이다. 오늘날 아이가 경험하는 것 중 상당수가 아드레날린 폭주를 일으킨다. 광고와 오락 프로그램은 갈수록 노골적이 되어가고 영화에는 감각적 자극이 넘쳐나는 데다 어른을 위한 뉴스와 미디어를 아이는 아무렇지 않게 접한다. 그런데 이 같은 장난감까지 더해져 아이는 훨씬 더 자극적인 일상에 노출된다.

아드레날린이 이렇게 시도 때도 없이 분비되면 아이 몸속의 코르티솔 다양한 스트레스에 반응해 분비되는 물질로 혈당을 높이고 면역체계를 약화시킨다.-옮긴이 수치가 높아지는데, 코르티솔은 생성되는 데에도 오래 걸리지만 한번 높아진 수치가 떨어지기까지는 더 오래 걸린다. 또한 우리 몸은 진짜 스트레스와 가짜 스트레스를 구분하지 못해서 높은 수치가 지속될 경우, 그 원인이 '흥미'를 위한 자극이었더라도 실제 위험으로 인해 스트레스를 받았을 때와 생리학적으로 똑같은 반응이 나타난다.

아이를 보호해야 할 민감한 존재가 아니라 강력한 구매력을 가진 '황금 고객'으로 여기므로 아이의 관심을 끌기 위한 경쟁이 치열하게 일어난다. 광고 회사는 선전 문구가 아이의 귀에 들리려면 고성을 질러야 한다고 느끼고 있다. 게다가 아이의 눈길이라도 받기 위해서는 갈수록 더 큰 자극이 필요하다는 생각도 널리 퍼져 있다. 감각적 자극이 매일 무더기로 쏟아져 끊임없이 신경이 예민해져 있는 아이가 결국 새로운 '정상'으로 보이는 결과를 우리는 지금 목도하고 있는 것이다.

6. 거슬리거나 불쾌한 장난감

이미 알고 있는 것처럼 이 항목에 해당되는 장난감이 적지 않다. 크게 자극적이지는 않지만 어떤 식으로든 불편한 느낌을 주는 장남감이다. 대개는 끔찍한 소음을 내거나 불쾌하고 흉측하게 생긴 장난감으로 부모가 보기에도 상당히 거슬린다. 아이가 좋아한다 해도 이런 장난감은 버리는 게 낫다. 초기 유년기는 탐색과 감각 발달이 중요한 시기인 만큼 만지는 느낌이 좋거나 자연 재료로 만들어진 장난감 위주로 남겨야 한다. 시중에 넘쳐나는 값싼 플라스틱 장난감은 자신도 모르게 쌓아놓기 십상이므로 집안을 단순화할 때에는 까다로운 기준을 적용해 감각적, 미학적으로 아름다운 장난감만 집안에 두도록 하라.

7. 내 아이를 앞서 나가게 해 준다고 주장하는 장난감

장난감 업체의 주장과 달리 아무리 놀라운 최신 장난감이라도 당신의 아이를 더 창의적이고 더 사교적이며 더 똑똑하게 만들어주지는 않는다. 모든 건 아이가 온전히 스스로 이루는 것이라고 인정할 때 부모와 아이는 더 자유로워진다. 부모는 아이의 자연스러운 발달도 '보조해 줘야' 한다는 압박에서 벗어날 수 있고 아이 역시 반드시 입장권이 필요한 상업화된 놀이가 아니라 아이라면 마땅히 누려야 할 놀이를 돌려받을 수 있다. 내 아이가 '뒤처지거나' 또래 아이들의 관심을 못 받을까 봐 걱정돼서 어떤 장난감을 사 줘야 한다고 느낀다면 더더욱 구입해선 안 된다. 그런 장난감이 해롭다는 게 아니라 장난감을 그런 관점에서 생각하는 게 해롭다는 뜻이다. 넘침으로 가는 값비싼 지름길일 뿐 아니라 '놀이'를 왜곡시키는 시각이기 때문이다. 놀이는 경주가 아니며 앞서 나갈 기회의 장도 아니다.

8. 꼭 사야 한다는 압박을 느끼게 하는 장난감

'조르기의 힘'에 굴복한 적 있는가? 대부분의 부모들이 있을 것이다. 연구에 따르면 뭔가를 갖기 위해 아이가 조르는 횟수는 평균 여덟 번이지만, 50번 넘게 조른 아이들도 11퍼센트나 되었다.[11] 이 '뭔가'를 아이의 장난감더미에서 발견한다면 당신은 이미 그 압박에 굴복한 것이다. 그래도 아이가 갖고 싶다고 온갖 성화를 해대서 사준 장난감이 이렇게 파묻힌 채 잊히고 있는 걸 보면 깨닫는 바가 있지 않은가? 아이와 부모가 모두 공격적 마케팅의 희생양이 되고 말았다는 사실 말이다. 더 이상은 아이가 미끼를 무는 일이 없도록 광고를 차단함으로써 이런 일이 계속되는 걸 막을 수 있다.

일부 장난감 업체는 한번 고객이 된 아이를 쭉 잡아둘 수 있도록 지속적인 혜택을 제공한다. 일종의 '피라미드 전략'으로서 특정 장난감을 구입한 아이를 대상으로 게임 사이트 이용권을 제공할 뿐 아니라 포인트 등도 쌓게 해 주는 것이다. 심지어 이 사이트에 친구들을 초대하도록 유도해 입소문 마케팅 효과까지 덤으로 얻는다.

꼭 사야 한다는 압박을 느끼게 하는 장난감 중 하나가 바로 '유행하는' 장난감이다. 이들은 '다른 아이들한테 다 있는' 장난감이 나한테만 없다는 두려움을 공략한다. 이때 '됐어'라고 말하는 게 쉽지는 않지만 다 순간에 지나지 않는다. 유행이란 본래 흐름을 타는 것이어서 순식간에 시들해진다. 그러고 나면 또 어느새 새로운 장난감이 필수 품목으로 등장한다. 유행에 굴복하는 부모는 새로운 게 등장할 때마다 사줘야 하지만 유행의 흐름에서 발을 뺀 부모는 그럴 필요가 없다. 아이가 커 갈수록 또래집단의 압박이 커질 뿐 아니라 최신 '필수' 품목의 가격 또한 비싸질 것이다. 이 같은 경쟁에 한 번쯤 빠져드는 건 무해할지 몰라도 반복될 경우 아이의 삶과 도덕성 측면에서 중요한 것에 대한 초점이 흐려질 수 있다. '따라잡고,' '앞서 나가야 하는' 게임에 오래 몸담고 있을수록 멈추기는 더 어려워진다.

큰딸이 열 살이 됐을 때 아이의 친구 한 명이 다들 갖고 싶어 하는 값비싼 인형을 선물 받았다. 이후 몇 달간 몇몇 다른 친구도 그 인형을 갖게 되었다. 이렇게 비싼 인형은 한창 유행하다 사라지기 마련이지만 여기서 굳이 이야기하는 이유는 수년간 친구로 지낸 여자아이들의 관계를 바꿔 놨기 때문이다. 처음 한동안은 별일 없이 지나갔다. 놀이는 그 인형을 중심으로 흘러가지 않았고, 아이들이 함께 갖고 놀기도 했다. 그런데 사이좋던 여섯 명의 여자아이들이 '가진 자'와 '못 가진 자'로 심각하게 분열되면서 분노와 상처, 질투와 갈등이 이들을 덮쳤다.

'못 가진' 두 아이의 부모가 서로 만나 이야기를 나눴다. 그리고 경제적 여유와 상관없이 이 인형의 압박에 굴복하지 않기로 결정했다. 1~2주 지나자 상처가 아무는 게 보였다. '못 가진' 여자아이들은 다른 놀잇감에 집중하며 극복했고, '가진' 아이들 역시 자기네끼리 노는 데서 고립감을 느끼고는 더 큰 무리를 찾기 시작했다.

9. 폭력적인 놀이를 유발하는 장난감

남자아이는 막대기를 비롯해 어떤 형태의 물건이든 무기로 둔갑시켜 놀고는 한다. 그나마 무기가 상상 속에만 존재하고, 놀다 다치는 아이가 없다면 크게 우려할 건 없다. 하지만 정교하게 만들어진 공격용 플라스틱 소총은 차원이 다르다. 이 같은 장난감은 실제로 총알이 발사되지 않더라도 그 특수성과 구체성으로 인해 폭력을 묵인하고 심지어 미화하는 부작용까지 일으킨다. 이 두 가지 부작용은 연구를 통해서도 입증됐지만 폭력적인 비디오게임이나 영화, TV프로그램 역시 아이들의 놀이와 상호작용에 부정적 영향을 미친다는 데 의심의 여지가 없다.

10. 똑같은 장난감들

수습 마법사 이야기를 기억하는가? 뒷정리를 맡은 어린 수습생은 물을 길어오고 바닥을 닦는 데 이내 지쳐 버린다. 그래서 아직 완전히 익히지 못한 마법을 부려 수많은 빗자루가 자신을 대신해 일하도록 만든다. 그런데 얼마 지나지 않아 미친 듯이 쓸어대는 빗자루와 양동이, 물이 그를 에워싸고 심지어 집안에 물이 점점 차올라 다들 익사 위기에 놓이고 만다. 장난감으로 인해서도 똑같은 상황이 벌어질 수 있다. 마치 마법처럼 장난감이 몇 배로 늘어날 수 있는 것이다. 당신의 아이가 가장 좋아하는 코끼리 인형을 항상 침대 위에 앉혀 둔다고 해 보자. 당신을 비롯한 가족들은 아이가 더 많이 상상할 수 있도록 해주고 싶어 비슷한 코끼리 인형이나 정글에 사는 또 다른 동물 인형, 혹은 무엇이든 '친구'가 되어 줄 인형을 더 사 줄 테고 침대는 이내 새로운 인형들로 뒤덮일 것이다. 갖고 다니거나 이따금 깨끗이 빨아 주거나 데리고 다니면서 '돌보기'에는 지나치게 많은 양이다. 각각 이름을 지어주기는 했지만 사랑받던 코끼리 인형도 너무 많은 새 인형들 속에 있으니 낡아 보일 뿐이다.

블록과 공, 크레파스, 인형 옷과 게임도 여러 개씩 갖고 있을 것이다. 사실, 아이들의 장난감 중에는 똑같은 게 넘쳐난다. 하지만 하나 있는 레이싱 카 장난감이 기쁨을 준다고 해서 이 장난감 3개가 세 배의 기쁨을 선사하는 건 아니다. 한 가지 장난감이 여러 개 있거나 혹은 다양한 버전으로 존재한다면 좀 더 소중히 다룰 수 있는 양으로 줄이자. 비슷비슷한 장난감 사이에서도 아이가 특별한 애정을 쏟으면서 꾸준히 갖고 노는 게 있다면 이 작업은 특히 더 중요하다. 아이에 대한 사랑을 더 키우고 싶다는 우리의 선의가 정반대의 결과를 가져올 수 있다는 점을 잊지 마라. 수가 너무 많으면 진정한 유대마저 퇴색돼 아이에게 관계라는 건 언제든지 저버릴 수 있다는 메시지를 심어줄 수 있기 때문이다.

넘치는 물건에 대한 해독제

지금까지 나열한 항목들로 인해 괜히 풀이 죽은 건 아닌가? 그래도 주위를 둘러보는 시간을 가졌으리라 생각한다. 우리는 장난감을 순수하게 긍정적인 관점에서 생각하는 데 익숙해져 있다. '재밌다!' '교육적이다!' '즐겁다!' 이러니 아이 방에 장난감이 넘쳐나는 게 놀라울 것도 없다. 어느 누가 '장난감에 도사리고 있는 사악한 기운'에 대해 생각해 보고, 그리 유익하지 않은 장난감의 영향에 대해 궁금해하고, 지나치게 많은 장난감이 아이의 주의력과 소유욕에 어떤 영향을 미치는지 알아보려 하겠는가?

당신의 인내심에 박수를 보낸다. 암울한 단계를 잘 넘겼으니 이제 해독제가 필요할 것이다. 장난감 정리를 마무리하여 만든 단순한 놀이 환경이란 어떤 모습인지 단순한 놀이가 아이에게 어떤 영향을 미치는지 함께 알아보도록 하자.

단순한 환경

장난감

장난감더미를 열심히 뒤져 장난감 대부분을 정리했다면 축하받아 마땅하다. 할머니가 선물해 준 플라스틱 폭탄 장난감, 엄청난 데시벨의 소음을 일으키는 장난감 등을 버릴 것으로 분류할 때의 짜릿함은 크다. 장난감더미가 사라져 집안의 바닥을 다시 볼 수 있게 되는 것 또한 큰 즐거움이다. 온갖 형태와 색깔의 향연보다는 단순한 선과 색에 둘러싸여 있을 때 아이는 물론이고 부모인 당신도 차분해진다.

버릴 장난감의 분류 작업을 완료했다면 이제 괜찮고 멀쩡한 장난감 중 따로 보관할 것을 골라낼 차례다. 보관할 장난감은 창고로 옮겨 장난감 도서관을 구성하게 될 것이다. 차후 언젠가 이곳의 장난감을 아이에게 다시 꺼내줄 때 반드시 '도서관 대출' 형태에 따라야 한다. 장난감을 하나씩 다시 꺼낼 때마다 방에 있던 장난감 하나는 창고로 가야 한다는 뜻이다. 이는 괜한 법석을 떠는 게 아니라 언제든 당신의 집에 밀려들 수 있는 '물건'의 홍수를 손가락으로라도 막는 행위다. 부모가 단순화하기를 진정으로 받아들이기 전까지는 '물건'의 수문을 다시 여는 일이 없도록 조심해야 한다. 그리고 변화를 체감할 수 있을 만큼 단순화하기를 이루고 나면 더 이상의 경계는 필요 없다. 이미 몸에 뱄을 테니 말이다.

장난감 도서관으로 보낼 장난감을 정리하고 아이 방에 둘 장난감만 남겨졌다면, 가장 이상적인 환경은 소중한 장난감 몇 개만 눈에 보이고 손이 닿는 곳에 두는 것이다. 그 밖의 장난감은 언제든지 꺼낼 수는 있지만 눈에는 띄지 않게 (바구니나 통 안에) 보관하는 게 좋다. 중요한 건 원하는 형태의 정리 체계를 도입하되 여기저기서 나뒹구는 장난감은 확연히 줄여야 한다는 점이다. 개인적으로는 커다란 바구니에 모두 담고 예쁜 색깔 천으로 덮어 두는 걸 선호한다.

장난감을 아이 키에 맞춰 낮은 곳에, 그리고 (바퀴 달린 바구니에 담아) 한꺼번에 옮길 수 있게 배치해 두면 아이 스스로 정리하도록 유도할 수 있다. 장난감 통이 고정돼 있을 경우 아이가 장난감 하나를 정리하는 데에도 엄청난 시간이 걸린다. 처음에는 장난감을 가져다 통 안에 넣겠지만 이내 나와 있는 장난감을 모두 차례차례 살펴보고 또 갖고 놀게 될 것이기 때문이다. 결국 아이는 정리가 아닌, 엉뚱한 데 정신이 팔리고 만다. 하지만 아이가 끌고 다닐 수 있는 바구니가 있으면 완료될 때까지 정리에 몰두할 수 있다.

한 번에 한 바구니에 담긴 장난감만 갖고 놀도록 하면 아이는 놀이와 정리에 한결 잘 집중할 수 있다. 커다란 통에 든 장난감을 모조리 쏟아 놓는 게 기대되고 흥분되는 일처럼 보일 수 있지만 일상에서 그런 행동은 혼란을 낳을 뿐이다. 집안 곳곳에서 잡동사니가 나뒹구는 이유는 질서가 확립되기 어려운 구역이 존재하기 때문이다. 특히, 시간은 너무 적은데 물건은 너무 많다면 그럴 수밖에 없다. 그렇게 아이의 혼란이 가중되면 정리와 변화는 더더욱 힘들어진다.

당신의 아이가 5분 안에 치울 수 있는 장난감 개수, 딱 그만큼만 보이는 곳에 꺼내두도록 하라.

책

아이 방의 다른 잡동사니를 정리할 때에도 장난감을 정리할 때와 동일한 원칙을 적용할 수 있다. 보통 장난감 다음으로 넘쳐나는 물품이 책이다.

독서를 권장하고 싶은 부모는 책이 많을수록 아이도 더 많이 읽을(놀) 거라고 생각하기 때문이다.

반박의 여지가 있는가? 이 전제는 논리적일 뿐 아니라 아이에게 모든 걸 주고 싶은 부모의 본능에도 딱 들어맞는다. 4장에서는 글을 깨치기 전에 하는 독서라고 할 수 있는 이야기 들려 주기와 책 읽어 주기가 아이를 어떻게 성장시키는지, 또 그 과정에서 반복이 얼마나 중요한지 알아볼 것이다. 어린아이는 스토리를 반복적으로 듣고, 기대하고, 또 깊이 있게 이해하는 과정에서 안정감을 갖게 된다. 하지만 여기서는 아이를 둘러싼 환경을 단순하게 만든다는 이 장의 주요 목표에 한정해 일단 책에 관한 몇 가지 실질적인 조언에 집중하도록 하겠다.

책은 아이에게 기쁨과 만족감을 선사한다. 마법 같은 세계를 만들어 내는가 하면 우리 현실 세계의 기적을 눈앞에 펼쳐 보여주기도 한다. 이렇게 좋은 것은 아무리 많이 가져도 '지나침'이 없다고 생각할 수 있다.

하지만 도서관이나 서점의 '전집' 코너에 갔을 때를 떠올려보면 '좋은 것이 지나치게 많은' 세상이 펼쳐지고 있다는 점을 좀 더 쉽게 알 수 있다. 유행하는 책을 친구보다 먼저 손에 넣기 위해 달려가는 아이가 하고 있는 건 독서가 아닌 소비다. 다음 권을 손에 넣고 싶은 욕구가 가장 중요하게 작용한다면 중독성에 의해 움직이고 있는 것이다. 어떤 것이라도 많이 갖고 있거나 너무 자주 노출되면 하찮게 여길 수 있다. 지나치게 많은 것보다는 '필요한' 만큼을 꾸준히 유지할 때 우리는 아이가 상상력을 펼치고 영감을 받을 수 있는 공간, 갖고 놀거나 읽는 대상과의 관계를 구축할 여지를 둘 수 있다.

아이가 반복을 얼마나 사랑하는지 부모라면 누구나 알고 있다. 아이가 서너 살 때 책을 읽어 주려다 이렇게 말한 적이 있을 것이다. "또? 이 책은 3일 전부터 계속 읽었잖아! 그런데 진짜 또 읽고 싶어?" 아이 스스로 책을 읽게 됐는데도 이미 읽은 책을 또 읽고 있거나, 지금까지 몇 번이나 들어서 이미 다 알고 있는 가족 이야기를 또 들려달라고 할 때 우리는 놀라움을 금치 못한다.

반복은 아이가 관계를 구축하는 데 빠뜨릴 수 없는 중요한 과정이다. 이야기 들려 주기나 책 읽어 주기뿐 아니라 놀이에서도 특정한 경험과 서사를 반복함으로써 아이가 배운 것을 구체화할 수 있다. 반복은 아이의 경험과 관계에 깊이를 더해 준다. 무엇이든 자기 것으로 만들게 해 주는 것이다.

놀이에서처럼 아이가 독서를 사랑하게 되는 데 필요한 건 마법 같은 책 한 권, 최신 베스트셀러 혹은 수많은 신간이 아니라 시간과 정신적 여유다. 책을 깊이 있게, 또 반복해서 읽을 시간이 필요한 것이다. 아이 스스로 상상을 펼칠 여지가 있는 이야기 역시 필요하다. 아이를 위한 책을 선택할 때에도 내가 장난감을 평가할 때 제시한 기준을 적용할 수 있다.

내 아이의 발달 단계에 적절한가? 장난감뿐 아니라 책도 '독자층을 한정하지 않는' 경향이 강하다. 아이에게는 아무 의미도 없는 농담과 여담으로 가득한 책 즉, 읽어주는 어른을 위해 쓰인 책도 많다. 특히 '중등용' 책에는 어른스러운 주제의 책도 있다. 책은 내용보다는 독해 수준에 따라 선택해야 하며 부모는 내 아이가 독해할 수 있는 정도의 책인지 읽기에는 적합한 책인지 먼저 점검해 봐야 한다.

내 고객인 메리가 자신의 딸인 애슐리에 대해 이야기해 준 적이 있다. 열세 살 때 애슐리는 학교 도서관에서 소설책 한 권을 빌려왔다. 메리도 그 소설에 대해 들은 적이 있어서 고등학교 이상은 되어야 읽을 수 있는 성년 이야기를 다룬다는 사실을 알고 있었다. 그리고 실제로 그날 밤 읽어보니 예상한 그대로였다. 다음날 아침 메리는 애슐리에게 그 책이 요즘 워낙 인기가 많아 읽고 싶은 건 이해하지만 내용이 내용인 만큼 지금은 읽을 수 없다고 얘기하자 애슐리도 더 커서 읽겠다며 수긍했다.

책의 내용이 조리 있게 펼쳐지는가, 아니면 뒤죽박죽인가? 기능이 많은 장난감처럼 어떤 책은 이야기가 지나치게 적나라하면서도 흡입력은 부족하다. 아이의 상상력을 불어넣는 책인가 아니면 단순히 '자극적이기만 한' 책인가? 이야기의 이미지와 내용은 아이의 꿈속까지 쫓아가 무의식 속에서 앞으로 다가올 삶을 '연습'하는 기회로 작용하는 만큼 이 구분은 특히 중요하다.

나는 아이가 토끼와 꽃, 평화와 사랑 등 누가 봐도 아름다운 이야기만 읽어야 한다고 주장하는 게 아니다. 꼬마 쥐의 꼬리가 끊어지거나 용의 공격이 일어나는 동화책을 열 살짜리가 읽어도 되냐고 묻는다면 대답은 당연히 '그렇다'다. 아이에게 상상의 나래를 펼쳐 주는 이야기는 아이가 직접 이미지와 스토리를 조작할 수 있는 여지와 힘을 준다. 이에 비해 번쩍이는 전광판 같은 책은 상당히 우려스럽다. 책 중에도 상상력을 일으키는 게 아니라 단순히 자극을 주기 위한 책이 있는 것이다.

책을 판단하는 또 다른 기준은 이 책이 어떤 놀이를 유도하느냐다. 아이에게 읽어주거나 아이 스스로 읽는 책은 곧장 놀이로 확장된다. 아이가 몰입할 수 있는 놀이인지 상호작용을 유도하는지 아니면 재미보다 문제점이 더 많은 해로운 놀이인지 지켜봐야 한다.

또 주의할 점은 제품이나 TV 캐릭터를 활용한 책인가? 장난감에서 이미 본 것처럼 광고주는 아이 눈에 띄는 곳에 제품을 배치해 언제 어디서든 지갑을 열도록 만든다. TV 캐릭터, 영화, 심지어 M&M 캔디나 아침식사용 시리얼 같은 제품을 활용한 책도 있다. 그러니 아이가 읽는 책만큼은 '광고 금지 구역'으로 만들어야 한다.

열 살 열한 살 이전의 아이에게는 손이 닿는 곳에 책 한두 권은 항상 구비해두면 좋다. 또 방 안에는 아이가 즐겨보는 10여 권 정도의 책을 책꽂이에 꽂아두어 언제든지 꺼내 볼 수 있도록 하고, 아이가 자람에 따라 좋아하는 책을 곤충, 동물, 항공기처럼 주제별로 바꿔주면 된다.

옷

어린아이일수록 하루에도 몇 번씩 옷을 갈아입는다. 갓난아기나 활동적인 다섯 살배기의 하루 일과에서 옷 갈아입는 시간을 건너뛸 수 있겠는가? 옷은 유년기에서 가장 변화가 많은 아이템 중 하나다. 이제 좀 사이즈가 맞는다 싶으면 어느새 작아져 버리고, 하루 중에도 '옷을 입었다 벗었다' 하는 시간이 수시로 끼어드니 말이다.

아이의 옷을 정리하는 건 일상을 정리하는 행위다. 옷이 지나치게 많으면 옷을 갈아입는 것도 작아진 옷을 정리하는 것도 힘들어진다. 장난감이나 책처럼 아이의 옷 역시 현재 입을 수 있는 옷 중심으로 가짓수를 줄여야 수월하게 관리할 수 있다. 지금 현재 사이즈가 맞는 옷으로 옷장과 서랍장을 채워야 한다. 이미 작아진 옷은 다른 사람한테 주거나 따로 분류하고, 아직은 커서 못 입는 옷도 다른 곳에 보관해야 한다. 지금 계절에 맞는 옷을 제외하고는 상자나 가방에 담아 두고 라벨을 부착하도록 한다. 이때 새 옷상자에 들어 있는 방습제를 갖고 있다가 옷 보관함에 제습용으로 함께 넣어 두면 좋다. 지금 아이에게 맞는 사이즈와 계절에 맞는 옷만 꺼내 두면 옷장은 더 이상 뒤죽박죽이 될 이유가 없다. 심지어 다섯 살배기조차 서랍장 안에 옷이 정리된 패턴을 이해하고 티셔츠나 스웨터를 스스로 꺼내 입을 수 있게 될 것이다.

애들 옷은 기본 아이템만 몇 가지 갖고 있으면 된다. 학교 갈 때 입는 옷이나 편안하게 놀 수 있는 옷이면 되는 것이다. 당신의 아이를 특정 매장 혹은 브랜드를 위한 걸어 다니는 광고판으로 만들 필요도 없다. 쇼핑할 때에도 선택의 기준을 단순화해 아이의 몸에 맞고 당신의 예산에 맞는 옷을 발견했다면 여러 벌 구입하는 것이 좋다. 선택의 기준이 적을수록 옷 입는 것도 단순해진다.

사춘기 이전에 다양성과 스타일을 중요시하는 건 대개 아이보다 부모다. 아이는 일단 옷을 입고 나면 앞으로 할 일이 더 중요해서 어떤 옷을 입었는지 따위는 중요하지 않다. 개성을 중시하는 어른은 아이도 다양한 스타일을 통해 개성을 강조할 수 있어야 한다고 확신한다. 하지만 아이의 정체성은 외양을 어떻게 꾸밀지 선택하는 것보다 놀이를 통해 훨씬 깊이 있게 구축된다. 다시 강조하지만 어린 시절에는 선택을 제한해 주는 게 내면의 목소리를 키울 수 있는 자유와 시간을 선사하는 행위다.

> 단순하게 말하면...: 옷을 정리함으로써 느긋한 성장을 유도할 수 있다. 지나치게 많은 선택에서 해방시켜 주면 아이는 천천히, 하지만 확실하게 자기표현력을 발달시켜 나가게 된다

단순화하기는 여유와 행복감, 강력한 정체성을 선사한다. 그리고 정체성이 이렇게 굳건히 형성된 채 청소년기를 맞이하면 패션을 포함하여 여러 방법으로 자신을 스스럼없이 표현할 수 있게 된다.

향과 소리, 조명

아이 방의 불을 끄고 문을 닫기 전에 단순화하기를 위해 제안하고 싶은 게 몇 가지 더 있다.

우리 두뇌에서 아주 오래된 영역인 편도체는 후각 혹은 냄새를 관장한다. 부모라면 청소 제품이나 홈케어 제품에 함유된 독성 화학물질의 부작용을 우려하는 목소리를 한 번쯤 들어 봤을 것이다. 방향제부터 향초, 비누와 세정제 등 수많은 제품이 특유의 인공 향을 뿜어낸다. 그렇지 않아도 아이에게는 어수선한 세상인데 어울리지 않는 냄새까지 더해지고 있는 것이다. 이렇게 강력한 인공 향이 결합하면 편도체에 강한 자극이 전달돼 코르티솔과 아드레날린이 쉴 새 없이 분비된다. 집안, 특히 아이 방에 감도는 냄새와 향을 단순화하라. 은은하지만 향긋한 자연의 향기, 그리고 엄마 아빠의 냄새야말로 편도체를 진정시키고 아이의 안정감과 행복감을 증가시켜 준다. 온 사방을 화학적 향과 향수 냄새로 가득 채우는 건 평온한 가운데 아이와 연결될 기회를 놓치는 것이다. 특히, 어린 아들의 신체에서 아드레날린이 마구 분비되는 시기에는 더더욱.

내가 강연이나 워크숍 활동으로 집을 떠나 있을 때면 아내는 잠자리에 들기 전 아이들 침대 위로 올라가 책을 읽어준다. 그런데 딸아이 한 명은 그때마다 '아빠 베개'를 꼭 챙겨와 잠들 때까지 아빠 냄새를 맡는다고 한다. 어린아이는 이렇게 감각을 통해 연결돼 있다고 느끼면서 상당한 안정감을 갖는다.

집안에서 소리를 최소화하는 손쉬운 방법 중 하나는 소리를 반사시키는 표면을 없애는 것이다. 천장과 바닥 전체가 온통 나무로 되어 있거나 집안 구석구석이 나무와 유리로 처리된 집이 많다. 깔끔하고 자연스러운 멋도 있기 때문이다. 하지만 이런 환경에서 아이는 이따금 스스로 소리를 처리하는 데 어려움을 겪는다. 특히, 표면에서 튕겨 나온 소리를 접하면 시공간적 차원에서 불편한 자극을 느끼는 아이도 있고 뇌에도 좋지 않다. 소음이 여기저기서 튕겨 나오도록 조성된 환경은 아이를 혼란에 빠트릴 수 있다. 따라서 아이가 어릴 때에는 바닥에 카펫을 깔고 방에는 커튼을 드리우는 게 좋다. 평생 그럴 필요는 없지만 열 살 정도까지는 집안의 음향을 부드럽게, 그리고 단순하게 만드는 절차를 밟는 게 바람직하다.

집안 조명의 종류와 밝기는 생각보다 다양하다. 창을 통해 들어오는 자연광 이외에 형광등, 컴퓨터와 TV 화면의 깜빡이는 불빛 등이 집안을 채우고 있다. 취학 연령 아이는 조명이 열악한 학교 교실에서 하루의 대부분을 보낸다. 이번에도 단순하지만 효과만큼은 강력한 제안을 한 가지 하겠다. 아이의 하루 일과 중 특정 시점에 촛불을 켜는 것이다. 잠자기 직전도 좋고, 낮에서 밤으로 넘어가는 시점도 좋다. 집안에 촛불을 켜는 게 아무래도 불안하다면 목욕할 때 물로 가득 찬 욕조 곁에 켜 두는 것도 방법이다. 아이는 촛불, 그리고 일렁이는 불꽃을 둘러싸고 생기는 마법의 원을 좋아한다.

내 큰딸은 학교 가는 날이면 아침마다 1등으로 일어나 식탁의 자기 자리에 있는 촛불을 켠다. 창밖의 칠흑 같은 어둠으로 인해 촛불이 빛나는 아침의 정취는 더더욱 깊어진다. 우리 가족은 이렇게 불빛에 빨려 들어가듯 모여 하루를 시작한다.

이따금 밤에 잠을 잘 못 이루는 아이를 보면 집에 공항 활주로보다 훨씬 정교한 조명 체계가 설치된 경우가 많다. 그럴 때는 화장실 조명과 거실 조명, '자는 내내' 켜 두는 수면등까지 다양한 조명을 하나씩 꺼 나가는 게 좋다. 아이가 달빛을 받으며 잠들고, 아침 햇살에 눈뜰 수 있는 환경을 만들어 주자. 어린아이들은 대부분 아무리 시끄러워도 금방 잠들지만 빛에는 상당히 민감하다. 수면등을 포함한 모든 빛을 꺼 주면 더 깊고 편안한 잠을 이룰 수 있을 것이다.

> **단순하게 말하면…: 집안의 소리뿐 아니라 냄새와 조명 역시 농도와 세기를 조절하여 환경을 단순하게 하라**

커튼을 치고 마지막 조명까지 모두 끈 뒤 단순해진 아이 방의 어둠 속에 잠시 머물러 보자. 지금 자연에 둘러싸여 있다고 상상해 보자. 이곳에서 시작된 유년기의 길이 마치 점선처럼 마당으로 이어지고 이내 친구들 집으로, 학교와 더 넓은 세상으로 뻗어나간다. 하지만 이 길은 항상 다시 돌아온다. 사과나무를 기점으로 돌아온 점선은 여름 저녁의 열린 창을 통해, 혹은 차갑고 어두운 겨울밤의 닫힌 문을 뚫고 들어와 침대를 감싸고 있는 빛으로 이어진다. 그날의 이야기, 혹은 함께 읽다 잠들어 그대로 펼쳐져 있는 책의 모서리로…

단순한 놀이

당신의 아이가 즐거워하고 집중하는 놀이가 뭔지 누구보다 정확하게 판단할 수 있는 건 당신이다. 아이의 발달 단계에 잘 맞는 장난감, 아이가 소중히 여기는 장난감을 이미 알고 있지 않은가. 어떤 장난감이 사라져도 아이가 찾기는커녕 금세 잊어버린다는 사실도 놀랍지만 오랫동안 꾸준히 갖고 노는 장난감은 따로 있다는 사실도 놀랍다. 아이가 계속 들고 다니는 게 뭔지, 마음속에 품은 채 함께 대화하고 추억을 만들어 나가며 꿈속에서도 만나는 장난감이 뭔지 당신은 알고 있다.

이번에는 당신의 아이에게 맞는 장난감과 맞지 않는 장난감을 줄줄이 나열하기보다 놀이에 관한 몇 가지 아이디어를 제안하고 특정 장난감이나 캐릭터에 얽매이지 않는 놀이를 함께 그려 볼 예정이다. 이제 산더미같이 쌓여 있던 장난감도 치웠으니 다음과 같은 전제에서 시작하는 데 동의할 것이라 믿는다. 아이가 노는 데에는 많은 장난감도, 특정한 장난감도 필요 없다. 아이에게 가장 필요한 건 아무런 계획도 세워져 있지 않은 시간이다.

아이의 장난감과 놀이를 단순하게 만들어 주면 부모로서 당신의 '의무'도 단순해진다는 사실을 깨달았으면 한다. 당신이 직접 놀이를 자극하거나 풍성하게 만들어줄 필요가 없다. 관여할 필요도 더욱 없다. 끼어들지는 않되 아이가 필요로 하면 언제든지 달려가 주는 방식이 좋다. 놀 시간, 놀 수 있는 기회만 제공해 주면 되는 것이다. '마트 카트로 이용할 뭔가'를 다급하게 찾는 아이를 보면 놀이가 상당히 중요하다는 걸 알 수 있다. 이럴 때 놀 거리를 구비해 두고 금세 해결해 주고 싶겠지만 멈춰라. 일일이 참견하기보다 내버려둠으로써 아이에게 자유와 독립성을 선사할 수 있다. 열린 놀이를 통해 아이 스스로 선택하고 결정함으로써 자기 자신을 발견할 수 있는 것이다.

> 단순하게 말하면…: 아이의 놀이는 부모가 '만들어주기'보다 '그냥 내버려둘' 때 풍성해진다

중요한 건 놀이를 가장 단순한 관점에서 바라보는 것이다. 놀이를 통해 아이가 무엇을 할 수 있고 무엇이 될 수 있는지, 또 어떻게 발달할 수 있는지 생각해 봐야 한다. 이어지는 내용에 새로울 건 없겠지만 놀이의 단순성이 주는 혜택에 대해서는 다시 한번 생각해 볼 필요가 있다. 단순한 놀이는 수많은 장난감에 의존하지 않고도 즐거운 시간을 보낼 수 있는 활동뿐 아니라 아이에게 뭐든지 주고 싶은 부모의 욕구에 새로운 방향을 제시해 줄 것이다. 또한 물건에서 벗어나 경험에 더 집중할수록 아이는 탐색하는 시간과 탐색하는 행위 자체에 완전히 빠져들게 될 것이다. 게다가 마음껏 몸을 움직일 수 있는 공간과 시간, 그리고 자연이나 타인과 관계 맺을 기회를 아이에게 충분히 선사할 수 있을 것이다.

아기가 첫걸음을 떼기까지 기나긴 과정을 견뎌내게 하는 원동력은 세상을 좀 더 탐색하고 경험하고 싶은 욕구다. 고개 돌리기부터 시작해 뒤집기를 하고 마침내 걷기까지 각기 다음 단계로 넘어가기 위해서는 상당한 노력과 시행착오가 필요하다. 아기가 걷기까지는 1년 반 정도 걸리듯이, 각 발달 단계를 거치는 데에는 시간이 걸린다.

최근에는 다양한 활동을 통해 자연스럽게 연결되어야 할 신경을 인위적으로 이어주는 '감각 통합' 치료가 부쩍 늘었다. 우리가 아이의 첫걸음을 재촉하고, 조바심 내면서 일일이 끼어드는 사이 신경 발달에 꼭 필요한 단계를 건너 뛴 것이다. 하지만 서두르지 않고 자연스레 발달할 수 있도록

내버려두는 게 아이의 두뇌와 신체 발달을 위해서도 좋다. 자신만의 호기심, 주의력, 인내심과 의지의 씨앗을 뿌릴 수 있도록 도와주는 길이기도 하다. 이 모든 요소는 놀이를 통해 성장하고 발전한다. 이제부터 놀이의 새로운 방향을 제시하는 단순한 놀이에 대해 좀 더 자세히 알아보자.

촉감 놀이. 아이들은 놀이를 통해 모든 감각을 사용하고 발달시킨다. 어린아이들이 가장 많이 사용하는 게 촉감으로, 무엇이든 입으로 제일 먼저 가져가는 것도 촉감이 가장 발달한 부분이기 때문이다. 촉감을 통해 아이는 세상, 자신의 몸, 그리고 경계에 대한 인식(자신과 '타인'에 대한 인식)을 확립해 나간다. 탐색하는 놀이를 통해 촉감을 완전히 발달시키지 못한 아이는 자신만의 공간과 타인의 공간에 극도로 예민하게 반응한다(혹은 잘 구분하지 못한다). 따라서 '촉감'을 다양하게 자극해 주는지의 관점에서 아이의 놀이 환경을 점검해 봐야 한다. 만져보고 싶어지는 자연재료는 아이에게 탐색하고 싶은 욕구를 불러일으켜 감각적 여행을 유도할 것이다.

아이가 바깥에서 땅파기를 좋아하는 건 햇볕에 따뜻해진 모래가 얼마나 부드러운지 진흙은 또 얼마나 질척질척한지 느낄 수 있기 때문이다. 그렇다면 방 안, 실내에서는 어떤 걸 느낄 수 있을까? 어떤 질감과 무게, 또 어떤 곡선들이 존재하는가? 모든 장난감이 다양한 요건을 충족시킬 순 없지만 손 이외의 감각기관도 사용하게 만드는 장난감이면 훌륭하다. 인형 옷을 입히고 단추를 잠가 주고 안아 줄 때 아이는 자기 몸의 운동 체계를 모두 사용한다. 하지만 이보다 더 중요한 건 그 순간 인형과 상호작용하면서 유대감을 형성한다는 사실이다.

요리는 아이들에게 온갖 종류의 감각적 기쁨을 선사한다. 빵 반죽을 치대거나 늘려 보고, 빵을 굽는 향긋한 냄새도 맡고, 다양한 형태와 농도의 액체를 저으면서 그 느낌을 만끽할 수 있다. 쿠키 커터로 여러 가지 모양을 만드는가 하면, 따끈하게 구운 빵 위에서 버터가 녹으면서 스며드는 모습을 지켜볼 수도 있다.

아이가 만지고 노는 물건은 가능한 한 진짜 제품으로 구비하는 게 중요하다. 플라스틱 망치는 많이 딱딱하지도 않고 가벼워서 다섯 살배기도 얼마든지 사용할 수 있지만 아이에게는 모양만 흉내 낸 가짜보다 크기는 좀 작더라도 실제 도구가 낫다. 물론, 아이에게 사용법을 제대로 알려주고, 한동안은 곁에서 지켜보기도 해야 한다. 아이는 그렇게 놀아야 진정으로 몰입할 수 있고, 또 기술을 습득할 수 있다. 엄마나 아빠가 사용하는 커다란 작업대 바로 옆에 아이 전용 작업대를 작게나마 마련해 주면 아이의 흥미나 실력도 갈수록 향상될 것이다.

역할극 놀이. 상상의 놀이는 흉내 내기에서 시작해 차츰 날개를 펼쳐 간다. 생후 6개월 된 아기는 들려오는 리듬에 따라 손발을 흔들거나 손뼉을 친다. 그리고 서너 살이 되면 상상력을 발휘해 역할극을 하면서 스스로 이야기를 만들고 자신만의 세계를 창조한다. 이 같은 역할극 놀이가 이른바 '실행 기능 executive function '으로 알려진 핵심 인지 능력을 어떻게 발달시키는지에 관한 연구가 최근 상당한 진전을 이루었다. 실행 기능은 자기 자신을 제어하고 환경과 상황에 맞게 행동과 감정, 충동을 적절히 조절하는 데 필요한 능력이라 할 수 있다.[12]

역할극은 아무런 제약이 존재하지 않는 가장 유연하고 창의적인 놀이다. 무엇이든 활용해 아이의 반짝이는 아이디어와 환상을 실현할 수 있다.

그리고 (냄비가 모자가 되기도 하고, 자동차 핸들로 둔갑하기도 하는) 이런 종류의 유연한 사고야말로 아이가 세상살이를 해 나가는 데 강력한 무기가 된다. 아이는 이런 놀이를 통해 세상으로부터 의미를 이끌어 내는 만큼 이런 놀이가 부족할 경우에는 창의력과 정체성이 약해질 수밖에 없다. 가상의 놀이에서 했던 선택을 통해 남과 다른 존재로 거듭나 기존의 개념이나 아이디어를 수동적으로 받아들이기만 하는 게 아니라 자신만의 시각을 지닐 수 있게 된다.

다시 한 번 말하지만 역할극의 '재료'가 정교할수록 아이는 자신만의 '상상 근육'을 덜 발휘할 수밖에 없다. 정교한 공주 침대, 탑, 휘장, 들어 올릴 수 있는 다리인 도개교 같은 것이 처음에는 성에 대한 거창한 환상을 펼치게 해줄 수도 있다. 하지만 정작 상상할 거리나 선택할 게 별로 남지 않다 보니 아이는 공주 가운을 걸치고 있는 것 외에는 할 수 있는 게 없다. 도리어 새로운 시도를 할 공간과 사람을 찾아 침실 왕국을 벗어날 것이다. 드레스와 모자, 액세서리는 모든 아이가 갖춰야 하는 훌륭한 놀잇감이다. 하지만 너무 화려하거나 특정 캐릭터를 연상시키는 옷보다는 단순한 의상이 역할극을 훨씬 다양하고 오래 지속되도록 만들어 줄 것이다.

경험을 주는 놀이. 놀이에서 아이에게 필요한 건 오락이 아니라 경험이다. 아이 스스로 실행하고, 느끼고, 경험할수록 세상과 더 깊은 관계를 맺으면서 숨 막히는 기분은 옅어질 것이다. 우리는 유치원생이 열대 우림에 대해 풍부한 지식을 자랑하는 정보의 시대를 살고 있다. 그런데 아이들이 자신의 집 앞 마당이나 동네를 샅샅이 배회해 보기는 한 것일까? 직접 식물을 키우거나 진흙 목욕을 하고, 나무에 오르고, 벌레를 찾기 위해 땅을 파거나, 새 둥지를 가까이서 들여다본 적은 있을까?

불의 열기 대신 울 스웨터의 온기로 추운 날을 보내는 현대에는 캠프파이어만으로도 특별한 경험을 할 수 있다. 흙과 물을 이용해서도 소박한 행복을 누릴 수 있다. 진흙더미에 뒹굴고 모래로 뭔가를 만들었다 부수는가 하면 불어오는 바람도 즐길 수 있다. 막대기로 얼음을 깨고, 쌓인 눈 위를 걷다 미끄러지며, 지평선과 수평선에 가만히 서 있는 것도 그 자체로 놀이다. 게다가 양동이, 그물, 삽, 연, 숟가락, 거품, 바구니, 쏟고 담을 수 있는 각종 용기만 있으면 이 모든 탐색 작업을 마음껏 즐길 수 있다.

목표가 있는 놀이. 내 친구 안나가 아들 제이콥의 '크리스마스 아침식사'에 관해 이야기해 준 적이 있다. 일곱 살 때 제이콥은 요리사를 꿈꾸며 주방에서 온갖 재료를 섞는 데 푹 빠져 있었다. 안나는 찬장에 있는 향신료 중 잘 쓰지 않는 것을 내주었다. 자신의 '작업'을 지극히 사랑했던 제이콥은 재료를 한 가지씩 추가할 때마다 상당히 신중을 기했다. 그렇게 탄생한 다양한 혼합물의 이름은 다소 모순적인 '크리스마스 아침식사'로, 오븐이나 찬장에서 예기치 않게 이 혼합물을 발견할 때마다 안나는 제이콥이 커서 요리사는 못 되더라도 화학자는 될 거라고 자신을 납득시켰다.

아이는 분주한 걸 좋아하고 또 자신이 어딘가에 도움이 되길 바란다. 주변에서 뭔가를 하거나 만들고 또 고치는데 자신이 거들만 한 게 있다면 더없는 기쁨을 느낀다. 그래서 나는 찢어진 바지나 구멍 난 양말이 있으면 바구니에 던져두었다 하루 날을 잡아 한꺼번에 수선한다. 실을 바늘귀에 꿰고, 찢어진 옷 부위에 덧댈 천을 준비해 딸들과 함께 작업한다.

아이가 필요하거나 원할 때 언제든 작업에 착수할 수 있도록 아이 손이 닿는 곳에 앞치마를 걸어 두어라. 그리고 이렇게 실제 도구를 이용해 작업하는 아이의 노력에 대해 칭찬해 주어라.

아이들의 놀이는 가게 주인이나 트럭 운전사, 혹은 교사가 되어보는 식으로 어른의 '일'을 견본 삼아 이루어지는 경우가 많다. 특히, 아이가 취학 연령이 되면 자주성과 자신감을 키울 수 있는 기회가 필요하다. 이때 아이에게 집안일을 배분함으로써 '즐거움'과는 별개의 책임감을 키워줄 수 있다. 집은 아이에게 가장 익숙한 환경인만큼 스스로 변화시킬 수 있다는 사실을 알려 주어야 한다. 아직 어리고 약한 아이는 주변에서 일어나는 모든 일에 대해 자신이 열등하고 수동적인 관찰자라고 느끼기도 한다. 하지만 특정한 목표 의식을 갖고 부지런히 움직이면 그런 느낌을 해소할 수 있다. 이렇게 정보가 넘쳐나고 지구온난화 등 다양한 이슈의 위협을 받는 세상에서 아이가 스스로 작고 보잘것없는 존재라고 느끼는 건 어쩌면 당연한 일 아닐까? 하지만 '크리스마스 아침식사'를 만들고 일상의 허드렛일에 참여하는 아이는 이미 경쟁력과 활동성, 자주성을 내면에서 키워가고 있다.

자연에서의 놀이. 현대의 삶에서 독처럼 존재하는 압박감에 자연만큼 완벽한 해독제는 없다. 저서『자연에서 멀어진 아이들Last Child in the Woods』에서 리처드 루브는 아이들에게 자연이 얼마나 중요한지에 대해 반박의 여지가 없는 주장을 펼친다. "현대의 삶에서는 자극이 시각에 집중되는데 그마저도 컴퓨터 모니터나 TV스크린 크기에 딱 맞춰져 있다. 반면, 자연은 모든 감각을 깨어나게 한다."[13] 루브는 우리 대부분이 직감적으로 아는 것에 대해 과학적 증거를 제시한다. 자연 속에서 시간을 보내면 일상의 스트레스가 해소되고 집중력이 향상된다는 것이다. 자연은 그 자체로 복잡하고도 관능적인 존재로서 직접 만져보고 탐색하는 경험을 유도한다. 또 인터넷 검색으로는 결코 알 수 없는 생명의 신비와 경이를 엿볼 수 있게 해 경외감을 선사하기도 한다.

교외에 사는 사람들에게 마당은 자연의 첫 번째 '미개척지'다. 자연은 놀이에 이상적인 환경을 제공한다. 자연을 탐색할 기회와 시간으로 가득 찬 유년기라면 가장 풍요로운 유년기라 할 수 있다. 그렇다고 해서 자연환경이 그야말로 장관인 곳에 살아야 한다는 얘기가 아니다. 좀 소박한 곳이라도 아이가 깊이 있게 아는 장소가 있다는 것만으로 흡족하지 않은가. 그곳을 반복해서 탐색하고, 계절에 따라 어떻게 변화하는지 알아가면서 자기만의 아지트로 만드는 것도 멋지지 않은가. 탐색할 만한 자연이 다양하게 존재하는 것도 축복이다. 아이는 자신의 마당과 동네에서 흔히 볼 수 있는 식물, 새, 동물을 구분할 수 있을 때 더 큰 소속감과 안정감을 느낀다.

아이에게는 소박하든 화려하든 자신만의 아지트가 절실하게 필요하다. 이는 커다란 판지 상자와 탁자, 담요로 틀을 만들고 밧줄과 옷, 빨래집게로 자유롭게 꾸민 요새만 봐도 알 수 있다. 자연에는 특별한 장소로 변신할 수 있는 가능성이 무궁무진하다. 나무 위의 집도 좋지만 커다란 나무에 올라가 보는 것도 특별한 경험이다. 내 친구 딸인 에이미는 집 마당 옆 오래된 라일락 덤불의 이끼로 뒤덮인 곳에서 책을 읽거나 노는 걸 즐겼다. 그곳이 그녀만의 아지트, 혼자 있기 좋은 장소였던 것이다. 에이미는 그곳에서 놀거나 책을 읽거나 그저 가만히 앉아 있었다. 하루는 뱀 허물을 발견하고는 다른 생명체들이 에이미의 존재를 눈치챘다는 신호로 받아들이고 크게 기뻐했다.

사회적 상호작용을 일으키는 놀이. 최근 나는 한 어린이집을 방문했는데 한 무리의 아이들이 바닥에 모여앉아 TV를 보고 있었다. 화면 속 남성은 폴짝폴짝 뛰고 노래 부르면서 아이들이 일어나 자신과 함께 발차기를 하고 손뼉 치도록 유도했다. 가엾은 그 남성은 최선을 다하고 있었다. 그의 활기와 노력에 점수를 매기자면 A를 주는 게 마땅할 정도였다. 하지만 아이들은 미동도 없이 앉아 보고만 있었다. 아이가 사회성과 자신만의 개인성을 구축하려면 타인과 상호작용해야 한다. 사회성은 기술에 의존해 발달시킬 수 있는 게 아니며 '가상의' 존재나 대체재로는 정체성 형성이라고는 '핵심'에 이를 수 없다. 하지만 이 세상이 인간의 체온이라고는 느낄 수 없는 온갖 형태의 기술에 점점 더 의존해 가면서 우리는 서로에게서 더 멀어지고 있다.

일화를 한 가지 더 소개하자면, 내 고객 중 한 명이 아들인 필립의 열여섯 번째 생일날 이야기를 들려주었다. "생일파티에 대한 선택권을 아들한테 줬더니 좋다면서 친구를 몇 명 집으로 초대하겠다고 하더라고요. 밤 아홉시쯤 같은 반 친구 여섯 명이 노트북, 스피커 같은 여러 장비를 들고 집에 왔어요. 다 같이 지하로 내려가서 잠시 후 저도 내려가 보니 다들 각자 자리 잡고 앉아 일종의 가상 놀이에 빠져 있더라고요. 신기한 광경이기는 했어요. 한방에 있으면서도 각자 노트북 화면에 눈을 고정시키고 말도 거기에 대고 하고 있었거든요."

스크린과 각종 장비는 우리 아이가 필립만큼 자랄 때까지 삶의 일부를 차지할 것이다(스크린과 기술에 대해서는 6장에서 좀 더 상세히 이야기하겠다). 하지만 다음의 명제 역시 지금까지 쭉 그래왔듯 앞으로도 계속 진실로 존재할 것이다. "삶에서 성공과 행복을 점칠 수 있는 주요 요소는 타인과 어울리는 우리의 능력이다." 여기에 스크린은 아무런 도움이 되지 않는다. 구성원이 자동 결정되고 관계가 평생 지속되는 특징을 갖는 가족은 정체성을 구축하고 사회적 상호작용을 해 볼 수 있는 최초의 실험실이다. 부모는 아이와 수시로, 그리고 기쁜 마음으로 대화하고 놀고 껴안고 관계 맺음으로써 사회적 존재로 성장해 나갈 수 있는 바탕을 확립해 준다. 아이는 또한 다른 이들과의 관계를 통해 어떻게 행동할지, 그리고 자신이 누구인지 배운다.

몸을 움직이는 놀이. 아이는 움직여야 한다. 달리고, 점프하고, 올라타며, 한 발로 뛰고, 빙글빙글 돌아야 한다. 씨름하고, 구르고, 공을 주고받으면서 움직이는 자신의 몸을 느낄 수 있어야 한다. 야단법석을 떨면서 노는 게 두뇌 발달을 돕고, 지나치게 많은 세포를 정리하며, 전두엽의 신경 분화와 연결을 촉진한다는 사실이 과학적으로 이미 입증되었다.[14] 하지만 아래 질문과 같이 놀이가 어떤 부분을 주로 발달시키는 것이 목적인지에 대해서는 과학자 사이에 아직 의견이 분분하다. 신경이 자라나 적절한 망을 형성하는 데 꼭 필요한가? 향후 생존을 위해 요구되는 활동들을 '연습'하도록 해 주는가? 사회성과 유연한 태도를 발달시키는 데 도움이 되는가?

과학자들이 고민하는 사이에도 아이는 술래잡기를 하느라 여념 없을 것이다. 움직이면 당연히 균형감과 신체 조정력이 발달한다. 평생 왕성하게 활동할 수 있는 체력도 기를 수 있다. 카이저 가족 재단의 통계에 따르면 만 6세 이하 미국 어린이 중 스크린 매체를 사용하는 아이는 매일 하루 평균 거의 2시간을 스크린 앞에서 보낸다.[15] 이처럼 영상에 빠져들며 점점 수동적이 되어가는 걸 방지해 주는 게 바로 활동이다. 신체 놀이를 많이 하고, 움직일 수 있는 시간과 공간이 풍부한 아이일수록 신체적으로 더 강인하다. 또 이런 아이는 유머가 넘치며 재치 있고 타인과의 유대도 돈독하다. 이것만으로도 움직일 이유는 충분하다.

창작 놀이. 아이의 미술 활동을 생각할 때 내 머릿속에 가장 먼저 떠오르는 건 냉장고를 뒤덮고 있는 그림들이 아니다. 어린아이의 모습이다. 세 살배기 아이의 토실토실한 두 다리가 무릎까지 진흙탕에 빠져 있고 근처의 호스에서는 물이 계속 흐르고 있다. 그야말로 엉망진창이 된 아이의 얼굴은 기쁨으로 눈부시게 빛난다. 발가락 사이사이 파고드는 진흙의 시원함도 느끼고 검은 진흙으로 자신이 무엇을 할 수 있는지 알게 되면서 커다란 기쁨도 느낀다. 아이는 창작을 해야 한다. 미술 활동을 통해 자신만의 세계를 느끼고 발견한 뒤 새로운 방향으로 나아가야 한다.

점토놀이, 색종이 오리기, 털실에 물감 묻혀 찍어내기, 종이에 색색의 향연 펼치기 등의 미술 활동은 다양한 움직임을 유도하고 감각을 일깨운다. 상상의 세계를 열어젖히고 거기에 몰입하게 만드는가 하면 목표 의식을 갖고 성실히 임하게 해 준다. 도구를 쓰든 안 쓰든 미술 활동은 감각적이고 풍요로운 놀이다.

메리앤은 여덟 살배기 딸 에스메가 밤마다 잠을 잘 못 이루는 문제 때문에 나를 찾아왔다. 나는 이 가족의 일상을 다각도에서 검토했다. 그리고 내린 결론이 에스메에게는 더 많은 창작 활동이 필요하다는 것이었다. 아이가 잠을 잘 못 잘 때에는 운동 부족이 원인인 경우가 많지만 창의적 표현 활동이 부족할 때에도 잠에 빠져드는 게 어려울 수 있다. 부모가 각각 수학자, 공학자이다 보니 에스메의 집안은 항상 깔끔하게 정돈돼 있었다. 다정하지만 약간 소심한 면도 있는 에스메는 말하거나 행동할 때 늘 완벽을 기하는 성격이었다. 따라서 상상력의 흐름에 자신을 맡기는 경험을 통해 항상 바짝 조여져 있는 긴장의 끈을 늦출 필요가 있었다. 낮에 창의 활동을 하면서 의식적 사고와 발상에서 벗어나면 밤에 금세 잠들 수 있게 된다.

이제 단순해진 아이 방에는 크레파스(유아들은 굵은 크레파스)와 연필, 물감, 밀랍이나 클레이점토 등 만들기 재료가 있어야 하고 가위, 풀 같은 도구는 물론이고 창작 활동을 위한 공간이 반드시 있어야 한다. 취학 연령이 되면 아이는 간단한 공예 활동을 시작할 수 있다. 예를 들어 조각과 뜨개질 같은 활동은 아이가 글쓰기를 시작할 때처럼 필요한 근육을 발달시킨다. 구슬 꿰기, 바느질, 목공 작업, 양초 만들기, 종이 반죽, 도예도 마찬가지다. 특히 학교에 창의 활동 시간이 별로 없다면 부모가 미술이나 공예를 풍부하게 즐길 수 있는 환경을 만들어 줘야 한다.

음악 역시 미술처럼 중요한 표현 놀이 중 하나다. 자궁 안에서 들리는 엄마의 심장 박동부터 리듬감 있는 억양, 그리고 자장가에 이르기까지 가장 어린 아기들조차 일상적으로 음악에 둘러싸여 있다. 음악 놀이를 통해 아이는 조화롭게 움직이고 에너지를 집중하며 감정을 표현하고 다른 이들과 관계 맺을 수 있다.

단순화하기를 통해 우리는 유년기의 자연스러운 리듬과 성장을 위협하는 넘침을 제거했다. 집에서부터 물건보다 경험을 중시하고, 지나치게 많은 것보다 '필요한 만큼' 추구함으로써 물리적으로, 그리고 감정적으로 공간을 확보한 것이다. 그 결과 아이 스스로 유년기를 천천히 펼쳐 나가면서 소중한 관계를 보관할 수 있는 상자가 생겼다. 놀이를 통해 상상력을 펼치고 탐색할 수 있는 여유도 얻었다.

단순화하기는 우리가 사랑하는 아이에게 빛으로 둘러싸인 아주 작은 동그란 공간을 제공해 주는 것에 불과하다. 아이가 성장해가는 동안에도 더 많은 시간과 여유를 확보해 주고, 지나친 건 줄이면서 서두르지 않고 나아갈 수 있도록 보호해 줘야 한다. 우리는 너무 많은 선택과 많은 물건을 거부하고 제한함으로써 내 아이의 가정환경 지킴이가 될 수 있다. 뿐만 아니라 다음 장에서 살펴볼 것처럼, 아이의 일상에 리듬과 예측가능성을 부여해 안정감을 높일 수도 있다.

이제 아이의 방은…

- 잡동사니가 없어 오감에 여유를 선사한다.
- 부드러운 조명과 색상으로 채워져 있고, 질서정연하며 여유롭다.
- 움직이고, 놀고, 그림을 그리거나 뭔가를 만들 공간이 충분하다.
- 망가지거나 더미 속에 파묻혀 잊힌 장난감이 없다.
- 보이는 곳에는 아이가 아끼는 장난감이 있고, 나머지는 바구니 한두 개에 담겨 천으로 덮여 있다.
- 책꽂이에 몇 권의 책이 꽂혀 있는데, 아이가 충분히 즐기고 나면 다른 곳에 보관된 다른 책과 자리를 바꾼다.
- 자연스러운 향이 감돌고, 밤에는 인공조명이 없거나 있어도 최소한만 있어 잠을 이루기에 좋고 평화롭고 안정적이다.

상상해 보자…

- 새 장난감을 사 달라고 떼쓰는 대신 기존의 장난감을 새로운 방식으

로 갖고 놀며 새로운 세계를 창조하는 아이의 모습을...
- 아이의 현재 사이즈와 계절에 맞는 옷만 들어 있어 여유로운 서랍장과 옷장의 모습을...
- 실제 도구로 요리하고, 청소하고, 원예 작업 등에 몰두하며 행복해하는 아이의 모습을...
- 다음 순간을 기다리기보다 언제나 '지금'의 놀이와 이야기에 깊이 빠져들 줄 아는 아이의 모습을...

Simplicity Parenting

4장

리듬
더하기

/ 예측 가능성과 투명성 높이기
/ 가정의 일상에 리듬 더하기
/ 리듬감이 깃든 가정에 싹트는 연결감
/ 식사 리듬
/ 수면 리듬

오늘날 대부분의 가족들은 일정한 리듬과 계획에 따라 생활하기보다 그때그때 주어진 상황에 맞춰 즉흥적으로 살아간다. 화요일은 빨래하는 날, 금요일 방과 후 간식은 쿠키와 우유, 일요일 저녁 식단은 구운 소고기. 부부가 모두 밖에서 일하는 가정이 대부분인 상황에서 한 주의 일정을 이렇게 짜 두는 건 비현실적으로 들릴 것이다. 대신 그날그날의 일정을 모두 마쳤을 때 얼마만큼의 시간과 체력이 남아 있느냐에 따라 남은 일과를 어떻게 보낼지 결론 난다. 실제로 부모들에게 가족의 '대체적인' 일상을 얘기해 달라고 요청하면 열에 아홉은 '대체적'인 일상이란 존재하지 않는다는 말부터 한다.

이제는 예전처럼 땅의 리듬, 그날의 일조량, 농경기와 휴경기, 농작물 수확 주기 리듬에 따라 사는 사람을 찾아보기 힘들다. 하지만 우리의 삶에는 여전히 리듬이 존재한다. 다시 말해, 식사시간이나 수면 같은 생체 주기에 따른 리듬이 존재하고 출퇴근 시간이나 근무 시간과 같은 리듬이 여전히 존재한다는 말이다.

아이들의 삶에도 리듬이 있고 또 필요하며, 이 리듬을 부여하는 건 우리 어른들이다. 그런데 이 리듬이 갈수록 인위적이고 불규칙적이며 해독하기 어려워짐에 따라 아이들의 감각 세계로는 파악할 수가 없다("지금은 3/4분기 세일 기간이어서 엄마는 이번 주 내내 늦을 거야").

아기가 제일 처음 접하는 리듬은 자궁 속에서 듣는 엄마의 심장박동 소리다. 부모는 아기가 태어난 후에도 이 강력한 리듬을 부드러운 소리나 흔들림으로 계속 재현해 내려고 노력한다. 그래서 이제 갓 엄마 혹은 아빠가 된 사람을 알아보기는 식은 죽 먹기다. 마트 계산대나 버스 정류장에서 몸을 살짝 (그리고 무의식적으로) 흔들고 있는 사람은 십중팔구 아이를 안고 있는 부모다. 어린아이들은 움직임, 그중에서도 규칙적인 흔들림을 갈망한다. 그래서 아이의 숨소리 혹은 심장 박동에 맞춘 리듬은 아기를 재우는 가장 확실한 방법이기도 하다.

밤이 이내 낮으로 바뀌는 것처럼 아이는 변화에 믿을 수 있는 규칙성이 존재한다는 사실을 배우게 된다. '까꿍' 놀이 역시 뭔가 사라지면 다시 나타난다는 개념을 심어준다. 이런 규칙적인 리듬은 아이가 자신의 세상을 알아가는 방식과도 일맥상통한다. 규칙적으로 계속되는 흔들림이나 반복과 운율을 갖춘 리듬에서 아이는 안정감을 느낀다. 다시 말해, 반드시 다시 돌아온다는 확신 즉, 예측할 수 있는 토대 위에서 안정감을 느껴 아이는 모험에 나서며 그렇게 평생 낯선 영역을 탐험하고 돌아오기를 반복하면서 모든 걸 배워 간다. 탐험은 유년기 내내 지속되지만 그중에서도 무의식적 학습이 가장 활발하게 일어나는 출생 후 3년간 강하게 나타난다. 아이는 반복되는 일상 속에서 안정감을 느낄 뿐 아니라 자신을 발견해 가는데, 식사와 목욕, 노는 시간과 자는 시간이라는 하루의 가장 규칙적인 일상의 리듬에서 안정감을 느끼고 자신의 자리를 찾아가기 시작한다.

강의나 워크숍에서 내가 리듬의 중요성에 대해 이야기하기 시작하면 어김없이 청중들이 소란스러워진다. 특히 함께 온 부부는 한날한시에 같은 곳에 있기 위해 군사 작전을 방불케 하는 고난도의 계획을 세워야 했을 거라는 사실을 나는 너무나 잘 알고 있다. 그런데 리듬이라니!

가족들 중에는 십대와 어린아이가 함께 있어 일정에 공통된 리듬을 부여할 수 없는 이들도 있다. 또 부부의 근무 일정이 항상 어긋나거나 다른 가족들이 겨우 맞춰 두면 이내 바뀌는 경우가 부지기수다. 그러니 리듬이라는 단어가 다음과 같은 '보통의 일상'을 가진 엄마에게 어떻게 들릴지 상상해 보라. 6시에 일어나 아침식사를 준비하고 아이를 깨워서 옷을 입히고 책가방을 챙겨 등교 시킨다. 아이를 학교에 보내고 나면 회사에 가서 정신없이 업무를 처리하고 중요한 고객과 늦은 시간까지 미팅을 한 후 허겁지겁 아이를 데리러 간다. 저녁식사를 준비한 후 설거지까지 마치면 벌써 밤 10시, 이때 번뜩 내일은 '부모 참여 수업이 있는 날'이라는 사실이 떠오른다! 그런데 리듬이라니 얼마나 배부른 소리인가…? 식사, 수면, 일, 놀이, 스포츠, 심부름, 돌봄, 수업, 약속… 이 모든 건 어느 틈에 끼워 맞추기에도 넘치도록 많다. 더구나 이런 일을 리듬감 있게 규칙적으로 하라는 건 지나친 요구 아닌가. 부모가 감당할 수 있는 수준을 넘어서는 일 같다. 사실, 리듬이라는 주제만 나와도 눈물을 터뜨리는 부모들이 수두룩하다.

리듬이라는 개념이 지나치게 부담되는 이유는 우리 삶에서 가능한 모든 것을 조정해 완벽한 교향곡을 완성해야 한다는 강박을 갖기 때문이다.

육아는 충분히 힘들다. 그런데 여기에 '지휘'까지 해야 한다고 하면 리듬이라는 개념을 실현하거나 음악처럼 만드는 건 실현 불가능해 보일 수밖에 없다. 하지만 걱정하지 않아도 된다. 당신의 일상에서 하루가 멀다 하고 갑작스러운 사건이 벌어진다고 해도 이 책을 통해 가정에 그리고 아이에게 리듬을 부여하는 방법을 배울 수 있다. 그 기술을 이용해 안정감을 구축하고, 결과적으로 좀 더 리듬감 있는 가정생활을 위한 발판을 마련함으로써 모두가 놀라운 혜택을 누리게 될 것이다.

먼저, 당신의 가정에 리듬을 부여하는 건 당신 아이의 삶을 단순하게 만드는 가장 강력한 방법 중 하나다. 또한 당신의 삶 역시 단순해진다. 그리고 이는 얼마든지 실현 가능하다.

> **단순하게 말하면…:** 가족의 일상생활에 리듬을 부여하는 건 아이의 삶을 단순하게 만드는 가장 강력한 방법 중 하나다

지난 수년간 나는 많은 가족과 단순화하기 작업을 같이하고 대화하는 과정에서 일상에 리듬을 부여하는 데 효과적인 여러 방법을 개발하여 가정에 이를 잘 정착시켰다. 당신 역시 이 방법을 실제로 적용하면 가정에 리듬을 더 많이 정착시키고 확립시킬 수 있다. 다양한 사례로 구성된 이번 장에서 당신의 가정에 적용할 수 있는 아이디어를 얻어 보자. 그중에는 효과적인 것도, 그렇지 않은 것도, 새로운 아이디어를 불러일으키는 것도 있을 것이다. 특히, 아이가 먼저 받아들이고 쉽게 적응하는 리듬이 있다면 당신 가정에 꼭 필요한 것이니 꾸준히 지속해 나가도록 하자. 물론, 당신으로

서는 아이만큼 그 리듬에 확신을 갖지 못할 수도 있지만 시간이 흐르면서 하루, 한 주, 한 달의 일부로 자리 잡고 나면 자신도 모르게 모든 걱정이 사라졌다는 사실을 깨닫게 될 것이다. 심지어 아이만큼이나 혹은 아이보다 더 이 소박한 의식을 고대하고 있는 자신을 발견하고 놀랄지도 모른다.

일단, 우리는 식사와 수면 같은 아이가 일상에서 규칙으로 인지할 수 있는 '기점'에는 무엇이 있는지 이야기 나눌 것이다. 이와 같은 기점을 기준으로 생활에 리듬감이 생기면 아이는 신체적, 감정적, 지적 세계관을 질서 있게 구축할 수 있다. '규칙적으로 해야 할 일'을 이해함으로써 안정감을 느끼고 마음껏 성장해 나가게 된다. 이렇게 안정적인 기반을 통해 타인과의 관계 형성과 세계관 형성에 관련된 뇌의 각 부위가 연결되고 활성화된다.

반복 속에는 또 다른 의미가 숨어 있다. 우리가 어떤 일을 매일 혹은 매주 하는 이유는 중요하기 때문이다. 이렇게 함께, 반복적으로 하는 일을 통해 우리는 연결되고 또 서로에게 중요한 존재가 된다. 실제로 유년기의 추억에서 가장 기억에 남는 건 화려하고 거창한 디즈니랜드 방문이 아니라 가족만의 단란한 저녁식사 시간, 산책, 잠자리에 들기 전 가졌던 독서 시간, 토요일 아침마다 구워 먹었던 팬케이크 등 일정하게 반복된 일상이다.

어쩌면 당신은 이렇게 생각할 수 있겠다. "훌륭해, 그런데 이건 한 백 년 전 초원에서 살던 가족이나 할 수 있는 일이지 눈코 뜰 새 없이 바쁘게 살아가는 우리 가족한테는 어림도 없는 일이야." 이런 지레짐작에 나는 "당신이 바쁘면 바쁠수록 아이에게는 리듬감이 더더욱 필요하고, 그로 인한 혜택도 더 크게 누릴 것"이라고 말해 주고 싶다. 당신은 꾸준히 실천하기만 하면 된다. 리듬이 확보되면 일상에서 예측 가능한 기점이 늘어나 아이에게 안정감을 부여할 수 있다.

예측가능성과 투명성 높이기

리듬이 생기면 예측가능성은 저절로 따라오는 것일까? 예측가능성과 투명성을 높인다는 것이 의미하는 바는 나와 상담했던 여덟 살 난 저스틴의 사례를 통해 아주 쉽게 이해할 수 있다. 저스틴의 부모는 아이가 아침마다 침대에서 나오기를 거부한다는 이유로 내게 상담을 의뢰해왔다. 전후 상황을 종합해 보니 저스틴은 이른바 '파자마 방어'를 하고 있는 중으로, 의식적으로 혹은 무의식적으로 이런 식의 논리를 펼치고 있었다. "계속 파자마 차림으로 있으면 내게 별다른 일이 일어나지 않을 거야. 나쁜 일은 더더욱."

저스틴을 알아가면서 나는 이 아이가 예측이 아예 불가능한 생활에 노출돼 있다는 사실을 깨달았다. 부모 두 사람 다 제약회사에서 영업 일을 하기 때문에 일정이 빡빡하고 수시로 바뀌는 데다 이동도 많았다. 그래서 등교할 때 저스틴은 어떤 날은 스쿨버스를 타고 가고, 어떤 날은 엄마나 아빠의 차를 타고 갔으며, 또 어떤 날은 친구네 집으로 가서 그 친구 부모님 차를 타고 가기도 했다.

하굣길 픽업도 불규칙적이기는 마찬가지였다. 어떤 날은 저스틴이 학교에 있는 동안 일정이 잡혀 갑자기 친구네로 가기도 했고, 어떤 날은 아빠와 함께 귀가하면서 엄마가 갑자기 출장이 잡혀 며칠 못 들어온다는 사실을 알게 되기도 했다. 또 어떨 때는 엄마가 저스틴을 픽업한 후에도 통화나 업무를 계속해서 저스틴은 그냥 숙제를 하거나 저녁시간까지 병원 대기실에서 계속 기다리기도 했다. 물론, 저녁식사는 매일같이 반복되는 일상이었지만 언제 어디서 무엇을 먹을지는 결코 예측할 수 없었다.

저스틴과 그의 부모에 대해 알아갈수록 이 가족에게는 리듬이 꼭 필요하다는 생각이 점점 강해졌다. 저스틴의 엄마와 아빠는 거래하는 병원 의사의 시간에 맞춰야 하기에 근무시간이 일정하지 않기 때문이기도 하지만 두 사람은 천성적으로도 상당히 유연하고 흐름에 몸을 맡기는 스타일이었다. 그들의 삶에서 가장 '유동적이지 않은 요소'가 아들 저스틴이라고 할 수 있었다. 물론, 부부는 저스틴을 안전하게 보호하기 위해 할 수 있는 최선을 다하고 있었다.

하지만 '안전'과 '안정' 사이에는 분명 격차가 존재하고, 저스틴은 스스로 그 격차를 메울 수 있는 방법을 고안했다. 바로 가능한 오래 파자마 차림으로 버티는 것이다.

저스틴의 부모와 나는 아이의 일상을 좀 더 예측 가능하고 투명하게 만들기 위해 노력했다. 예측가능성이 뭔지는 이해할 수 있을 것이다. 이에 비해 투명성은 전체가 투명한 상자를 들여다보듯 하루가 어떻게 펼쳐질지 전체적으로 인지하고 있는 것을 말한다. 하루가 아무리 의외의 사건으로 가득하다고 해도 어떻게 진행될지 그려볼 수 있어야 하고, 이 같은 명확성이 아이에게는 필요하다. 아이가 자신의 하루를 통제할 수는 없더라도 어떻게 펼쳐질지 이해하고 '대강의 그림'은 그릴 수 있어야 한다는 얘기다.

그래서 매일 밤 저스틴의 부모는 아이와 마주 앉아 다음날 일정을 미리 점검했다. 이 시간은 다음날의 주요 사건만 서둘러 줄줄이 나열하는 게 아니라 함께 이야기 나누는 방식으로 진행했다. 꼭 잠자리에 들기 전 침대에 누워 이야기할 필요는 없지만 그렇다고 압축파일 풀 듯 눈 깜짝할 새 끝내 버려서도 안 된다. 느긋하게 즐겨야 한다. 저스틴이 그날 있었던 일이나 자신의 생각을 이야기하면 엄마와 아빠의 경우에는 다음날 어떤 일이 일어날지 얘기해 주는 식이다.

아이는 마치 그림을 그리는 것처럼 살아가는데 이는 만 7세 이전에 특히 더하다. 아이에게는 '보이는 것'이 필요하다. 위에서 설명한 시간을 가질 때에도 목표는 아이가 스스로 다음날을 그려볼 수 있도록 하는 것이다. 하나부터 열까지 모든 일정을 정해 주는 게 아니라 아이가 기대할 수 있는 몇 가지 지점이나 요소만 지정해 주면 된다. 저스틴의 엄마와 아빠는 내일 날씨가 어떨지 또 어떤 옷을 입으면 좋을지("내일은 운동하는 날이니까 스니커즈를 신는 게 좋겠다")에 대해 이야기해 주었다. 등교할 때 어떻게 할지도 알려준 후 하교할 때 "엄마나 아빠가 학교에 데리러 갈 거야. 아직 누가 갈지는 모르겠는데 정문에서 기다리고 있으면 내 빨간 차나 엄마의 파란 트럭이 오는 게 보일 거야"라는 식의 이야기도 해 주었다.

한 엄마는 어린 딸과 함께 모래통 안에 앉아 다음날을 미리 점검해 보고는 했다. 모래통이라 함은 사실 모래놀이를 할 수 있는 테이블로, 그녀는 여섯 살배기 딸과 함께 앉아 테이블 주위로 작은 장난감 자동차를 움직이다 '학교'나 '마트' 앞에 멈추면 이야기 나누는 식이었다. 이처럼 아이가 다음날에 대한 그림을 대강 그리면서 잠드는 건 상당한 도움이 된다.

만약 당신의 아이가 이미 십대에 접어들었다면 어린아이와 하는 사전 점검 대신 가족회의를 통해 동일한 효과를 얻을 수 있다. 저녁식사를 함께 하고 뒷정리 뒤에도 15~20분간 더 대화를 지속한다. 이때는 오늘은 어떤 일이 좋았고 또 안 좋았는지, 잊어버리기 전에 서로에게 하고 싶었던 이야기는 무엇인지 등을 나누며 하루를 돌아보도록 한다. 이어서 내일 각자의 계획과 필요한 것에 대해 논의할 수도 있다.

이렇게 하루를 미리 점검해 보는 건 "여기에 숨겨진 일정 같은 건 없어"라고 말하는 행위다. 하루의 이정표를 미리 전달함으로써 당신의 일상을 구성하는 데 아이도 함께하는 것이다. 이 이정표 사이의 일정을 관리하는 건 어른이자 부모인 당신이지만 그렇다고 아이 세상에 당신의 일정을 무조건 강요해선 안 된다. 그보다 당신은 망망대해에 떠다니는 모든 작은 존재에게 안식처를 제공하는 '선장'과 같은 역할을 할 수 있어야 한다. 그러면 아이도 무슨 일이 일어날지 전혀 모르는 게 아니라 책임자가 있다는 사실을 깨닫고, 나아가 이 사람('선장' 혹은 '공동 선장들')이 '항해 일지'에 따라 모든 걸 관리하는 만큼 그 안에서 자신은 안전할 거라는 믿음을 갖게 된다.

말의 내용뿐 아니라 말하는 방식을 통해서도 특정 분위기나 다음날에 대한 기대감을 형성할 수 있다. 즉, 편안한 곳에서 아이와 느긋하게 눈을 맞추면서 서두르지 않고 여유 있게 접근해야 한다. 다음날의 모든 순간을 일일이 세세하게 설명할 필요는 없다. 우리는 이미 '지나치게 많은 정보'의 유해성에 대해 알고 있지 않은가? 여기서도 마찬가지여서 괜히 과도하게 상세히 설명했다가는 아이를 안정시키는 게 아니라 도리어 불안감만 더 크게 느끼게 하고 만다. 말의 내용뿐 아니라 전달할 때 분위기 역시 편안하게 만들어 주자.

> **단순하게 말하면…: 일상이 예측 가능하고 투명해야 아이는 다가올 일을 예상할 수 있다**

예측가능성을 높이려면 아이가 놀랄 일은 가능한 한 만들지 않는 게 좋다. 나는 엄마나 아빠가 어린아이를 뒤에서 번쩍 들어 올리는 모습을 종종 목격한다. 물론, 차가 많은 주차장이나 위험한 상황이라면 그렇게 해서라도 아이를 보호해야 할 것이다. 하지만 그렇지 않은 상황에서 이런 식의 행동이 습관적으로 이루어질 경우, 아이는 이 세상을 '함께하는 것'이 아니라 '부모가 지배하는 것'으로 인식할 수 있다. 따라서 이보다는 아이가 엄마나 아빠를 마주 보고 서 있다 스스로 살짝 뛰어오르면 부모가 부드럽게 안아서 올려주는 방식이 훨씬 바람직하다. 이 같은 '공동 작업'은 아이를 편안하게 해 준다.

당신의 다섯 살배기 아이가 놀이에 완전히 빠져들었는데 당신은 30분 안에 남편을 데리러 기차역으로 출발해야 한다고 가정해 보자. 아이에게 기차 시각을 알려주고 늦지 않으려면 언제 출발하면 좋을지 논의할 수 있을까? (어림없다, 아이는 이제 불과 다섯 살이다!) 마지막 순간까지 기다렸다 무작정 아이를 안고 출발하면 될까? (아니, 아이는 다섯 살이다. 사전에 미리 얘기해 주는 게 좋다) "아가, 조금 있다 정리할 시간이 되면 엄마가 알려줄 거야. 지금은 말고. 그런데 좀 이따 엄마가 얘기하면 블록을 정리하기 시작해야 돼. 정리를 마치면 아빠를 데리러 기차역으로 가는 거야." 이런 식으로 '사전 공지'를 해 주면 다음에 일어날 일이 예측 가능해지기에 아이는 더 큰 안정감을 누릴 수 있다.

예측 가능하고 안정감 있는 일상을 구축하는 가장 단순한 방법은 바로 예의를 지키는 것이다. 예의를 지키면서 소통하고 상호작용함으로써 서로가 의지하고 신뢰를 쌓을 수 있다. 만약 가족에게 뭔가를 부탁해야 한다면 '부탁인데'라는 말을 꼭 붙이고 요청이 받아들여졌을 때에는 "고마워"라고 답한다. 이보다 더 예측 가능한 게 어디 있겠는가? 온종일 온갖 소음, 고성, 말에 노출되는 가운데 이렇게 예의를 갖춰 소통하면 아이는 친숙한 운율 속에서 안정감을 느낄 수 있다. 이는 일종의 암호이기도 하다. 규칙적인 일상 속에 예의까지 더해지면 우리를 연결해 주는 고리는 더더욱 견고해진다.

어린아이에게 예의란 맹목적 복종 혹은 강요된 순응의 한 형태라고 보는 사람도 더러 있다. 하지만 내 생각은 다르다. 아이가 움직이기도 힘들 만큼 두꺼운 옷을 껴입고 자전거나 스케이트를 타러 나가는 모습을 본 적이 있을 것이다. 부모로서 아이의 안전을 항상 걱정할 수밖에 없다지만, 아이에게 이런 것을 강요하고 아이는 무조건 따르는 게 예의라고 할 수는 없다. 또한 예의를 연습함으로써 아이를 마음 깊이 안심시킬 수 있다. 결국 서로에게 예의를 갖추는 순간이야말로 띄엄띄엄 놓인 가로등 불빛이 어두운 현수교 다리를 밝히듯 가족 간에 안정적 연결이 이루어지도록 하루를 밝게 이어주는 순간들인 것이다.

지나치게 서두르고 이따금 무례하기까지 한 세상에서 가족끼리라도 서로 존중하며 대화할 때 당신의 가족은 보호받을 수 있다. 심지어 당신의 일정이 항상 들쭉날쭉하고, 일상은 물론 머릿속까지 복잡하기 짝이 없을 때에도 예의라는 일종의 예측가능성을 구축할 수 있다. 당신이 이 같은 예의의 힘을 믿으면 아이도 예의를 마치 자신의 심장박동 소리를 듣는 것처럼 자연스럽게 받아 들일 것이다. 이따금 아이가 예의를 잊고 행동하는 것처럼 보일 때가 있어도 사실은 그렇지 않다. 예의라는 리듬은 이미 아이들 내면 깊숙이 자리해서 만약 당신이 '부탁인데'나 '고마워'라는 말을 빼먹으면 아이가 즉각 반론을 제기할 정도가 될 것이다.

가정의 일상에 리듬 더하기

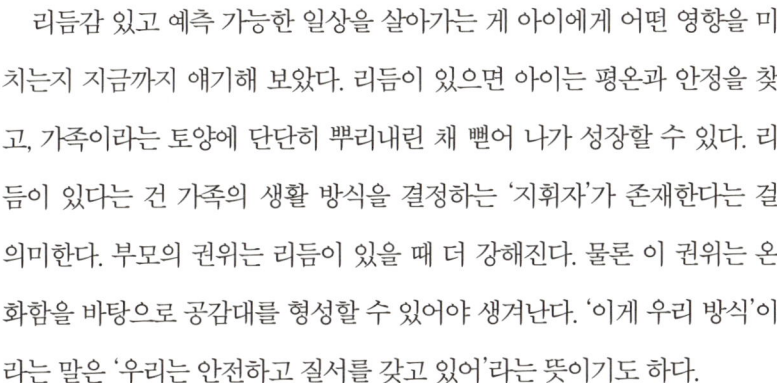

리듬감 있고 예측 가능한 일상을 살아가는 게 아이에게 어떤 영향을 미치는지 지금까지 얘기해 보았다. 리듬이 있으면 아이는 평온과 안정을 찾고, 가족이라는 토양에 단단히 뿌리내린 채 뻗어 나가 성장할 수 있다. 리듬이 있다는 건 가족의 생활 방식을 결정하는 '지휘자'가 존재한다는 걸 의미한다. 부모의 권위는 리듬이 있을 때 더 강해진다. 물론 이 권위는 온화함을 바탕으로 공감대를 형성할 수 있어야 생겨난다. '이게 우리 방식'이라는 말은 '우리는 안전하고 질서를 갖고 있어'라는 뜻이기도 하다.

리듬은 아이 못지않게 부모에게도 큰 혜택을 선사한다. 아이를 억지로 훈육하지 않더라도 되는 일과 안 되는 일을 자연스럽게 익히도록 해 주기 때문이다. 가정에 리듬이 잘 구축돼 있으면 부모가 잔소리를 장황하게 늘어놓거나 온갖 노력을 쏟지 않아도 아이의 성장기를 비교적 수월하게 넘어갈 수 있다.

가정생활이 혼란스럽고 불규칙적으로 이루어질 때 부모 역시 그로 인한 부작용을 겪을 수밖에 없다. 삶이 즉흥적이고 긴급한 상황의 연속일 경우, 오늘이 항상 어제와 달라 아이는 갈피를 못 잡게 된다. 향후 일정을 알고 있는 건 부모인 당신뿐이다. 당신은 가야 할 곳이 한두 군데가 아니고 미친 듯이 바쁘다 보니 '멀티태스킹'에 꽤 단련돼 있음에도 스트레스에 시달린다. 정신적으로 그리고 신체적으로 힘이 빠지고 침체되는 것이다. 리듬이 아이에게 더 큰 안정감을 선사한다는 데에는 반박의 여지가 없지만 어른 역시 리듬감을 통해 더 안정되고 부모로서의 정신없는 생활에 덜 피폐해질 수 있다. 가정에 규칙적이고 일관성 있는 질서만 확립된다면 당신 스스로 끊임없이 아이를 내모는 양치기 개처럼 느끼지는 않을 것이다.

당신은 여기에 내심 동의하면서도 이렇게 생각할 수 있다. "그런데 혼돈 그 자체인 내 생활에 어떻게 질서를 만들지? 생활이 좀 더 규칙적이면 리듬을 만들기도 쉽겠지만 그게 아니잖아. 완전히 미쳐서 돌아가는걸." 좋은 소식은 당신의 일상에서 지속할 수 있는 작은 일부터 시작하면 된다는 것이다.

당신 가족의 삶을 음악에 비유한다면 지금 어떤 소리가 나는가? 하루 중 어떤 기점을 가족과 공유함으로써 반복되는 멜로디를 구성하겠는가? 당신의 하루 중 가장 지치고 힘든 시간, 즉 '일촉즉발의 상황'인 때는 언제인가? 이 순간에 리듬을 좀 더 많이 구축해두면 하루가 더 수월하게 흘러갈 수 있다. 이제 규칙적인 리듬으로 자리매김할 만한 순간이 있는지 살펴보겠지만 매일 반복되는 일정이 있다면 무엇이든 리듬으로 조성할 수 있다. 작은 것부터 시작하라. 일관성 있는 활동을 조금씩 늘리고 거기서부터 생활의 구성을 서서히 바꿔 나가면 된다.

> 단순하게 말하면...: 하루 중 반복되는 '음표'나 활동을 리듬으로 조성할 수 있다

아이가 어릴 때(만 2~6세 사이) 리듬을 구축해 놓으면 아주 자연스럽게 몸에 밸 수 있다. 어린아이는 강력한 신체 시계를 보유하고 있는 만큼 어떤 절차든 상당히 잘 흡수한다. 약간의 노력만 쏟아도 아이가 평생 지속할 수 있는 습관과 의식을 확립할 수 있는 것이다. 하지만 리듬을 구축하는 절차는 시작이 중요해서 처음 2주 정도는 부모와 친밀하게 상호작용하는 시간을 가져야 한다. 그래야 아이가 스스로 할 일을 하게 되고 나중에는 무의식적으로 하게 된다.

양치질을 예로 들어보자. 양치질을 계속 알아서 할 수 있게 하려면 규칙적으로 이루어지는 활동과 활동 사이 혹은 정해진 시각에 배치해야 한다. 그리고 아이 옆에 붙어서 모든 절차를 함께하라. "네 칫솔 어디 있니? 엄마 칫솔 바로 옆에 있네. 치약은 얼마나 짤까? 좋아, 엄지손톱만큼만. 양치질은 2분 동안 하는 거야. 준비됐어? 자, 이제 모래시계를 돌려놓고... 잘하네." 이렇게 각 절차를 안정적으로 밟아 나가야 한다.

저서 『아이들과 절대 흥정하지 마라 Secrets of Discipline』에서 로널드 모리쉬는 부모가 아이와 함께 밟아야 하는 절차들을 아름답게 표현했다. 즉, 작은 것부터 시작하고 늘 곁에 머물며 요구하고 완수시켜야 한다.

어떤 활동이든 리듬감을 부여하려면 그 절차에 약간의 멜로디를 붙여주는 게 좋다. 이는 일곱 살 이하 아이에게 특히 효과적인 방법으로, 거창하게 생각할 것 없이 각 절차에 그냥 멜로디를 붙여 노래처럼 부르면 된

다. 저녁식사 전 손 씻기를 예로 들어 볼까? "물 살짝 비누 조금! 거품 날 때까지 문지르자!" 이렇게 하면 손 씻기가 식사와 (시간적으로) 한 묶음이 되고, (손 씻는 느낌의) 신체 감각, 그리고 (청각적으로) 약간의 멜로디와도 세트가 된다. 이렇게 작은 연결들이 손 씻기라는 활동을 의식으로 만들면 아이가 세상을 질서 있게 바라보는 데 도움이 된다.

아이가 일곱 살이 넘었을 때 처음으로 리듬을 구축하고자 한다면 시간은 좀 더 오래 걸리더라도 동일한 방법을 사용하면 된다. 이때는 당신의 개입(작은 것부터 시작하고 늘 곁에 머물며 요구하고 완수시켜라)이 훨씬 중요한데, 아이가 성장하면서 독립성이 생길수록 부모의 말에 무조건 따르는 경향이 줄어들기 때문이다. 여기서도 아이가 절차에 의문을 갖지 않고 무의식적으로 실천하는 상황이 되면 성공했다고 할 수 있다.

아홉 살 이상 아이들은 특정 활동을 이틀 연속 동일한 방식으로 하는 경우가 드물기 때문에 역시 이 시기에도 작은 것부터 시작하는 게 중요하다. 아이에게 어떤 식으로든 도움이 되는 사소한 일부터 시작하라. 예를 들어 학교에서 돌아오면 아이가 가장 좋아하는 야구모자와 배낭을 매일 같은 곳에 두도록 한다. 향후 이 절차를 아이가 스스로 실천하고 그로 인한 이점을 느끼게 되면 ('적어도 이제 모자를 찾아다니는 일은 없으니까…') 이를 발판 삼아 더 큰 변화와 일관성을 도모할 수 있다.

십대일 경우, 향후 일어날 변화에 대해 미리 이야기하고 어떤 식으로 도입하면 좋을지 함께 상의해야 한다. 특히, 그 변화를 통해 '얻는 게 무엇인지' 분명히 해 주는 게 좋다. 당신에게서 잔소리를 덜 듣는 게 최고의 장점이라고 해도 상관없다. 단, 간절하게 호소하기보다 짧게 이야기하라. (제시간에 버스를 탈 수 있고, 학교 숙제를 스스로 다스리고 있다는 느낌을 받는 등) 명확한 혜택 이외에 이 변화를 통해 아이가 삶을 좀 더 주체적으로 꾸려갈 수 있다는 사실 또한 알려줘야 한다. 그러면 실제로도 아이가 그렇게 되어가는 걸 당신은 보게 될 것이다.

> **단순하게 말하면…: 리듬은 하루의 흐름 속에 규칙성과 일관성을 느낄 수 있는 기점들을 구축하는 것이다**

워크숍에서 한 아빠가 아침에 아이들을 '집 밖으로 끌어내는' 리듬을 현명하게 구축할 수 있는 방법에 대해 공유한 적이 있다. 그와 그의 아내는 아이들이 집 문을 나서게 만들기까지 상당한 어려움을 겪고 있었다. 일어나고 옷 입고 아침밥을 먹는 것까지는 항상 문제없이 진행되는데 그 후부터 아이들이 영문도 없이 늑장을 부리기 시작하는 것이다. 그래서 항상 외출 준비가 언제 다 될지 기약이 없었다. 생각해 보면 그럴 만도 하다. 집만큼 따뜻하고 편안한 곳도 없는데 누군들 서두르고 싶겠는가? 그래서 부부는 아침에 새로운 리듬을 도입했다. 아이들이 옷을 다 입은 뒤 외출하기 전까지 각각 집안일을 한 가지씩 하도록 한 것이다. 퇴비를 나르든 고양이에게 먹이를 주든 침대를 정리하든, 아이들이 내키지 않는 일을 하고 있을 때 "서둘러! 나가자!"라는 말이 들려오면 반가울 수밖에 없다.

이런 기발한 방법 외에도 무엇이든 의식적으로 반복하면 소박하지만 즐거운 의식이 될 수 있다. 아침에 아이를 깨울 때 침대에 걸터앉아 1~2분 정도 부드럽게 노래를 흥얼거리면 아이는 사랑스러운 존재로 깨어날 것이다.

아침에 옷 입는 것도 잠자기 전에 약간의 준비만 해 두면 훨씬 수월해질 수 있다. 다음날 입을 옷 한 벌을 행거에 미리 걸어 두면 시간을 절약할 수 있을뿐더러 무엇을 선택할지 갈등의 여지를 줄여 아이가 그날에 온전히 집중할 수 있게 해 주기 때문이다.

아침식사 시간도 아이와 오늘 하루 일정에 대해 이야기 나누기에 안성맞춤이다. 이따금 아이가 자신의 하루 일과와 생각을 좀 더 터놓고 공유해 주길 바라는가? 그렇다면 아이가 아침식사를 하며 혈당을 높이고 있을 때 마주보고 앉아 지난밤 꿈속에서 어떤 감정을 어떻게 처리했는지 들어보아라. 전혀 몰랐던 사실을 알게 될 것이다!

아이가 악기를 배우고 있다면 아침식사 이후가 연습하기에 적절하다. 아침에 투덜대는 경향이 있는 아이도 악기를 연주함으로써 기분을 안정시킬 수 있다. 음악이 두뇌에서 창의력을 관장하는 영역 혹은 변연계에 직접 영향을 미치기 때문이다.

방과 후 시간은 아무런 일정도 잡아 놓지 않고 자유롭게 보낼 수 있는 훌륭한 기회이기도 하다. 열린 시간에 아이들 스스로 놀이를 기획해 즐길 수 있다면 온갖 규칙과 일정에 얽매이는 학교생활에 맞서 균형을 이룰 수 있을 것이다. 특히나 학교에서 시험을 대비해 교육이 이루어진다면 미술이나 음악, 체육 활동과 함께 휴식은 뒷전이고 수학, 외국어, 역사, 작문 등 과목별로 세밀하게 분류해 주제를 왔다 갔다 하며 아이들에게 끊임없이 정보를 주입한다. 학교생활 자체가 이렇게 세밀하게 분리되어 운영될수록 아이들의 가정생활은 더 일관성 있게 이루어져야 한다. 하루 중 리듬을 통해 구축할 수 있는 일관성과 안정감의 기점은 아이의 숨통을 트여 주기 때문이다. 덕분에 아이의 두뇌가 균형 있게 발달하고 의지와 사고, 느낌의 영역도 골고루 기능할 수 있다. 만약 변화하는 환경에 끊임없이 반응하는 등

쉴 새 없이 내달려야 하는 상황이라면 아이는 어느 순간 모든 걸 놓아 버리거나 정신적으로 편도체 납치를 당할 수밖에 없다. 결국 두뇌에서 빠른 반응을 담당하는 영역만 발달하고 뭔가에 대해 치열하게 사고하거나 유연하게 사고할 수 있는 능력은 떨어지게 되는 것이다.

규칙적으로 이루어지는 모든 활동이 리듬감을 조성하는 건 아니다. 결국 엄격한 식이요법도 규칙적으로 진행되지만 리듬을 구성해 주기는커녕 지극히 건조한 활동에 불과하지 않는가? 리듬이란 규칙적인 활동에 담긴 의도에 따라 생기기도 하고 생기지 않기도 한다. 가족생활에서 리듬을 늘리고자 한다면 자신에게 물어보라. 이로 인해 삶이 더 수월해지고 균형을 찾게 될까? 우리가 해야 할 일에 도움이 될까? 그리고 무엇보다 우리가 원하는 삶의 방식에 기여할까?

리듬감이 깃든 가정에 싹트는 연결감

　리듬은 일관성을 통해 질서와 신뢰를 구축함으로써 아이가 안정감 속에 하루하루를 고대할 수 있게 해 준다. 물론, 당신의 가정생활은 여전히 정신없고 변화하며 즉흥적으로 이루어질 테지만 온종일 그런 식으로만 진행되는 건 아니다. 사이사이 짧게라도 규칙과 일관성이 존중된다면 결국에는 리듬이 뿌리내리게 돼 있다. 그리고 가정생활에 새로운 리듬을 더하고자 한다면 기억하라. 일상생활에 가장 확실히 뿌리내린 리듬은 안정감뿐 아니라 연결감도 선사한다. 그렇다고 해서 매일같이 '단체 포옹' 시간을 갖도록 제안하는 건 아니다. (물론, 할 수만 있다면 이를 통해 더 큰 힘을 누릴 수 있다.) 연결감은 예기치 않게 찾아온 소소한 순간들을 통해 생겨난다. 예를 들어, 식탁을 함께 치우고 디저트를 깨끗이 먹어치우면서 온 가족은 이런 느낌을 공유하게 된다. "우리는 여기 함께 있어."

> 단순하게 말하면…: 가족의 삶에서 리듬은 안정감뿐 아니라 연결감도 선사한다

음악에서 음표와 음표 사이의 공간은 음표 자체만큼이나 중요하다. (좌절한) 기타리스트 지망생으로서 나는 잠시 멈춤의 중요성을 잘 안다. 음표 하나를 연주한 뒤 다음 음표를 연주하기 위해 준비하는 틈, 사이사이의 공간은 곡에 절대적으로 중요하다. 마찬가지로 육아에서도 관계는 활동 사이의 공간, 즉 그 틈에서 구축된다.

가장 단순한 예를 들어 보자. 아이와의 대화, 특히 남자아이와의 대화가 어떤 식으로 진행되는지 이미 잘 알고 있을 것이다. 학교로 아들을 데리러 가 차에 태우기 무섭게 당신은 질문을 던진다. "학교에서 어땠어?" "괜찮았어요." "그게 다야?" "늘 똑같죠, 뭐." "무슨 일이 있었는데? 넌 뭘 했어?" "별거 안 했어요." 우리 부모들은 이렇게 인색한 대화를 견디지 못한다. 하지만 잠시 멈춰라. 그날 밤, 아들은 거실 소파에 편안하게 누워 당신과 더 많은 것을 공유할 준비가 돼 있다는 신호를 보낼 것이다. "엄마, 새로 오신 과학 선생님 알죠? 오늘 선생님이 제 프로젝트 주제로 블랙홀을 해도 좋다고 하셨어요. 진짜 하고 싶었던 건데! 정말 대박이라니까요!"

당장 해야 할 일이 없을 때에는 잠시 멈추는 시간을 갖자. 다음 활동으로 넘어가기 전 틈을 두는 것도 좋다. 역설적이게도 아이의 근황을 제대로 들여다볼 수 있는 때는 각각의 활동 그 자체가 아니라 그 활동을 향해 가거나 그로부터 멀어지는 순간이다. 불행히도 어떤 아이는 자신의 생각이나 느낌을 처리할 기회도 없이 이 활동에서 저 활동으로 곧장 넘어가기도

한다. 일상생활에서 잠시 멈추는 시간을 거의 갖지 못하는 것이다. 부모가 지나치게 바쁘고 스케줄도 많아 예기치 않게 아이와 연결되는 순간을 전혀 누리지 못하는 것이다.

가정에 리듬감이 확립돼 있으면 이렇게 잠시 멈추는 순간을 늘릴 수 있다. 부모가 꾸준히 아이 곁을 지키는 데에는 큰 힘이 있어서 그것만으로 아이는 자신의 자리를 깨닫고, 평소처럼 별일 없을 때에도 모든 걸 공유한다. 당신이 친숙하고 변함없으며 예측 가능하고 자신과 연결되어 있기 때문이다.

이때 중요한 게 두 가지 있는데 이 둘은 서로 깊이 연관된다. 하나는 (매일 밤 함께 책을 읽고, 함께 저녁식사를 하며, 산책이나 '좋아하는 일'을 함께하는 등 하루와 한 주의 리듬을 지키면서) 규칙성을 일구는 데 전념하면 아이와 굳이 뭘 같이 하지 않아도 편안하게 함께 있을 수 있는 부모가 된다는 사실이다. 나는 이를 '오래된 신발 현상'으로 지칭한다. 바로 그런 엄마 혹은 아빠라는 사실은 당신이 안정감을 주고 믿을 만한 사람이라는 뜻이다.

> **단순하게 말하면…: 연결감은 아무것도 하지 않는 틈 혹은 활동 사이사이의 공간에서 구축된다**

또 다른 하나는 이렇게 아무것도 안 하는 순간이 중요하다는 것이다. 어떤 워크숍에서 한 엄마가 자신은 아버지와 잠시라도 단둘이 있는 걸 상상할 수 없다고 말한 적이 있다. 어른이 된 지금도 그녀는 아버지와 단둘이 있게 되면 어떻게 대처해야 할지 모르겠다며 불편한 기색을 드러냈다. 아버지가 무섭다거나 위협을 느끼게 하는 건 아니라고 그녀는 잽싸게 덧붙였다. 하지만 한 집에서 함께 살아온 그 세월 동안 아버지는 그녀에게 낯선 타인이었다.

단순화하기는 관계가 가장 중요함을 말없이 보여준다. (끊임없이 이어지는 미디어 노출과 다양한 활동 등) 시간과 주의력을 쉽게 소진시키는 활동을 배제함으로써 사랑하는 이를 향해 '감정의 문'을 열어둘 수 있게 되기 때문이다. 단순화하기를 통해 아이와의 연결감을 '저축'할 수도 있는데, 관계에 신뢰가 쌓이는 만큼 연결감이 확고해져 어려운 시기에도 의지하고 힘을 얻게 된다는 뜻이다.

함께 있기만 해도 느끼는 깊은 안락함이야말로 우리가 가족에게 기대하고 또 아이도 느꼈으면 하고 바라는 것이다. 다시 말해 우리는 공유할 수 있는 관심사나 활동 혹은 대화 없이도 같이 편안하게 있을 수 있기를 바란다. 이렇게 안정감에서 오는 연결감은 아이가 어릴 때는 별로 노력하지 않아도 누릴 수 있다. 결국 우리 부모들이 가족의 설계자로서 가족의 틀을 짜고 감정의 기류를 구축하기 때문이다. 하지만 아이가 자라면서 자립심이 강해지면 감정을 나눌 타이밍이나 서로 간의 연결감이 일치할 때도, 일치하지 않을 때도 있다. 딸아이가 온통 연예인에 정신이 팔려 연예인에 대한 얘기만 늘어놓는다면 아빠는 별로 해줄 게 없다고 느낄 것이다. 마찬가지로 엄마와 함께 캐치볼을 즐기던 아들 역시 어느새 다 커서 창고에 틀어박혀 베이스 기타만 연주한다.

당신의 아이가 (그리고 부모로서 당신이) 십대 청소년기를 어떻게 보낼지는 처음 호르몬이 왕성하게 분비되는 시기에 결정된다. 그리고 아이가 어렸을 때 잠시 함께 멈췄던 순간, 그 시간을 통해 쌓인 관계의 신뢰도에 따라서도 달라진다. 그런 안정되고 편안한 순간들이 자연스럽게 부모와 아이 간의 연결감을 구축하기 때문이다. 당신은 습관으로 자리 잡은 이 돈독한 관계가 청소년기에도 그대로 이어지기를 바랄 것이다. 당신과 자녀 간의 유대는 습관적이고 무의식적이기 때문에 지금까지처럼 앞으로도 그대로이길 기대하면서.

아이가 어릴 때 가족이 함께 어울렸다고 해서 청소년기를 가볍게 넘어갈 수 있을까? 어림없다. 심지어 무난하게 넘어가는 것조차 불가능하다. 발달 측면에서 격동의 시기라 할 수 있는 청소년기는 아이나 부모 모두에게 치열한 시기다. 하지만 관계에 신뢰가 있다면, 다시 말해 부모가 아이들 곁을 헌신적으로 지켰다면 청소년기라는 어려운 시기를 조금은 수월하게 보낼 수 있다. 사례를 들어 보겠다.

아빠와 딸이 나를 찾아왔다. 딸은 학업 문제를 겪고 있었지만 이야기를 계속하던 중 완전히 다른 문제가 수면 위로 떠올랐다. 중학교 1학년이던 릴리는 최근 학교 친구들과 함께 어른들이 참여하지 않는 파티를 두 번 열었는데 여기서 성적으로 노골적인 '게임'이 이루어졌다. 릴리는 직접 아빠에게 이 파티에 대해 털어놓으면서 자신뿐 아니라 여러 친구가 거북해했다는 사실을 알렸다. 릴리의 아빠는 곧장 다른 부모들에게 연락했고 파티 금지령이 떨어졌다. 파티에 참석한 학생과 부모가 모두 모여 많은 대화를 나눴는데 이때 릴리는 부모에게 알린 장본인이라는 이유로 동석하지 못했다.

릴리가 이 사건에 대해 이야기할 때 나는 그런 일을 아빠한테 직접 털어놓은 용기를 높이 평가했다. "아빠랑 저는 꽤 끈끈해요. 아빠가 제 얘기를 들어주는 걸 알거든요. 아빠는 항상 제 말을 끝까지 들어줘요. 그리고 할 수 있다면 절 도와줄 거라고 생각했어요." 사실, 릴리가 내게 자초지종을 설명할 때에도 릴리의 아빠는 조용히 듣고만 있었다. 듣고 기다리고 잠시 멈추는 게 그에게는 이미 습관이 된 듯했다. 그렇다면 릴리와 아빠의 관계는 영원히 그렇게 유지될까? 모르겠다. 하지만 분명한 건 어떤 일이든 아빠가 들어줄 거라는 확신이 릴리에게는 있다는 사실이다. 불안하기 짝이 없는 시기를 보내고 있는 소녀에게 이 같은 확신은 커다란 힘이 된다.

릴리와 아빠에 관해 한 가지 더 짚고 넘어가자. 릴리의 아빠는 목수로, 집 지하실을 작업실로 사용한다. 릴리와 오빠가 학교에서 돌아오면 아빠가 작업실에 없을 때도 있지만 있을 때에는 작업실 문이 항상 열려 있다. 아이들은 아빠가 작업 중이더라도 언제든지 내려가서 이야기할 수 있다는 사실을 알고 있다. 이야기하다 보면 아빠는 하던 일을 멈추고, 기계 전원도 끈 뒤 아이를 마주보고 구제 피크닉용 테이블에 앉아 경청한다. 하지만 대화는 새삼 진지한 분위기를 조성하기보다 오후의 자연스러운 흐름 속에서 이루어질 때가 더 많다. 내가 이 얘기를 하는 이유는 보통 부모가 아이와 소통하려면 (은은한 조명과 배경 음악이 있는) '신성한 공간'부터 만들어야 한다는 부담을 갖기 때문이다.

그렇지 않다. 어디든 상관없다. 심지어 톱밥이 휘날리는 곳이라도 좋다. 중요한 건 시간을 내고 관심을 기울이는 것이다. 당신과 아이가 있는 곳을 신성하게 만드는 건 당신의 관심이다.

> **단순하게 말하면…: 리듬에 전념하면 관계에 신뢰, 즉 '저축할 수 있는' 연결감이 쌓인다**

이따금 아이에게 이렇게 안전한 공간이 존재한다는 사실을 상기시켜 주는 것만으로 도움이 될 때가 있다. 몇 주 전 어느 날, 큰딸이 학교에서 집으로 돌아오는데 정원 진입로에 들어서면서부터 울기 시작했다. 아내가 아이에게 달려가 안아줄 때쯤에는 눈물을 흘리며 온갖 말이 거침없이 쏟아져 나왔다. "미치겠어요!" 아내와 아이를 향해 걸어가는데 딸아이의 목소리가 들려왔다. 학교에서 안 좋은 일이 있었다. 교실에서 친구들이 시끄럽게 떠들어대서 선생님이 두 번째 쉬는 시간을 주지 않았고, 결국 아이는 친구들과 이야기하거나 그림을 마무리할 기회를 얻지 못한 것이다.

이럴 때면 당장 해결책을 제시해 주고 싶지 않은가? 결코 실패할 리 없는 방법을 알려줘서 아이의 떨리는 작은 턱을 진정시키고 눈물을 닦아주고 싶을 것이다. 하지만 지속적으로 그렇게 대처하는 건 "네 삶을 통제하는 건 나야", 혹은 "네 기분 알아"라고 말하는 거나 다름없다. 사실은 그게 아닌데도 말이다. '아이 기분을 안다'고 생각해야 마음이 놓이겠지만 이는 아이 고유의 느낌을 부정하는 행위다.

딸아이는 이내 동생과 어울리며 자신만의 방식으로 기분 전환을 했다. 하지만 저녁식사 도중 학교 이야기가 나오자 여전히 속상한 기색을 드러냈다. "학교나 다른 곳에서 무슨 일이 벌어지든 네게는 가족이 있어. 엄마와 아빠, 동생이 여기 있잖아." 아이는 다시 눈물을 흘렸지만 이번에는 안도하고 폴짝 뛰어올라 내게 안겼다. 나는 아이의 하루를 '해결'해 준 게 아니다. 아이에게 안전한 안식처가 있다고 알려주었을 뿐이다.

최근 나는 우연히 마주친 내 친구 로라와 함께 십대 청소년기에 대해 이야기 나누었다. 로라의 딸인 앨리슨은 열일곱 살로, 똑똑하고 착해서 지인들로부터 사랑을 듬뿍 받았다. 그런데 밖에서는 흠잡을 데 하나 없는 앨리슨이 집에서는 버릇없고 반항적인 모습을 보였다. 특히, 엄마인 로라에게 그런 태도를 보일 때가 많았다. 눈을 흘기고 단답형으로 대답하고 험한 말도 서슴없이 퍼붓는 등 '사춘기 행동 목록'에 나오는 항목을 빠짐없이 보여주고 있었다. "그런데 이상한 게 뭔지 알아?" 로라가 속삭이듯 목소리를 낮춰 말했다. "저녁 먹을 때는 내가 흉측한 외계인이라도 되는 것처럼 빤히 쳐다보다가도 밤에는 매일같이 벽난로 앞 소파에서 내 무릎을 베고 누워 있다니까!"

하지만 이런 얘기에는 사실 그리 이상할 게 없다. 앨리슨은 현재 발달학적으로 로라를 있는 힘껏 밀어내는 임무에 충실하고 있지만 '휴식 시간'에는 본연의 모습으로 돌아오는 것이다. 한순간 엄마를 흉측한 외계인으로 생각하다가도 엄마와 워낙 깊고 넓게 연결돼 있다보니 언제 그랬냐는 듯 또 끌어안게 되는 것이다. 정들고 낡은 장갑을 끼듯 청소년기에도 본연의 임무를 잊고 때때로 부모와 연결된 리듬에 자연스럽게 몸을 맡긴다는 뜻이다. 그리고 이렇게 연결돼 있다고 느끼는 순간이 있어야 부모로서 우리도 이 시기를 버텨 낼 수 있다. 아무리 청소년기 호르몬이 무섭다고 해도 부모와 강력하게 연결돼 있던 시간을 통해 아이 마음속에 뚜렷하게 새겨진 연결감을 완전히 지울 수는 없다.

잠시 멈추는 순간을 통해 관계는 단단해진다. 평범한 순간이 차곡차곡 쌓여서 놀라운 힘을 발휘하는 것이다. 매일 밤 가족은 저녁식사를 위해 모여 그날 자신이 보거나 한 것, 평소와 다르게 일어났던 일 등 그날의 특별한 사건을 이야기한다. 아이의 경우, 울타리 기둥에서 발견한 잠자리 날개 이야기, 신발 끈을 혼자 묶었다는 이야기, 이웃의 새 고양이에 대한 이야기 등을 늘어놓을 것이다. 부모에게는 이 시간이 아이를 칭찬해 줄 기회가 될 수 있다. "너희 둘이 놀이 공간을 계획적으로 잘 치우는 걸 보고 얼마나 놀랐는지 몰라. 게다가 싸우지도 않고. 엄마한테 정말 큰 힘이 됐단다." 과장하거나 감정을 섞지 않고 이렇게 단순하게 칭찬해 주는 건 상당히 강력한 힘을 발휘한다. 특히 이 같은 칭찬이 규칙적으로 이루어지면 시간의 한 단락을 아름답게 마무리하는 의식으로서 우리의 관심과 사랑을 집중시켜 주는 효과를 발휘한다. 그 결과, 저녁마다 오늘은 어떤 게 가장 좋을지, 오늘은 아이의 행동에서 어떤 아름다움을 발견할 수 있을지 기대하고 궁금해하는 순간을 맞이해 하루하루가 더 다채로워지게 된다.

리듬은 당신을 위해 테이블에 마련해둔 자리와 같다. 동참하고 연결되며 소속될 수 있도록 말없이 보내는 초대장이다.

식사 리듬

식사에 리듬 더하기

발도르프 교사로 근무하는 동안 나는 신기한 현상을 한 가지 발견했다. 매일같이 다 함께 간식을 준비하는 시간이 있는데, 이때 아이들은 수프에 넣을 채소를 다듬고 과일을 깎거나 빵 만들 반죽을 치댄다. 부모들은 자신의 아이가 간식으로 채소 수프나 따뜻한 오트밀이 나와도 맛나게 다 먹는다는 얘기를 듣고는 하나같이 놀라움을 감추지 못한다.

"불가능한 일이에요! 테일러는 파스타랑 와플, 딱 이 두 가지만 먹는다고요." 그런데 채소 수프라고? 어떻게 그게 가능하지? 결국 부모들은 이 기적을 설명할 수 있는 마법이 무엇인지 알아보기 위해 간식 시간에 교실을 방문해 교사들을 면밀히 살펴보았다. "선생님한테 뭔가 신통한 힘이 있는 게 분명해. 그런데 그게 뭐지?"

그 신통한 힘이란 사실 요리 절차에 있다. 식사 준비에 참여한 아이들은 식사에 주인의식을 갖는다. 좀 더 쉽게 말하자면, 아이들은 직접 요리한 음식은 내동댕이치거나 거부하지 않는다. 발도르프 세상에서 간식은 단순히 먹는 게 아니다. 엄연한 이벤트다. 간식을 만들어 먹은 뒤 치우기까지 모든 절차가 경외하는 마음으로 이루어지고 한 명도 빠짐없이 참여한다.

사회과학자들은 한때는 신성하게 여겼던 가족 식사 의식이 점차 사라지기 시작한 1980년대부터 '가족 식사'의 중요성에 대해 연구해 왔다. 닭이 먼저냐 달걀이 먼저냐에 대한 답을 구하기 위해 수년간 엄청난 연구가 진행되었다. 가족 식사의 효과를 결정짓는 건 함께 있는 시간의 질인가? 학교 성적이 좋은 아이들일수록 가족 식사에 자주 참석하는가, 아니면 가족이 함께 자주 식사할수록 아이 성적이 좋아지는가?

연구결과에 따르면, 가족끼리 자주 식사할수록 아이들은 성적이 좋고 과일과 채소를 잘 먹으며 어휘가 풍부할 확률이 높다. 반면, 담배를 피우거나 술을 마시고 마약에 손대거나 우울증에 시달리며 천식 혹은 섭식장애를 일으킬 확률은 낮다. 미국 컬럼비아 대학의 국립 중독 및 약물 남용 센터(CASA)는 10년에 걸친 연구를 통해 가족 간의 저녁식사도 연습을 하면 좋아진다는 사실을 발견했다. 가족이 함께 식사하는 횟수가 적을수록 식사 시 TV가 켜져 있고 건강하지 못한 음식을 먹으며 대화도 겉돌아서 가족 식사가 전반적으로 만족스럽지 못한 것으로 나타났다.[1]

가족 식사는 단순히 음식만 먹는 자리가 아니다. 다 같이 모여서 시간을 보내고 경험을 공유하는 데 집중하고 대화를 나누다 보면 배부른 것 이상의 뭔가가 완성된다. 이때 얻을 수 있는 영양분은 가히 천문학적이다. 가족 이야기, 문화적 화젯거리나 각자의 근황이 접시와 함께 여기저기로 전달된다. 음식을 매개로 한 연결감이 공유되는 것이다.

3장에서 우리는 장난감과 책, 옷을 정리함으로써 아이를 둘러싼 환경에서 잡동사니 등의 넘침을 제거했다. 음식에도 동일한 원칙을 적용하자. 이때 내 목표는 당신의 냉장고를 정리하는 게 아니라 음식을 정리하는 것이다. 그중에서도 아이가 먹을 음식을 둘러싼 선택과 판단, 힘겨루기의 문제를 정리하는 것이다. 하지만 먼저 지금 우리에게 가장 중요한 건 리듬인 만큼 식사 절차를 강조할 수 있는 단순한 방법부터 알아보겠다. 다시 말해, 마법 커튼을 걷어 올려서 당신도 아이에게 채소 수프를 먹일 수 있는 비법을 알아보겠다.

식사 리듬은 음식을 먹기 시작하는 순간이 아니라 준비 과정에서 시작된다. 얼마든지 당신 혼자 할 수 있는 일이라도 아이와 함께하라. 어린아이도 감자 눈을 빼고 시금치를 씻으며 접시마다 포크를 놓을 수 있다. 처음에는 당신이 더 번거롭겠지만 규칙적으로 하다 보면 나중에는 상당한 도움이 될 것이다. 아이 역시 식사에 일조했다는 '지휘자로서의 자부심'을 갖게 돼 식사 자리에서 좀 더 예의 바른 태도로 잘 먹게 될 것이다. 그리고 모두에게 이런 질문을 하는 것도 빠트리지 않을 것이다. "맛이 괜찮나요?"

식사 준비를 함께하면 아이는 식탁에도 좀 더 수월하게 적응한다. 만약 아이가 놀이 중이라면 중단시키고 식탁의자에 앉히기보다는 다른 활동을 하도록 하는 게 더 쉬울 것이다. "엠마, 이리 와서 이 콩 좀 씻어 줘!" 이렇게 특정한 임무에 동참하는 건 아이의 리듬에도 잘 맞는다. 식사 준비를 함께함으로써 아이 스스로도 좀 더 음식과 친해질 수 있다.

이렇게 부드럽게 식사 자리로 넘어가는 건 중요하다. 음식을 앞에 두고 목소리 높이고 싶지는 않을 테니 말이다. 평소 자신을 힘없는 존재로 느낄 때가 많은 아이가 강력한 감정에 사로잡히면 무엇을 할 수 있을까? 아이가 자신의 의지로 부모를 이길 수 있는 일은 딱 세 가지가 있다. 먹고, 자고, 싸고. 이 문맥에 맞게 표현하자면 안 먹고, 안 자고, 안 싸는 것이다. 놀이가 강제로 중단되면 아이는 싸울 태세부터 갖춘다. 이때 앞에다 음식 접시를 갖다주면 이길 수 있는 싸움거리를 발견하는 셈이다.

식사를 상징적으로 시작하는 것도 좋다. 내 가족은 (10초 간) 짧은 묵상 시간을 갖는다. 또 기도를 하는 가족도 있고 초를 켜는 가족도 있다. 이렇게 구체적인 건 당신이 원하는 대로 정하면 된다. 내가 아는 한 가족은 지인들로부터 받은 크리스마스카드를 바구니에 담아 식탁 가까이 뒀다 일주일에 한 번은 식사 전 카드를 하나씩 집어 보낸 사람에 대해 생각하곤 한다. 종교적 의미를 갖든 아니든 이 모든 건 결국 가족이 함께 숨 쉬고 감사하는 행위다. 식사를 준비해 준 사람들, 재료를 수확한 농부들, 우리가 사랑하는 사람들, 배고픈 우리 가족을 안전하게 이 자리에 모이게 해 준 행운에 감사해야 한다.

식탁은 아이가 사회적 기술(그리고 자제력)을 가장 꾸준히 배울 수 있는 실험실 중 한 곳이다. 민주주의가 펼쳐지는 곳이기 때문이다. 식탁을 지배하는 규칙의 대부분은 공평함과 예의라는 기본 원칙들이다. 이야기에 귀 기울이고 다른 가족이 다 먹을 때까지 자리를 지키면서 기다려주는 것이다.

특히 저녁식사 후 뒷정리를 모두가 함께하는 건 하루를 정리하는 활동으로 가는 가장 자연스러운 방법이다. 모두가 각자의 역할을 수행할 때 식사하면서 구축된 연결감이 지속된다. 또 식사 자리의 민주주의가 지속될 수 있다.

맛은 줄이고 리듬은 더하고

오늘날 대부분의 가족들에게는 맛도 분명 넘쳐나는 것들 중 한 가지다. 우리는 보통 음식을 지나치게 많이 소비한다. 너무 많은 선택과 정보(광고와 마케팅)에 시달릴뿐더러, 무엇을(패스트푸드) 어떻게(테이크아웃) 먹는지 보면, '지나치게 서두른다'는 점을 알 수 있다. 또 선택지가 너무 많아 무엇을 선택해야할지 모르겠고 어찌할 바를 모르겠다는 느낌은 특히 어린 아이들이 나쁜 식습관에 빠지고 스스로 식욕을 억제하지 못하게 되는 원인으로 작용할 수 있다.

3장에서 다룬 장난감이나 잡동사니와 마찬가지로 음식 역시 우리 일상에서 잘못된 선택이 난무하는 넘침의 영역으로 자리 잡았다. 나는 영양 전문가는 아니지만 우리 가족이 먹는 음식을 줄이는 데 전문 지식이 꼭 필요하다고 생각하지 않는다. 장난감처럼 음식 역시 단순하게 줄일 수 있는 몇 가지 지침을 알아보자.

'먹거리가 있는' 주방 대신 어마어마하게 넓은 마트를 상상해 보자. 요즘에는 수많은 마트가 공항 격납고에 버금가는 규모를 자랑하는데 가공 처리가 거의 안 된 자연식품은 구석으로 밀려나 있다. 음식의 구매를 유도하기 위한 마케팅의 압박도 엄청나서 음식 역시 장난감처럼 아이가 즐겨야 마땅한 오락거리로 홍보된다. 부모로서 어느 누가 아이의 즐거움을 거부할 수 있겠는가? 게다가 또래 압박도 무시할 수 없다. 장난감 마케터처럼 음식 마케터도 또래 사회에서 주목을 받는다는 개념을 이용해 친구들한테 퍼뜨리라고 꾀면서 음식을 선택하도록 만든다. 이처럼 마케터가 아이를 조르기 전략으로 유도하면 그 압박을 고스란히 감내해야 하는 건 당신이다. 입맛이 뚝 떨어지지 않는가?

음식을 단순하게 줄이기 위해 내가 제안하는 첫 번째 방법은 장난감처럼 가짓수와 복잡성을 줄이라는 것이다. 아이가 선택할 수 있는 음식의 가짓수뿐 아니라 가공 처리가 됐거나 설탕이 과도하게 들어간 음식 역시 제한해 맛과 성분도 줄여야 한다.

음식을 단순하게 줄일 때 우리는 장난감더미를 정리할 때와 동일한 원칙을 따를 수 있고 대형마트에서 장을 보는 내내 선택의 기준으로 활용할 수도 있다. 이 식품을 만든 목적이 영양소 제공인가, 오락인가, 아니면 자극인가? 좀 더 쉽게 말하자면 이 식품은 인공적으로 만들어졌는가 자연에서 재배되었는가? 50년 전에도 존재했는가? 이름도 어렵고 뭔지도 모르는 성분이 많이 함유돼 있는 등 쓸데없이 복잡하지는 않은가?[2] 장난감과 마찬가지로 아이가 선택하는 음식의 가짓수를 줄일 때 아이를 지나친 넘침의 압박에서 해방시킬 수 있다. 결과적으로, 평생 지속되는 건강한 식습관을 구축하도록 할 수 있다.

장난감더미에서 찾아냈던 자극적이기만 한 장난감을 기억하는가? 비명소리가 효과음으로 나오고 불빛이 번쩍번쩍하며 돌리는 다이얼이 장착된 장난감은 코르티솔을 과다 분비시켜 아이의 신경 체계를 흥분 상태로 만든다. 음식에도 이 못지않게 자극적인 것이 있다. 다음은 한 식품 브랜드 웹사이트에서 인용한 광고 문구다. "이제 간식의 볼륨을 높이세요. 한결 증폭된 맛, 높은 데시벨의 치즈, 그리고 도리토스 또띠야 칩의 환상적인 바삭함까지! 강한 풍미를 자랑하는 도리토스 나초 치즈와 쿨렌치는 지구상에서 가장 시끄러운 맛의 스낵입니다!"

이 같은 음식의 문제점이라면 건강에 해로운 것 이외에도 아이의 미뢰를 마비시킨다는 사실을 들 수 있다. 아이 입맛에 자극을 점점 강하게 주어 미세한 맛을 인식하고 구분하는 능력을 잃게 만드는 것이다. (첨가제 덕분에) 맛은 갈수록 세지고 또 복잡해지고 있다. 버팔로윙이나 도리토스의 자극적인 맛에 당근이 맞설 수나 있겠는가? 이렇게 극단적인 맛을 한번 경험한 아이는 대부분의 음식에 흥미를 느끼기는커녕 관심조차 두지 않게 된다.

나는 도리토스를 비롯한 수많은 스낵들이 맛으로 '강력한 한 방을 날린다'고 생각한다. (이는 나 혼자만의 견해가 아니다. 심지어 광고도 이를 내세우지 않는가!) 이렇게 강력한 한 방을 날리는 맛은 중독의 악순환을 촉발시킨다. 이런 맛에 익숙해질수록 사람들은 더 센 맛을 갈망하고, 식품업계에서는 또 사람들이 기대하는 생리적 반응을 일으키기 위해 더 크고 강력한 '한 방'을 날려야 한다. 결국 아이 신체의 작은 체계는 각종 첨가물, 설탕과 카페인의 영향으로 과잉 활동 경향을 보이게 된다. 이런 음식은 리듬의 적이다. 신체의 과잉 반응으로 결국에는 문제가 발생해 일상의 자연스러운 흐름 자체가 불가능해지는 것이다.

아이의 음식을 단순하게 줄이기 위해 처음으로 해야 할 일은 이렇게 영양소는 전무하면서 가공 처리만 잔뜩 된 음식을 끊는 것이다. 과감하게 단번에 끊을 수도 있고 천천히 줄여갈 수도 있다. 내가 수많은 가족의 사례를 통해 보고 들은 바에 따르면, 아이가 이렇게 자극적인 음식을 완전히 끊게 되기까지는 한 달 가량이 걸린다. 생각보다 짧아서 놀랐는데 분명 한 달이 평균이었다. 극단적인 맛을 줄여나갈 때에는 질감은 좀 거칠어도 건강한 음식을 제공하는 게 좋다. 바나나는 도리토스를 대신할 수 없겠지만 바삭하게 구운 채소 과자라면 가능해서 아이가 좀 더 건강한 음식을 선택할 수 있게 해 줄 것이다.

가족들이 설탕이 잔뜩 든 탄산음료를 끊게 만들려면 집에서 탄산수와 과즙을 이용해 당신만의 '탄산음료 자판기'를 만들어라. 탄산수의 기포 덕분에 아이는 더 이상 시중에서 판매하는 탄산음료만 고집하지는 않을 것이다. 처음에는 시중의 음료와 비슷한 정도로 달게 만들어주다 점차 설탕을 줄여나갈 수도 있다. 연구에 따르면, 아이들을 겨냥해 내놓은 수많은 스무디와 주스에는 200ml 당 무려 일곱 티스푼 분량의 설탕이 함유돼 있다.[3] 이는 일반 코카콜라보다 한 티스푼 더 많은 양인데 참고로 시중에 판매되는 탄산음료 한 캔에는 평균 열 티스푼의 설탕이 들어간다.[4] 설탕이 많이 든 탄산음료와 카페인을 끊도록 하라. 가공식품을 제한하더라도 집에서 직접 만든 음식만 먹어야 하는 건 아니다. 해독을 위해서는 방향성을 잃지 않고 (가공식품이 아닌) 자연 재료만으로 만든 진짜 음식을 점차 늘려가면 된다.

아이가 어릴수록 음식을 단순하게 줄이기가 수월하겠지만 좀 크더라도 식습관은 얼마든지 바꿀 수 있다. 처음 몇 주가 힘들다고 해서 새로운 방향으로 나아가기를 포기해선 안 된다. 아이가 투덜대는 건 잠깐이지만 그 효과는 (금세 나타나) 지속될 것이다. 당신은 이 같은 변화를 몸소 실천하고 완전히 집중해야 한다. 이 절차를 '실험' 혹은 '재미있는 학습 경험' 정도로 제시해선 안 된다.

아이가 십대라면 이 같은 변화가 이제 우리 가족의 일상이 될 거라고 알려주어라. 아이는 눈을 흘기고 큰소리로 불평을 늘어놓을 것이다. 게다가 상당히 설득력 있는 주장까지 펼칠 게 분명하다. 예를 들면 이런 식이다. "이건 말도 안 돼요. 사람들 다 이런 걸 마신다고요! 자넷은 저보다 세 배는 더 마셔요! 게다가 사탕도 먹지 말라고요? 밥의 부모님은 사탕을 항상 몇 박스씩 사다 놓고 나눠주세요! 심지어 학교에서도 준다고요!" 이때 아이의 말을 끊지 말고 끝까지 들어주어라. 집에서 완전히 몰아낸 것이 이 세상 어디에나 널려 있다는 사실을 당신에게 호소하도록 내버려두어라. 끝나고 나면 당신은 차분하게, 그리고 확신에 찬 태도로 이렇게 말하면 된다. "밖에 나가면 어디에나 있는 게 탄산음료인데 집에서 좀 못 먹는다고 큰일 나는 건 아니잖아?"

당신은 십대의 아들이나 딸이 하루 종일 뭘 먹고(혹은 하고) 다니는지 일일이 통제할 수 없다. 하지만 집안에서 먹는 것은 단호하고 분명하게 제한할 수 있다. 그리고 기억하라. 리듬과 예측가능성이 확립돼 있으면 시간이 흐를수록 '집에서 일어나는 일'은 자연스레 자리를 잡아간다. 어느새 가족들이 받아들이고 예상하며 의지하게 되는 것이다.

아이가(특히 어린아이가) 미처 제대로 된 판단력을 갖추기도 전에 수많은 선택에 직면하게 되면 마케팅이나 당장의 욕심, 미숙한 의지에 휘둘려 잘못된 길로 빠지기 쉽다. 시리얼에 섞으면 톡 쏘는 맛을 내는 밝은 분홍색의 설탕 과자를 아이가 좋아하는 건 지극히 당연한 일이다. 마찬가지로 여건이 허락할 때에는 아이가 스스로 결정하도록 해주고 싶은 것도 정상이다. 하지만 이런 마음 때문에 광고업체들이 우리 아이의 건강 혹은 평생 가는 식습관을 해치도록 내버려 둘 것인가?

좋아하는 음식이 몇 가지밖에 안 되는 아이도 분명 존재한다. 나는 이런 아이를 철저하게 '빨갛고 하얀 아이'라고 부른다. 빵과 파스타, 설탕에다 이따금 빨간 소스만 먹기 때문이다. 탄수화물과 설탕만 고집하는 건 아이가 스트레스를 받았을 때 흔히 나타나는 반응이다. 스트레스가 쌓이면 아이는 새로운 것을 거부하는 만큼 좋아하는 음식을 늘릴 기회가 아예 차단

된다. 나쁜 소식은 이뿐만이 아니다. 음식을 두고 고집부리는 행태가 다른 여러 영역으로 번질 확률도 높다.

하지만 좋은 소식도 있다. 부모들이 단순화하기를 실천할 수 있도록 도와 온 지난 30년을 통해 나는 신기한 사실을 깨달았다. 처음 2년간은 이해하지 못했지만 단순화하기를 할수록 아이들의 편식도 나아진다는 이야기가 부모들 입에서 계속 나왔다. 이 같은 패턴은 변함없이 나타났다. 단순해진 영역이 음식뿐이든 아니면 더 광범위하든, 일상에서 리듬감과 규칙성이 늘자 음식에서 통제력을 행사하려는 아이의 태도가 상당히 완화되거나 심지어 완전히 사라졌다. 왜냐고? 아이 스스로 자신의 삶을 예측하거나 통제하는 게 가능해지면서 음식이라도 통제해야 한다는 강박이 줄었기 때문이다. 단순화하기의 효과는 이렇게 광범위하게 나타난다.

> **단순하게 말하면…: 단순화하기를 시작하면 아이의 편식 문제는 사라지거나 자연스럽게 해결된다**

음식은 아이들에게 오락거리 혹은 권리나 권력을 부여하는 게 아니라 순수한 영양분의 원천으로 기능해야 한다. 뭘 먹을지 결정할 수 있는 권한을 어린아이에게 내주면 아이들은 평생 식습관에 영향을 줄 수 있다. 아직 어린아이에게 지나치게 많은 음식을 제공하면 오히려 선택권을 제한하게 된다는 말이다. 한 사람의 음식 취향은 태어나고 첫 몇 년에 걸쳐 형성된다는 사실을 우리는 알고 있다. 또한 이 같은 취향이 지극히 사회적인 과정을 걸쳐 결정된다는 사실도 안다. (맛이 자극적이든 그렇지 않든 혹은 영양분이 많든 가공 처리됐든) 늘 함께하는 부모가 좋아하는 음식을 아이들도 보고 시도하면서 그 맛에 눈뜨는 것이다.[5] 집에서 음식을 단순하게 줄이는 건 어린아이가 건강한 음식을 다양하게 먹어보도록 하고, 결과적으로 건강한 취향을 갖게 해 주는 행위다.

아이가 '빨갛고 하얀 음식'에서 벗어남으로써 누릴 수 있는 또 다른 이점이 있다. 먹는 음식의 범위를 확장하면 다른 방면에서도 범위를 확장한다. 나는 좋아하는 음식이 많아졌는데도 지적, 감정적으로 성장하지 않은 아이는 단 한 번도 보지 못했다. 음식이 근본인 만큼 우리가 음식과 어떤 관계를 맺느냐에 따라 삶과의 관계도 결정된다.

"저녁으로 뭘 먹지?" 유구한 이 질문에 답하기 전에 한 가지만 짚고 넘어가자. 다음의 조언은 내가 지난 수년간 전해 온 것으로 효과가 이미 철저히 검증되었다. 아이가 새로운 음식도 좀 먹어 보길 바란다면 최소 8번은 시도하게 해 줘야 한다. 우리는 너무 빨리 포기하는 경향이 있어서 아이가 먹어보고 이마만 살짝 찌푸려도 다른 종류의 시금치나 콩을 다른 방법으로 조리해 먹여 보는 절차는 그냥 건너뛰고 만다. 브로콜리를 예로 들자면, 처음에는 아주 적은 양을 버터와 소금을 곁들여 내주어라. 다음번에는 좀 더 적은 양의 소금과 함께 내주고, 이를 최소 8번 반복해 마지막에는 그냥 소금 없이 주도록 한다. 소금의 양이 줄어들수록 식품 본연의 맛을 더 잘 느낄 수 있다. 이 절차는 충분한 여유를 두고 진행해야 성공 확률이 높아진다. 8번의 시도를 통해 아이에게 인생 음식을 선사할 수 있다.

가족 식사를 단순화하고 리듬을 더하는 법

위에서 나는 '강력한 한 방을 날리는' 가공식품을 걸러내고, 좀 더 단순한 맛과 적은 가짓수의 음식을 지향하도록 제안했다. 지금부터 할 이야기는 가족 식사를 단순화하는 방법이다. 이를 통해 "저녁으로 뭘 먹지?"라는 질문에 답하기가 쉬워질 것이고, 심지어 당신의 집에서는 이런 질문을 할 필요가 없어질 수도 있다. "저녁으로 뭘 먹지?"에 대한 답은 오늘이 무슨 요일인지 알면 금방 나온다.

가족 식사는 월요일에는 파스타, 화요일에는 밥, 수요일에는 수프처럼 예측 가능할 때 훨씬 단순해진다. 이 방법을 고안할 때 나는 당연히 요리를 담당하는 부모를 고려했다. 규칙성이 있으면 식사 준비도 훨씬 수월해지기 때문이다. 하지만 이런 제안을 하는 가장 큰 이유는 아이에게 안정감과 확신을 줄 수 있기 때문이다. 지금쯤 리듬으로 인해 아이의 삶이 안정되고, 성장의 기반이 구축된다는 나의 주장을 인정하게 되었을 것이다. 여기저기 오가고, 잠들었다 일어나고, 학교 마치고 학원으로 가고 밀린 숙제를 하는 등 끝없이 휘몰아치는 삶의 파도 속에서 저녁식사는 화살 과녁에 있는 큼지막한 빨간 점과 같다. 일상 전반으로 퍼져나갈 리듬을 구축할 수 있는 중요한 기회로, 그에 따라 아이의 행동은 물론 가족의 연결감까지 달라진다.

그래서 우리는 지금 여기서 이런 이야기를 하고 있다. 요일별로 메뉴를 정해 놓자고 제안하는 첫 번째 이유는 그래야 실제로 가족 식사를 할 수 있는 확률이 높아지기 때문이다. 매일 저녁 엄청난 영감과 창의력을 동원해 고민하지 않아도 되고 식사 준비를 담당하는 사람이 텅 빈 냉장고를 황망히 들여다보며 모든 걸 포기하는 상황을 미연에 방지할 수 있다.

규칙성(그리고 단순성)은 요리뿐 아니라 구입할 식품 목록을 미리 작성해 장 보는 일에까지 적용되기 때문이다.

이제 당신은 나를 더 이상 신뢰하지 않거나 내게 뭔가 컬트적 성향이 있다고 의심하기 시작했을 수도 있다. 결국 다양성이야말로 미국의 방식이 아니었느냐고 반문하면서 말이다. 나도 요리책이 책 시장 전반의 규모를 키우고 있는 걸 모르는 바가 아니다. 그런데 어떻게 감히 이렇게 지루한 반복과 규칙성에 당신을 묶어 두려 할 수 있겠는가?

앞서 말했듯 이 체계 안에서도 변화는 얼마든지 가능하다. 수요일 저녁 메뉴가 수프로 정해져 있더라도 구비된 재료에 따라 매주 달라질 수 있다. 하지만 재료보다 더 큰 영향을 미치는 건 일상의 모든 리듬이다. 일상생활은 적어놓고 보면 얼핏 반복되는 것처럼 보여도 실제 경험하는 것은 확연히 다르기 마련이다. 하루하루의 생활에는 수많은 흐름이 있고, 이 흐름들이 또 수없이 바뀌고 변화를 일으키기 때문에 사실 일상에서 리듬은 닻이 아니라 부표처럼 작용할 때가 많다.

수년 전, 나는 이 제안을 받아들이고 좀 더 단순화해서 적용한 한 엄마의 이야기를 들었다. 주말이면 그녀는 큰 냄비 두 개 분량의 라자냐, 큰 냄비 한 개 분량의 수프를 미리 만들어서 여러 번에 걸쳐 저녁식사로 먹을 수 있도록 냉동실에 얼려 두었다. 그녀의 계산에 따르면 재료의 양을 평소보다 20퍼센트만 더 조달하는 것만으로도(즉, 재료를 더 준비하는 것만으로도) 저녁식사 음식량을 80퍼센트나 더 만들 수 있었다. 이 여성은 직업 자체가 효율성 전문가였다(농담이 아니다). 처음에는 나도 이 정도로 빈틈 없이 움직이는 게 살짝 무서웠지만 그녀가 전적으로 옳았다. 특히 바쁜 일과를 마친 후 미리 준비된 저녁을 먹을 수 있다면 더할 나위 없이 좋을 것이다. 아내와 나도 이런 방식을 도입하기 위해 중고 냉장고 하나를 더 집에 들였다. 저녁식사 전후 시간이 더 생긴다면 생활에 전반적인 여유가 늘어날 것이다.

　미리 정해놓은 메뉴 중에는 인기가 덜한 음식도 분명 있을 테지만 그래도 상관없다. 수요일이 수프 먹는 날로 정해져 있으면 아이도 먹게 돼 있다. 만약 안 먹는다고 해도 치명적으로 해로울 건 없다. 수프 먹는 날은 일정하게 돌아온다. 아이는 월요일부터 걱정하기 시작해 한두 번은 엄청난 경멸을 드러내며 끼니를 아예 거르다 결국에는 언제 그랬냐는 듯 수프에 코를 박고 먹기 시작할 것이다. 아이는 간절히 변하기를 바란다 해도 결국 변하지 않는 것이 있다는 사실을 일관성에서 배울 수 있다. 모든 것을 개개인의 취향에 맞출 수는 없다.

　이 같은 방식이 극단적으로 보인다면 우리가 더 이상 저녁식사를 가족 행사로 생각하지 않기 때문이다. 가족 구성원들이 각각 원하는 장소에서 원하는 때 원하는 음식을 먹는다면 가정과 식당이 다를 게 뭐가 있는가? 아이는 TV를 보면서 식사하고, 엄마는 샐러드를 만들며, 아빠는 퇴근길에 먹을 음식을 포장해 온다. 규칙은 존재하지 않고 누군가를 위해 바꿀 필요도 없다. 이런 식이라면 가족이 한자리에 모이면 좋다는 인식 자체가 무슨 필요가 있겠는가.

> **단순하게 말하면…: 일관성은 개인의 취향보다 더 큰 가치를 더해준다**

　내 동료이자 『유년기 탐험 Navigating the Terrain of Childhood』의 저자인 잭 페트라시는 세 자녀를 두고 있는데 그중 두 명은 벌써 성인이고 한 명은 고등학생이다. 그는 자신의 집에서 저녁식사는 신성불가침의 영역이라고 말한다. 무슨 일이 있어도 가족이 다 같이 저녁식사를 한다는 규칙은 아이가 어렸을 때에는 잘 지켜졌지만 커갈수록 지키기가 어려워졌다. 아이들 각자가 갈 데가 있고 할 일이 있는데 가족 식사가 발목을 붙잡는 상황이었다. 하지만 잭과 아내인 캐롤은 단호했다. 부부는 매주 식재료를 30~40달러어치씩 더 사서 아이들의 친구들도 자신들의 집에서 함께 식사할 수 있도록 했다. 식비가 아무리 비싸다 해도 가족 상담 비용과 비교하면 결국 남는 장사라는 것이다. 게다가 식사를 함께하는 동안 많은 이야기를 나누면서 잭과 캐롤은 십대 자녀가 어떤 생각을 갖고 있고 무엇을 하는지, 또 친구들은 어떤지 들여다볼 수 있었다.

십대는 오랫동안 지켜 온 가족의 리듬에 으레 짜증을 내고는 한다. 발달 단계상 불평하는 게 그들의 일이기 때문이다. 그렇다고 해서 가족만의 전통을 몽땅 추려내 폐기해야 하는 건 아니다. 오히려 이와 같은 일관성과 연결감이 최고의 빛을 발할 때가 바로 청소년기다. 중독 및 약물 남용 센터에 따르면, 가족과 함께 식사하는 횟수가 일주일에 세 번이 채 안 되는 십대는 대부분 더 자주 함께 식사하기를 원하는 것으로 나타났다.[6]

가족이 정기적으로 함께 '건강한 음식'을 먹는 게 과연 좋은 생각인지 의심이 들 수도 있다. 다시 한번 이야기하지만 나는 그런 경험이 아이들에게 얼마나 큰 안정감을 주는지 목격해 왔기 때문에 당신이 시도라도 한 번 해 보길 바란다. 가족에게 계획을 미리 공표하거나 일장연설을 할 필요도 없다. 아이가 미처 눈치채기도 전에 이 패턴은 시행 3주 차에 접어들 것이고 어느새 가족 식사가 더 단순해지고 일관성을 갖게 된 것을 당신 스스로도 실감하게 될 것이다.

수면 리듬

설거지는 끝났고 음식물 쓰레기도 치웠다. 이제 아이가 과연 제시간에 잠자리에 들 것인지 머릿속으로 따져보고 있지 않는가? 아이가 적당한 시간에 방전돼야 할 텐데 현재 남은 에너지가 얼마나 되는지 재보고 있지는 않는가? 전속력으로 달리던 아이가 잘 시간이라고 갑자기 멈추는 건 불가능한 일이다. 사실, 나는 아이가 아침에 눈뜨는 순간부터 수면을 향해 가는 과정이 시작된다고 생각한다. 오늘은 어떤 날이 될까? 얼마나 리듬감 있을까? 문득문득 잠시 멈춰 서서 그날 일어난 일들을 돌아보게 될까?

생각해 보면 잠에 빠져들기 위해서는 '내려놓기' 과정을 거쳐야 하는데 이를 위해서는 믿음이 필요하다. 이따금 나는 밤에 아이 방의 불을 끄면서 이렇게 말한다. "이제 다 괜찮아… 곧장 네 천사의 품 안으로 들어가렴." 수면 장애는 불안이나 신뢰 문제에서 기인하는 경우가 많다. 평소 연결감을 확고하게 느끼고 있어야 아이는 다 '내려놓고' 잠에 빠져들 수 있다.

하루를 리듬 있게 만드는 압력 배출구

아이의 하루에서 하나의 리듬으로 구축할 수 있는 '압력 배출구'라는 개념에 대해 알아보자. 압력 배출구는 안정감과 (마치 최고의 리듬처럼) 연결감을 선사하고, 아이로 하여금 들끓는 감정을 발산하도록 해 준다. 이 같은 작용이 하루 일과 중 이루어지면 아이는 더 쉽게 '내려놓고' 잠들 수 있다.

헨리는 학교에 입학한 이래 하루도 편할 날이 없었다. 남자아이란 학교에서 항상 평안할 리 없는 만큼 옆에서 도와주고 보살펴줘야 한다. 게다가 헨리는 밤마다 잠을 잘 못 자서 문제가 악화되는 경향이 있었다. 헨리의 엄마인 수는 내게 상당히 중요한 것을 가르쳐주었다. 당신에게도 유용할 것이다.

나는 수에게 아이와 보내는 일상에 규칙성을 늘리고 다음날 일정도 미리 함께 점검해 보는 게 좋다고 말해 주었다. 그러자 그녀가 반가운 듯 말했다. "마침 저도 그렇게 하기 시작한 참이에요! '용기 샌드위치 만들기'라고 이름 붙였죠." 밤마다 헨리가 침대에 누우면 수도 그 옆에 누워 질문을 시작한다. "헨리, 오늘은 어떤 게 좋았어? 용기 있게 한 일은 뭐야?"

"음…" 헨리는 잠시 생각에 잠긴다. "쉬는 시간에 친구들이랑 공놀이를 하는데 제리가 반칙했다고 테오가 그러는 거예요. 그런데 제리는 사실 공을 못 봤거든요. 그래서 제가 '제리는 반칙한 게 아니야!'라고 말해 줬어요." "정말? 친구를 위해 나서 줬다고? 잘했구나. 오늘 제일 힘든 일은 뭐였어?" "음, 아마 세는 걸 또 해야 했던 때인 것 같아요. 요즘 수학 시간에 구슬을 쌓았다 합치는 걸 한다고 얘기했잖아요?" "응, 화요일에 말해 줬지." "지금도 싫기는 한데요. 오늘은 좀 더 잘했어요." "이제 좀 더 이해할 수 있게 된 거야?" "네." 수는 최대한 절제된 반응만 보였다. 심리를 분석하거나 해결책을 내놓거나 성급히 판단하기보다 들은 내용을 조용히 확인할 뿐이었다. 귀 기울이고 인지하는 데서 멈췄다.

한편 헨리는 엄마에게 자신의 하루를 펼쳐 보였다. 그날 떠올린 생각과 경험한 감정이 가득 담긴 여행 가방 한 개를 떠올려 보라. 질문을 통해 수는 그 가방을 열고 헨리가 하나씩 꺼내 자신에게 보여줄 수 있도록 유도한다. 그리고 다음날에 대해 묻는다. "내일은 어떤 게 제일 힘들 것 같아?" "아, 배구요! 체육 시간에 배구를 하는데 전 젬병이에요!" "제일 좋은 건?" "쉬는 시간이요! 쉬는 시간에 친구들이랑 발야구를 하려고 팀을 짰는데 조셉이랑 루카스랑 한 팀이 돼서 너무 좋아요!"

헨리의 두려움과 실망감, 희망과 꿈이 모두 쏟아져 나온다. 결국 꿈은 거창할 필요 없다. 얼마든지 소박할 수 있다. 그래도 꿈은 삶에 대한 우리의 생각과 관점을 좀 더 분명하게 만들어 준다. 수는 헨리가 자신의 하루를 아름답게 펼쳐 보이도록 해 주었을 뿐 아니라 다음날도 미리 점검했다. 그리고 학교에서 어려움을 겪는 헨리에게 이른바 '용기 샌드위치'도 전해 주었다. 다시 말해, 아이가 힘든 일들에 대해 걱정했지만 학교생활 중 즐겁고 흥분되는 다른 일들도 떠올리게 만듦으로써 (아주 부드러운 빵이 완충 역할을 해 주듯) 걱정을 덜어주고 차단해 준 것이다. 이따금 아이는, 특히 어린아이라면 당신의 질문에 준비된 반응을 빠르게 내놓지 못할 수 있지만 그래도 괜찮다. 어린아이 역시 당신이 관심이라는 편안한 불빛을 비춰주기만 하면 자신의 하루에 대한 생각을 정리할 수 있다.

> 단순하게 말하면…: '압력 배출구'가 하루에 두세 개씩만 설치돼 있어도 아이들은 제때 잠들 수 있다

당신은 아이가 그날 받은 압박감을 어떻게 발산하도록 해 주겠는가? 나는 하루의 반복되는 일과 속에 이런 '압력 배출구'가 최소 두 개, 가능하면 서너 개는 있어야 한다고 생각한다.

특히, 잘 잠들지 못하는 아이의 경우 그날 하루를 돌아보면 밤에 잠들 때까지 얼마큼 시간이 걸릴지 대강 짐작할 수 있다. 아이에게 오늘은 어떤 날이었을까? 아이가 그날 받은 압박감을 발산할 기회를 얻지 못했다면 쉽게 잠을 이루지 못한다. 만약 압박감이라는 게 어른만 느끼는 것이라고 믿는다면 당신은 오늘 아이의 두뇌가 누구보다 빠르게 정보를 처리하고 신경 통로를 짓고 있다는 사실을, 또 아이의 몸이 성장하는 속도에 비하면 당신이 오늘 한 일은 가만히 있는 것에 지나지 않는다는 사실을 간과하는 것이다.

갓난아기 혹은 유아의 낮잠은 신체에 내재된 압력 배출구다. 하루 중 조용히 쉬는 시간은 가능한 한 오래도록 지켜줘야 한다. 심지어 열 살에서 열한 살 아이들도 하루에 한 시간 정도는 그냥 쉬거나 조용한 활동을 하면서 차분하게 보내는 게 좋다. 사실, 우리는 모두 나이와 상관없이 이런 시간을 통해 재충전할 수 있다. 아이가 학교에 들어가면서 휴식 시간을 갖지 못하게 됐다면 주말이나 방학에는 그런 시간을 확보해야 한다. 낮잠에서 이미 졸업한 아이라도 쉴 수 있을 때 쉬어야 한다는 생각을 항상 유지하라. 낮잠을 자면 밤에 잘 못 자지 않을지 걱정도 될 것이다. 하지만 여덟 살

이 넘은 아이는 쉬는 시간을 줘도 대부분 자지 않는다. 만약 잔다면 실제로 잠이 더 필요하기 때문이다. 하지만 30분에서 1시간 정도 혼자 조용히 시간을 보내는 건 나이와 상관없이 재충전 행위로서 가치 있는 습관이다.

방과 후 의식은 압박감을 발산시켜 주는 건 물론이고 학교와 가정이라는 두 공간을 부드럽게 이어주는 역할도 한다. 특히 방과 후 군것질은 명성만큼이나 효과가 좋다. 1장에 등장했던 마리를 기억하는가? 마리의 엄마는 근무 일정을 조정해 마리가 학교를 마치고 오는 시간에 집에 있을 수 있게 되었다. 나는 마리의 방과 후 의식으로 모녀가 함께 간단한 간식을 먹으라고 제안했다. 일주일 후 엄마가 찾아와 말했다. "그런데 마리가 아무 말도 안 해요!" 말을 해야 한다고 누가 그랬는가? 침묵 속에도 연결의 순간은 존재한다. 하교 시간에 집에 있는 엄마의 존재에 점차 의존하게 되면서 생긴 연결감을 마리는 언제든지 활용할 수 있을 것이다.

앞서 말했듯 내 가족은 저녁식사 전 잠시 묵상의 시간을 갖는다. 나는 이 시간 역시 압력 배출구라고 생각한다. 솔직히 처음에는 10초로 시작했지만 차츰 늘려 지금은 1분간 묵상한다. 이따금 최대 2분까지 할 때도 있지만 그게 상한선이다. 매일 한 시간씩 명상하는 데 비할 바는 아니어도 아이가 아직 어린 부모라면 누구나 그 효과에 놀랄 것이다. 나도 거의 매일 밤 효과를 확인하니 말이다. 처음에 아이들은 온몸이 근질근질해 못 견디지만 이내 느긋해지면서 묵상에 잠긴다.

묵상의 시간을 갖는 이유가 뭔지 궁금할지도 모르겠다. 만약 그렇다면 직접 한번 시도해 보기를 권하고 싶다. 매일 저녁 우리의 작은 식탁에서 가족 모두가 동시에 차분해지면서 고요 속에 머물게 된다. 이 고요 속에 머물 때 중요한 건 최대한 자신에게 집중하는 것이다. 우리는 자신이 짊어지고 있는 긴장감을 늘 인지하지는 못한다. 그런데 잠시 아무것도 하지 않고 가만히 있으면 어깨에 힘이 빠지고 어쩌면 그날 처음으로 당신의 호흡을 인식하게 될 것이다. 온종일 이야기하거나 움직이는 등 잠시도 가만있지 못하는 아이에게는 이 순간이 상당히 인상 깊게 다가올 것이다. 묵상의 시간은 끊임없이 뭔가를 하는 데서 비롯되는 긴장을 풀어줄 뿐 아니라 놀라운 깨달음을 주기도 한다. 그저 가만히 있는 것도 좋다는 깨달음 말이다.

아이들에게는 일하는 것도 압력 배출구가 될 수 있다. 이때 일이란 외바퀴 손수레에 돌을 가득 담아 옮기거나, 구멍을 파거나, 블록을 쌓거나, 도마뱀을 잡거나, 나무에 오르는 등의 '아이다운' 프로젝트를 뜻한다. 아이가 학교에서 돌아오자마자 다시 하고 싶어 하는 일이 있다면 그것이야말로 훌륭한 압력 배출구다. 아이는 '자신마저 잊고 빠져들 수 있는' 활동을 하면서 긴장을 풀고 정신적 여유를 되찾아서 그날의 일을 처리한다. 무엇이든 푹 빠질 수 있는 놀이 활동은 그야말로 완벽한 압력 배출구다.

앞서도 말했지만 압력 배출 기능을 할 수 있는 작은 의식이 한 가지 있다. 하루 중 정해진 시간에 촛불을 켜는 것이다. 저녁식사 전 촛불을 켜고 식사를 마치고 나면 아이들 중 한 명이 촛불을 끄도록 하는 게 이미 가족 전통으로 전해져 내려오고 있을 수도 있다. 어린아이들의 눈에는 촛불이 마법 같은 세상을 창조하는 것처럼 비친다. 그래서 촛불이 만들어내는 작은 황금빛 원에 모든 관심을 집중한다. 이렇게 촛불을 켜는 단순한 행위로 얼마나 큰 안정감을 줄 수 있는지 깨달으면 아마 깜짝 놀랄 것이다.

한 엄마의 이야기에 웃음을 터뜨린 적이 있다. 그녀는 어린 아들이 촛불을 진실만 털어놓게 하는 신비한 것으로 여기는 듯하다고 말했다. "촛불을 켜면 아이는 대부분 조용해지지 않나요?" 그녀가 물었다. "자레드는 안 그래요! 오히려 마음(그리고 입)을 활짝 열고 지구와 모든 생명체를 위한 소망을 늘어놔요. 자신과 친구들, 애완동물, 선생님, 심지어 우편배달부 아저씨에 대한 생각과 꿈까지 줄줄이 얘기한다니까요. 사랑스럽기는 하지만 솔직히 요즘에는 촛불을 켜면서 속으로 이렇게 생각해요. '놀라지 말자!' 어떤 게 튀어나올지 모르거든요!" 이런 게 촛불 압력 배출구다!

궁극의 리듬, 수면

잠이야말로 궁극의 리듬이고 압력 배출구다. 잠을 잘 자는지 아닌지에 따라 아이의 모든 생활은 물론이고 향후 어떤 사람이 될지가 달라진다. 자존감이 낮다고? 그럴 때 내가 가장 먼저 묻는 질문은 잠이 지나치게 부족한 건 아닌가 하는 것이다. 자지 않으면 우리는 그만큼 예민해지기 때문에 강인함과 회복탄력성을 지닌 채 새롭거나 변화하는 환경에 접근할 수가 없다. 잠은 확고한 자아 정체성을 구축하는 데 꼭 필요한 리듬이다. 아이의 두뇌 발달은 물론이고 신경 발달 및 세분화 역시 상당 부분 자는 동안 진행되기 때문에 평소보다 한 시간만 못 자도 생각이나 행동이 달라질 수밖에 없다. 텔아비브 대학의 아비 사데 박사가 진행한 연구에 따르면, 평소보다 1시간 덜 잤을 때 나타나는 수행 능력의 차이는 6학년과 4학년 간의 차이만큼이나 크다. 다시 말해, 6학년 아이가 잠을 잘 못 자고 학교에 가면 4학년 수준으로 배우고 행동하게 되는 것이다.[7]

내 경험상 만 2~6세 아이는 대부분 11시간은 자야 한다. 만 6~11세 아이 중에는 10시간만 자도 잘 지내는 아이들도 있지만 그 시간은 청소년기가 되면 다시 11시간, 심지어 12시간으로 늘어나기도 한다. 하지만 안타깝게도 실제로 이 정도 시간을 자는 아이는 찾아보기 힘들다. 십대 청소년의 절반 정도는 평일에는 채 7시간도 자지 못하고, 고등학교 정도 되면 평균 수면 시간이 6시간 반 정도밖에 안 된다는 사실이 켄터키 대학교의 연구 결과 밝혀졌다.[8]

수면 시간은 가족의 모든 리듬 중에서도 가장 철저하게 지켜져야 한다. 평일과 주말에 잠드는 시간과 일어나는 시간이 너무 다르면 시차로 고생할 때와 같은 증상을 겪을 수 있다. 아이는 자정 이전에 재우는 게 이후 재우는 것보다 훨씬 좋다는 사실도 기억해야 한다. 아이의 내부 리듬이 이른 저녁에 더 깊은 잠을 이룰 수 있도록 설정돼 있기 때문이다.

자기 전 들려주는 이야기

이야기는 훌륭한 압력 배출구다. 신화적 존재가 환상의 땅에서 펼치는 모험 이야기를 통해 그날 있었던 일이나 고민거리로부터 벗어날 수 있기 때문이다. 아이는 이야기 속 캐릭터를 상상하면서 자신에 대해 인식한다. 영웅의 두려움을 느끼고, 그의 용기와 열정, 희망을 간접 체험함으로써 자신만의 가치를 헤아리는 것이다. 온 마음을 다해 이야기를 좇아가면서 행동의 결과를 이해하고 옳은 길과 그른 길을 파악한다. "이제 어떡해?" 혹은 "끝에 어떻게 될까?" 같은 질문과 함께 마음껏 상상력을 발휘하면서 그날 받았던 압박감을 모두 발산해 버린다.

재미있는 이야기를 좋아하지 않는 아이는 없다. 아이는 이야기를 들려주는 사람 품에 안긴 채 눈앞에 펼쳐지는 상상의 세계로 여행을 떠날 때 상당한 기쁨을 느낀다. 아이에게 더 필요한 건 아무것도 없다. 자신의 호흡에 편안하게 몸을 맡긴 채 이야기의 세부사항을 마음속에 그려내기만 하면 된다. 이야기에는 아이라면 좋아하는 다채로움과 리듬 그리고 언어의 음악성이 존재하기 때문이다. 아이가 이야기에 등장하는 이미지와 문구를 활용해 놀이하는 모습을 분명 본 적이 있을 것이다. 이야기를 통해 아이는 세상에 대해, 그리고 침실 밖으로 무궁무진하게 뻗어 나가는 가능성의 세계에 대해 배운다. 자신의 마음과 감정을 이야기 속 인물에 대입해 정체성을 구축하고 열정과 공감이라는 내면의 우물을 깊이 파고들어간다.

이야기는 아이가 자신만의 삶을 펼쳐 나가는 방식과 자기 자신에게 하게 될 이야기에도 영향을 미친다. 앨버트 아인슈타인은 이렇게 말했다. "당신의 아이가 똑똑하길 바란다면 동화책을 읽어주어라. 당신의 아이가 더 똑똑하길 바란다면 동화책을 더 많이 읽어주어라." 이처럼 동화에는 진실, 아름다움, 선량함, 투쟁, 두 번째 기회, 실수, 갈등, 약속 등 인생을 사는 데 필요한 교훈이 모두 들어 있다.

아이들은 어떤 이야기를 들려주든 한결같은 반응을 보인다. "또 읽어줘!" 반복을 통해 아이들은 이야기를 단순히 '맛보고' 넘어가는 대신 더 깊이 있게 알게 되고 결국에는 학습된 경험으로서 자기 것으로 만드는 경지에 이른다.

아이에게 몇 번이고 계속 들려주는 가족 이야기는 무엇인가? 이것이야말로 사랑하는 사람의 이야기, 재치, 위험과 두려움, 고난과 영웅주의의 이야기라 할 수 있다. "안나의 볼이 찢어져서 꿰맸던 거 기억나? 겨우 퇴원하고 집에 와서 저녁으로 밀크셰이크를 만들어 먹었잖아." 당시의 걱정과 안도는 여러 번 이야기하는 과정에서 변형되어 결국 일종의 가족 신화로 재탄생한다. 가족 이야기를 통해 우리는 추억을 다시 되살리기도 하지만 자신에 대한 믿음이 강해지는 효과를 누리기도 한다. 당신의 아이가 가족들에게서 가장 소중하게 여기는 것은 무엇인가? 아이가 계속 듣고 싶어 하는 이야기가 뭔지 살펴보면 이를 파악할 수 있다.

아이에게 이야기를 들려주는 리듬을 통해 부모는 부모로서의 힘을 확장할 수 있다. 음식과 주거 문제는 이미 해결했고 아이의 대학 입학은 아직 먼 미래의 일일 때 부모로서 할 수 있는 가장 훌륭한 일이 아이의 유년기를 이야기로 풍성하게 만들어주는 것이기 때문이다! 그렇게 하면 리듬 중에서도 단연 최고라 할 수 있는 안정감과 연결감이 구축된다. 이뿐만 아니라 은은한 조명이 비치는 침대 머리맡을 무대로 마법을 펼쳐 보일 수도 있다. 이야기를 통해 마법 같은 다른 세상인 과거와 미래로 떠나는 문을 활짝 열어젖힐 수 있는 것이다. 이렇게 무한한 가능성으로 나아갈 때 아이는 지금 이 순간의 중요성을 깨닫게 된다.

자기 전 이야기를 들려주는 의식은 소통을 통해 연결감을 구축하게 해 주는 아주 값진 통로다. 이 같은 사실은 우연히도 앰버와 로라의 이야기에서 가장 잘 드러난다.

여덟 살이자 1학년인 앰버는 학교생활을 아주 훌륭하게 해 나가고 있다. 매일 아침마다 학교에 가고 싶어 안달일 정도로 행복해한다. 앰버의 엄마인 로라도 그녀가 학교에서 아무 문제없이 잘 지낸다고 이야기해 주었다. 그런데 집에서는 화도 잘 내고 엄마를 못 견뎌한다. 로라는 캘리포니아에 있는 자신의 오빠가 많이 아프다고 말했다. 이미 병상에 누운 지 오래되어 이제는 살날이 얼마 남지 않은 게 분명했다. 로라는 몇 주에 한 번씩 캘리포니아로 가서 매번 5일 정도씩 머물고 돌아오고는 했다.

로라는 앰버가 편안하게 지낼 수 있도록 해 주려고 열심히 노력해 왔지만 앰버는 엄마에게 엄청나게 화가 나 있었는데, 엄마가 한 번씩 자신만 남겨두고 떠나버리고 또 혼자 슬퍼하게 하는 걸 용서할 수 없었던 것이다.

"현재 상황에 대해서는 앰버에게 뭐라고 말했나요?" 내가 질문했다. "가능한 한 솔직하게 얘기해요. 앰버는 외삼촌을 사랑하고 많이 아프다는 것도 알거든요. 앰버도 진실을 알아야죠. 괜히 이야기를 지어내고 싶지는 않아요." 그녀의 말속에 내가 하고 싶은 말이 모두 들어 있었다. "네, 앰버에게는 두 가지 다 필요하죠. 진실과 이야기, 둘 다요. 그런데 지금 앰버가 진실을 잘 받아들이려면 이야기가 좀 더 필요한 것 같네요."

로라에게 나는 자기 전 앰버에게 들려주는 이야기를 통해 현재의 어려운 상황을 우회적으로 알려주라고 제안했다. 끔찍한 상황에 부딪혔다 결국 빠져나갈 길을 찾는 사람의 이야기를 다양한 형태로 여러 번 들려주는 게 좋겠다고 조언해 주었다. 주인공이 어둡고 으스스한 숲속에서 완전히 길을 잃어 온갖 위험과 문제 상황에 직면하지만 마침내는 빛과 변화를 마주한다. 그리고 결국 빠져나갈 길을 발견하면서 주인공은(로라가 들려주는 이야기로 치면 당연히 앰버는) 더 좋은 곳으로 가게 된다.

그로부터 1년이라는 긴 시간이 지나고 나서야 로라는 나를 다시 찾아와 오빠의 사망 소식을 전했다. 그리고 멋쩍은 듯 미소 지으며 지난번 상담 때는 내 충고가 불만스러웠다고 털어놨다. "이해해 주세요. 그때는 정말이지 너무 힘들었거든요. 완전히 질식할 지경이었는데 선생님은 고작 '이야기'를 처방전으로 내놓으시니 어이가 없었어요. 그런데 진짜 효과가 있더라고요. 이야기가 앰버를 어루만져 준 덕분에 그 시기를 잘 넘길 수 있었어요." "지금도 앰버가 그 이야기를 들려달라고 하나요?" "그럼요!" 그녀는 내 질문에 놀란 듯했다. "당연히 지금도 그 이야기를 계속해 줘요. 아이가 다르게 이야기하는 걸 싫어해서 그때와 토씨 하나 바꾸지 않고 똑같이 얘기해 주는데 어느 순간부터 제게 다르게 다가오더라고요." 그 이유를 나는 알고 있었다. "이제 당신이 스스로를 믿게 됐군요. 그렇죠?"

스스로를 성장시켜야 하는 아이에게 이야기는 큰 힘이 된다. 자신의 세상을 구성하는 데 필요한 힘과 이미지를 아주 강력하고 치유력 있는 이야기로부터 얻기 때문이다. 앰버의 경우, 엄마는 자신을 둘러싼 '세상' 그 자체이자 안전망이었던 만큼 흔들리는 엄마를 보는 게 두려울 뿐 아니라 화도 났다. 세상의 마땅한 질서에 위배되는 일이 벌어지고 있었던 것이다. 이때 이야기가 앰버의 이런 느낌을 떨치게 해 주는 한편 세상의 '질서'가 언젠가 다시 제자리를 찾을 것이라는 확신과 희망을 선사해 주었다.

어린아이가 찾는 답의 대부분은 이야기 속에 있다. 이는 아이의 세상과 어른의 세상이 얼마나 다른지 보여주는 좋은 예라 하겠다. 어른인 우리는 어려운 상황일수록 진실하고 치열하게 소통해야 한다고 호소하며 이따금 진솔한 태도를 옹호한다. 하지만 현실 세상을 아직 완전히 받아들이지 못했고 정보처리 방식도 어른과 다르므로 아이들로서는 이해하기 힘든 상황이라면 잠시 진실을 묻어두는 것도 좋다. 물론, 아이들이 직접 관련된 일이라면 진실을 단순하고 솔직하게 이야기해 줄 필요도 있다. 이야기 속에서 아이들은 마음껏 느끼고 질문할 수 있고 상상을 통해 진실을 처리할 수도 있다. 앰버 역시 이야기에 내재된 비유를 제대로 활용함으로써 현실에 대처할 수 있었다. 결국 이야기는 아이들이 현실의 횡포를 벗어나 자유롭게 날아갈 수 있도록 날개를 달아준다.

로라는 한창 힘들던 시절에 자신과 앰버에게 가장 필요했던 이야기의 힘을 깨달았다. 그녀는 이제 부모로서 이를 기억하고 또 활용할 것이다. 부모는 아이가 무엇을 필요로 하는지, 어떤 고민을 하고 또 어려움을 겪고 있는지 단순히 짐작만 할 때도 많다. 물론 아이가 처한 현실과 공통점이 전혀 없는 이야기도 있을 수 있지만 그래도 여전히 이야기는 새로운 관점이라는 선물을 준다. 열린 창을 통해 불어오는 시원한 바람의 역할을 하는 것이다. 이야기는 우리가 도저히 통제할 수 없는 존재와 힘이라는 것이 있다는 걸 알려주고 작은 선의가 엄청난 결과를 가져올 수 있음을 깨닫게 해준다. 또 용기와 재치, 기적에 대해서도 다룬다. 이야기의 이미지와 유연성, 가능성 속에서 아이는 감정적으로 공감하고 발산할 기회를 누리며 자양분을 공급받는다.

리듬에 대한 이야기를 마무리하는 이 순간, 당신의 가족에게 연결감을 선사하는 규칙적인 일과를 발견했길 바란다. 리듬이야말로 아이를 평생 이롭게 하는 놀라운 선물이라고 여기게 됐길 바란다.

상상해 보자...

- 질서와 리듬, 흐름이 확립된 가족의 일상을...
- 믿을 수 있는 반복이 확립된 이후 한결 수월해진 과도기를...
- 일관성이 커지면서 예측할 수 있게 된 일상, 그로 인한 안정감과 기대감을...
- 리듬이 확립되면서 가족과 더 깊이 연결되고 더 자주 멈출 수 있게 된 일상을...
- 오늘 하루가 어떻게 진행될지 머릿속에 그릴 수 있게 된 아이가 느낄 안정감을...
- 리듬으로 자리 잡은 일상의 임무를 혼자서도 잘해 내는 아이의 모습을...

- 더 규칙적으로 갖는 가족 식사, 친숙하고 편안한 음식 속에 돈독해져 가는 유대감을…
- 가족과 공유할 이야기가 쌓여 있는 상황을…
- 다양한 활동을 함께하면서 확립돼 가는 가족의 정체성을…

Simplicity Parenting

5장

스케줄 줄이기

/ 균형과 통제
/ 놀이와 스포츠, 스케줄

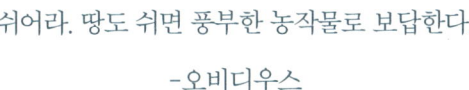

쉬어라. 땅도 쉬면 풍부한 농작물로 보답한다.
-오비디우스

열네 살인 딜런은 축구팀 선수로 활동하고 있으며 태권도 승급 시험도 준비하고 있다. 밴드와 재즈 오케스트라 양쪽에서 트럼펫을 연주하며, 하루 평균 1~2시간씩 매일같이 숙제를 한다. 재무 설계사인 딜런의 엄마 캐롤은 딜런이 열한 살 난 여동생 디디에 비하면 '천하태평'이라고 말한다. "딜런이 아직 진짜 좋아하는 일을 찾지 못해서 앞으로 더 많은 걸 경험하게 해 줄 계획이에요." 디디는 2년 전 방과 후 활동을 할 때 체조와 승마를 가장 재미있어 해서 두 개를 결합한 마상체조를 시작했다. "이제 우리 가족에게 자유시간은 없어졌다고 할 수 있지만 디디가 마상체조를 너무 좋아해요. 의욕이 넘치죠." 이제 주말이면 캐롤과 남편인 롭은 딜런을 축구

경기장에 데려다주고, 디디와 인근의 마상체조 경기장으로 향한다.

캐롤과 롭은 업무처리로 바쁘게 생활하는 와중에도 가족에 전념한다. 똑같이 육아를 분담하는 두 사람은 아이들이 학교에서 좋은 성적을 내도록 돕는 건 물론이고 흥미를 느끼는 건 무엇이든 할 수 있게 지원해 준다. 캐롤이 내게 편지를 쓴 건 내가 한 라디오 프로그램에서 '스케줄이 지나치게 많은 아이'에 관해 인터뷰한 방송을 듣고 나서였다. 캐롤은 아이들을 어딘가 데려다줘야 하는 경우가 많다 보니 자연스레 라디오를 들을 때도 많았던 것이다.

캐롤에 따르면 나의 주장에는 동기 자체에 대한 고려가 빠져 있었다. '스케줄이 지나치게 많은'이라는 것도 부적절한 표현이었다. 물론, 부모 중에는 아이가 성취하는 모습을 보고 싶어서, 혹은 자신이 일하는 동안 아이가 시간을 보내야 하기 때문에 억지로 다양한 활동을 시키는 이도 있다. "하지만 저희 부부는 달라요. 롭과 저는 저희가 갖지 못했던 기회를 주고 싶은 것뿐이에요." 그녀는 아이가 재밌어하지도 않는 활동을 시키면 당연히 스트레스가 되겠지만 스스로 좋아하고 하려는 의지가 있는 일이라면 아이도 좀 바쁠지언정 재미있어하고 에너지가 넘치며 결과적으로 생산성도 높아진다고 주장했다.

캐롤과 나는 여러 차례에 걸쳐 편지를 주고받다 내가 그녀의 동네 근처에서 강연을 하게 되면서 마침내 만날 수 있었다. 우리는 지금도 여전히 친구로 지낸다. 내가 그녀의 아이들을 농작물에, 그리고 부모로서의 노력을 경작 활동에 비유했을 때 기분이 상했을 법도 하지만 그녀는 그러지 않았다. 구체적인 이야기는 뒤에서 하겠다.

먼저 캐롤에게 그랬던 것처럼 이 사실만큼은 분명히 밝히고 싶다. 나는 아이가 흥미를 느끼는 모든 일에 열정을 쏟으면서 활동적으로 지내는 걸 적극 지지한다. 가만히 책상다리를 하고 앉아서 스트레스 없는 고요한 유년기를 보낼 수 있다는 건 어불성설이다. 아이들은 활동 속에서 성장한다. 내 딸아이는 스스로 오후를 알차게 보냈다고 느낄 때면 이런 찬사를 보낸다. "다른 생각 할 틈도 없이 신나게 놀았어요!" 얼굴은 잔뜩 상기돼 있고, 머리칼은 땀으로 흠뻑 젖은 채 숨을 몰아쉬며 아이가 행복해할 때 우리 역시 그 어느 때보다 행복하다. 자신이 사랑하는 일에 흠뻑 빠져 있는 모습이기 때문이다.

캐롤이 문제 삼은 건 '스케줄이 지나치게 많은 아이'라는 내 표현뿐만이 아니었다. 언론에서 꽤 오래전부터 논란이 돼 오던 이슈에도 이의를 제기했다. 좀 더 구체적으로 말해, 1980년대 초 데이비드 엘킨드가 지금은 고전이 된 저서 『기다리는 부모가 큰 아이를 만든다 The Hurried Child』에서 내세웠던 '부모가 양육에 쏟을 관심이나 시간이 부족하기 때문에 빨리 어른이 되도록 아이를 내몰거나 슈퍼 경쟁력을 갖추도록 닦달하고 있다'는 주장에서 부모에게 책임이 있다는 데 동의하지 못한 것이다.

데이비드 엘킨드는 이후 출간한 『놀이의 힘 The Power of Play』에서 아이들이 이렇게 일찍 성숙하도록 내몰리는 와중에 잃어버리는 것에 대해서도 살펴보았다. 한편, 앙드레 아엘리온 브룩스는 저서 『바쁘게 달려가는 부모의 아이들 Children of Fast-Track Parents』(1989년)에서 초등생 자녀를 둔 부모들이 아이에게 갈수록 학교 이외의 사교육을 더 시킨다고 지적했다. 아이의 '성과'를 중요시하는 경향이 커지면서 경쟁이 치열해졌다는 것이다. 앨빈 로젠펠트와 나오미 와이즈는 2001년 출간한 저서 『극성 부모, 시달리는 아이 The Over-Scheduled Child: Avoiding the Hyper-Parenting Trap』에서 육아가 어느새 경쟁 종목으로 자리 잡아 이제 부모와 자녀가 함께 보내는 여가 시간이 사라졌다고 지적했다.

이 같은 경향과 논란은 거의 40년간 계속돼 왔다고 볼 수 있다. 그런데 족히 한 세대를 아우르는 그 시간 동안 바뀐 건 얼마나 있을까? 부모들의 유년기에 비하면 오늘날의 아이들은 어떤 유년기를 보내고 있을까?

1980년대 초반부터 변함없이 이어져 오는 활동도 있다. 만 6~11세 아이는 여전히 TV를 많이 보고, 컴퓨터를 하는 시간도 갈수록 길어지고 있다. 학교에서 보내는 시간은 1981년보다 주당 8시간씩 늘었고, (스포츠, 체험수업, 사회활동 같은) 단체 활동 시간도 1981년 11퍼센트에서 1997년 20~22퍼센트로 2배나 길어졌다.[1]

2018년 글로벌 뉴스 「입소스」가 실시한 여론조사에서는 아이에게 다양한 단체 활동을 시킴으로써 가능한 한 바쁘게 생활하도록 해야 한다고 응답한 부모가 무려 전체의 70퍼센트에 달했다. 모순되게도 그렇게 답변한 부모 중 절반 이상은 아이의 스케줄에서 학교 수업 이외의 활동이 너무 많다고 답하기도 했다.[2]

숙제하는 시간도 같은 기간 동안 두 배로 뛰었다. 만 6~8세 아이가 숙제에 투자한 시간이 1981년에는 한 주에 52분이었다면 1997년에는 주당 평균 128분으로 늘었다. 그리고 이는 '아동 낙오 방지법'을 기점으로 급증했는데, 2006년 AOL과 연합뉴스가 부모를 대상으로 실시한 여론조사에 따르면 초등학생은 매일 밤 거의 1시간 20분씩 숙제를 한다.[3]

2015년 「미국 가족 치료 저널 American Journal of Family Therapy」에 게재된 연구에 따르면, 초등학교 저학년 아이가 하는 숙제의 양은 권위 있는 교육 전문가들의 권장량보다 많은 것으로 나타났다. 심지어 숙제가 권장량의 3

배에 이르는 경우도 있었다. 이는 아이의 사회성과 감정 발달에 부정적 영향을 미칠 수밖에 없다.[4]

오늘날 아이에게 주어지는 자유시간은 예전에 비하면 주당 무려 12시간이나 줄었다.[5] 미시건 대학교 연구진에 따르면, 1981년 당시 초등학생은 먹고 자고 공부하고 단체 활동하는 시간을 제외하고 하루의 40퍼센트를 자유 시간으로 보냈지만 1997년에는 이 시간이 하루의 25퍼센트로 줄었다.[6]

또한 2015년 미시건 대학교 사회 조사 연구소에서 만 12세 이하 어린이 3천5백 명을 대상으로 실시한 연구 결과, 아이가 누린 자유 시간은 30년 전의 절반 수준에 그쳤다.[7]

캐롤을 포함한 일부 부모는 이 같은 변화를 모두 자신들의 책임으로 몰고 가는 게 부당하다고 이야기한다. 바쁜 게 그렇게 나쁜 것인가? 바쁜 일상이라고 해도 아이가 무조건 정신없어 하기보다 충만하다고 느낄 수도 있는 것 아닌가? 아이한테 가능한 많은 기회를 제공해 주고 싶은 게 어떤 면에서 잘못됐단 말인가? 여기서 책임의 소지를 논하는 건 교육적이지도 생산적이지도 않다. 나는 '스케줄이 지나치게 많다'는 논란에서 부모나 아이의 동기는 그리 중요한 문제가 아니라고 생각한다. 대부분의 부모는 선의로 움직인다. 혼자 있고 싶어서 아이를 바쁘게 돌린다고 말하는 부모는 없다. 일과 부모로서의 책임 사이에서 고군분투하는 일상의 현실적 어려움을 생각하면, 부모가 아이를 바쁘게 돌리면서 유년기를 학대한다는 주장에는 어폐가 있다. 다시 한번 말하지만 부모를 움직이는 건 아이에게 모든 걸 주고 싶은 선의다. 하지만 지나치게 많은 장난감이 창의력을 억압하듯 지나치게 스케줄이 많아도 아이 스스로 자신의 시간을 채우면서 길을 찾아갈 능력을 개발할 수 없다.

일정을 관리해 주는 사람이 없으면 방과 후 수업, 스포츠 활동 참여 등 한 가지도 제대로 못하는 아이가 있는가 하면, 주 중에 여러 돌봄 시설을 전전하면서 매번 달라지는 보육 교사나 환경에 적응해야 하는 유아도 있다. 심지어 매일 온갖 스케줄이 꽉 차 있어서 중간에 단 15분이라도 틈이 생기면 이상해하거나 바로 '지루함'을 느끼는 아이 역시 존재한다. 이렇게 가차 없이 바쁜 아이도 각 활동에서 즐거움을 느낀다면 행복한 것일까? 물론이다. 하지만 그 모든 스케줄에서 강조되는 게 즐거움인가 아니면 성과인가, 만족인가 아니면 경쟁인가? 동기가 부모와 아이 둘 중 누구에게서 비롯된 것인지 구분하기 힘들 뿐 아니라 아이의 동기에서 비롯되었다 해도 활동에 대한 애정에서 비롯됐는지, 아니면 부모를 기쁘게 해주고 싶은 욕구에서 비롯됐는지도 알 수 없다. 어느 경우든 아이가 좋아하는 활동이라고 해서 어릴 때 지나치게 많이 시켜도 되는 건 아니다. 만약 그 흥미가 진짜라면 시간이 흘러도 계속 지속될 것이다. 게다가 건강한 흥미일수록 여유를 두고 다른 활동에 대한 호기심과 함께 조화롭게 채워져야 더 깊이 지속될 수 있다.

> **단순하게 말하면…:** 지나치게 스케줄이 많으면 아이는 스스로 동기를 부여하고 자신의 의지대로 살아가는 능력을 마음껏 펼칠 수 없게 된다

균형과 통제

 아이에게는 정해진 게 아무것도 없는 자유 시간이 필요하다. '아무것도 하지 않을' 시간이나 엉뚱한 행동을 할 시간 말이다. 이를테면 아이스크림 트럭이 코너를 돌지 않고 직진만 하게 만들 방법을 궁리한다든가, 물구나무 자세로만 아이스크림 트럭까지 갈 계획을 세우는 데 보낼 시간이 필요하다. 이런 자유 시간 없는 삶이 과연 조화로울 수 있을까? 결코 아니다. 우리도 이 사실을 알고 있지만 생산성 또한 중요하게 여긴다. 유년기와 육아는 현재 40년 전과는 비교도 안 되게 치열한 검열을 받고 있다. 유년기가 성인기를 준비하기 위한 '것'이라면 육아가 우리 부모님들처럼 해서는 안 되는 '것'이 되었기 때문에 우리는 육아를 통해 유년기를 통제하려 든다. 이 '유년기라는 것'을 발전시키고 더 많은 선택의 여지를 제공하는 한편 생산성을 높일 방법까지 고민해야 한다.
 그래서 나는 지나치게 스케줄이 많은 아이에 대해 생각할 때마다 균형

과 통제라는 단어가 떠오른다. 사실, 여기에 비료까지 더해 세 단어다. 유년기라는 시기는 더 풍요로워질 수 있기 때문이다. 그렇다! 바로 이 풍요로움을 달성할 수 있는 비료를 우리는 부모로서 발견했지만 아이의 유년기에 지나치게 뿌려대고 있는 게 아닐까 생각해보자.

균형

1950년대 초, 화학 비료의 등장으로 농부들은 경작지를 더 효율적으로 관리하고 생산성을 높일 수 있게 되었다. 토양의 자연 순환 주기에서 벗어나 경작지를 단시간에 더 비옥하게 만들 수 있게 된 것이다. 비료 덕분에 농부들은 더 이상 가축을 키워 거름을 모으거나 농작물을 다양하게 재배할 필요가 없어졌다. 대신 엄청나게 넓은 땅에 한 가지 작물만 빽빽이 경작하기 시작하면서 보이는 곳은 전부 옥수수로 뒤덮인 곳도 생겨났다. 토양이 비옥해진 덕분에 더 짧은 기간에 더 많은 농작물을 생산할 수도 있다.

동기는 또 어떤가? 생산량을 높이려는 농부의 동기 또한 더 큰 맥락에서 보면 충분히 이해할 수 있다. 결국 농부도 압박감에 시달리는 것이다. 자신의 농작물과 이웃의 것 중 어떤 게 더 품질이 좋을까? 빠르게 돌아가는 경쟁 사회에서 우위를 점하려고 하는 건 당연지사 아닌가?

불행히도 자연에 산업의 원리를 적용하면 그만한 대가를 치러야 한다. 비료를 지나치게 많이 사용함으로써 토지는 황폐해졌고 대폭 고갈되었다. 토지를 보호하는 데에는 시간이 필요하다. 지속적으로 경작할 수 있으려면 재배 품종을 바꿔주고, 휴경하거나 윤작하면서 경작지에 균형을 되찾아줘야 한다. 이 같은 원칙은 아이에게도 적용된다. 아이의 스케줄을 통제하거나 유년기에 '더 많은 성과를 내려고' 하면 대가를 치르게 돼 있다. 아이는 비료가 너무 많이 뿌려진 삶, 즉 아침부터 밤까지 일정이 빡빡한 바쁜 삶을 살고 있다. 지나친 '풍요로움'은 식물이 제대로 뿌리내리지 못하게 한다. 뿌리 없는 식물처럼 휴식 없는 활동은 결국 지속될 수 없다.

윤작의 개념을 어떻게 적용하면 유년기가 '지속 가능해질 수' 있을까? 우리 아이들의 스케줄을 새로운 관점에서 바라보고 단순화할 수 있도록 윤작에 대해 좀 더 깊이 알아보자. 윤작은 균형과 상호의존성이 잘 실현돼 있는 개념이다. 휴한기를 충분히 가지면 공기가 잘 통해 재충전된 토양에서 농작물은 풍년을 이룬다. 같은 맥락에서 휴식은 창의력을 높여 주고, 결과적으로 활동이 일어나게 만든다. 활동은 또 휴식을 낳고, 이를 통해 창의력이 지속된다. 각각 서로를 유도하고 또 서로에게 도움이 된다.

우리 아이들에게 '휴한기'는 여가와 휴식이다. 모든 전문가들이 입을 모아 권장하는 '휴식 시간', 즉 빈둥대고 함께 어울리며 노닥거리는 시간 말이다. 사색하고 관찰하며 휘파람을 제대로 불기 위해 노력하는 시간이다. 학교 종소리와 무관한 시간, 숙제의 부담에서 벗어난 시간이기도 하다. 피아노나 춤을 연습할 필요도 저녁 먹기 전 씻을 필요도 없는, 또 하나의 우주 속에 존재하는 시간이다.

윤작은 깊이 몰입해 자신마저 잊게 되는 '푹 빠져드는 놀이'에 비유할 수 있다. 미술놀이나 만들기 혹은 독서처럼 시간이 가는 것도 잊고 빠져들 수 있는 활동이 이에 해당된다. 당신의 아이는 어느새 자기 자신도, 그 어떤 좌절감도 잊고 그 활동에 오롯이 집중할 것이다. 이 순간 아이는 본연의 자신과 연결되며 바로 그곳에서 창의성이 일기 시작한다.

나는 부모에게 스케줄을 단순하게 줄일 때 아이가 창의적인 놀이에 푹 빠져 있는 모습을 그려 보도록 제안한다. 그러면 부모들은 미술놀이나 자연 활동을 하는 아이를 떠올릴 때가 많다. 당신의 아이가 완전히 집중할 때는 언제인가? 당신을 비롯해 주변의 모든 환경을 지워 버리고 그 순간에 하고 있는 일에 온 관심을 쏟을 때가 언제인가? 물론, 다른 활동이나 여가도 똑같이 중요하기는 마찬가지다. 하지만 내가 이 순간을 강조하는 이유는 부모가 이때를 알아차리지 못하면 아이를 현실 세계로 끌어내기 십상이기 때문이다. 마치 예배 시간에 라디오를 켜듯 그 순간을 뚝 끊어버림으로써 짓밟아 버릴 수 있다. 이런 감각적 자극을 처리하는 순간이야말로 아이에게 너무나 소중해서 이를 경험하지 못하는 아이는 예민해지고 결과적으로 잠도 잘 못 자게 된다.

푹 빠지는 놀이에 대해 한 가지 더 짚고 넘어가자. 부모로서 나는 아이가 놀이에 완전히 빠져 있는 순간을 알아보기 위해 애쓴다. 당신은 이 순간을 존중해 줄 수 있지만 '통제'할 수는 없다. 본래 신뢰가 통제보다 더 강한 힘을 발휘하는 법이다. 소아과 의사이자 발달학 교수였던 벤자민 스포크 박사가 말한 것처럼 "자신을 믿어라. 당신은 스스로 생각하는 것보다 많은 걸 알고 있다." 푹 빠지는 놀이는 부추긴다고 이루어지는 게 아니다. 당신이 할 수 있는 건 통제가 아니라 시간을 주고, 그와 같은 여가와 활동이 아이의 창의력을 키워 줄 거라고 믿는 것뿐이다. 아이를 위한 미술 수업을 잔뜩 잡아 주고 창의적 결과물이 나오도록 '밀어주는' 것은 소용없다. 당신이 계획하는 창의력은 아이의 것이 아니다. 아이의 창의력은 정체성과 마찬가지로 진화한다. 당신은 그저 창의력이 '날개를 달았을' 때와 '꿈쩍도 안 할' 때 사이의 중간 지대를 인지하고 존중해 주기만 하면 된다.

학교 수업이나 방과 후 수업 같은 활동도 '경작'에 비유할 수 있다. 여기에는 평범한 '일상'의 분주함이 포함된다. 스포츠 경기, 악기 연주, 시험 기간의 살짝 상기된 분주함 혹은 '좋은 스트레스'도 포함될 수 있다. 온갖 일정으로 가득 차서 끊임없이 움직여야 하는 하루가 경작인 것이다.

이 같은 활동과 휴식의 상호작용은 균형을 잡는 데 필수적이다. 휴식이 활동을 유도하는 것처럼 왕성한 활동은 잠을 부르고 또 상상력도 부추긴다. 하지만 스케줄의 90퍼센트가 활동이라면 심각한 불균형 상태다. 물론, 부모랍시고 스톱워치를 꺼내 아이의 시간을 정확히 삼등분할 필요는 없다. 하지만 지난 20년간의 사례에서 봤듯 우리가 아이의 스케줄을 지나치게 빽빽하게 채운 탓에 아이는 결국 피폐해지고 말았다. 지나치게 스케줄이 많은 아이는 오직 끊임없이 경작만 하는 토양과 같다. 휴식과 재충전이 없다면, 깊숙이까지 공기와 영양분을 공급해 주지 않는다면 토양은 황무지로 전락하고 만다.

> 단순하게 말하면…: 휴식 없는 활동은 뿌리 없는 식물처럼 지속 불가능하다

그렇다면 우리는 '스케줄이 지나치게 많은' 일상에서 어떻게 한 발 물러날 수 있을까? 어떻게 해야 우리 아이의 스케줄에 '숨통을 트여 주고' 일상을 단순화할 수 있을까? 오늘날의 부모에게 아이나 자신의 스케줄을 추가하는 건 아마 식은 죽 먹기일 것이다. 지금까지 스케줄을 너무 많이 늘려놔서 이제는 좀 줄이는 법을 알고 싶다는 부모도 많다. 이들은 자신의 시간을 어떻게 단순화할지 모를뿐더러 아이의 스케줄을 단순화하는 데 더욱 갈피를 못 잡는다.

스케줄을 단순화하고 싶을 때 가장 처음 해야 하는 일은 깨닫는 것이다. 아무것도 정해지지 않은 시간, 아이가 자기만의 방식으로 '빈둥대는' 시간의 중요성을 존중하면 우리는 올바른 길을 갈 수 있다. 아이의 스케줄을 비우고 단순화하라. 자유로운 오후를 아름다운 기회로 여길 때 예상 못 한 일이 일어나고 즐거운 의외성이 뿌리내린다. 결국 자신만의 시간에 무엇을 할 것인가도 중요하지만 자신만의 것으로 만들 시간이 있는가도 중요하다. 나는 이번 장을 통해 당신이 균형 잡힌 시간에 대해 좀 더 잘 이해하고, 아이의 스케줄을 좀 더 지속 가능하게 짜는 방법을 깨닫게 되길 바란다. 그 결과 아이가 에너지, 취향, 흥미, 회복탄력성 등 내면에 갖고 있는 자원을 쏟아낼 뿐 아니라 담을 시간 역시 갖게 되길 바란다.

심심함이라는 선물

"심심해." 이런 말 당연히 들어봤을 것이다. 어쩌면 불과 30분 안에 셀 수도 없이 많이 들었을 수도 있다. 여기, 아이의 스케줄을 단순하게 줄이는 데 도움이 되도록 인식을 전환하는 방법이 있다. 심심함을 '선물'로 생각하는 것이다. 지그문트 프로이트는 좌절을 학습의 전단계로 여겼다. 나는 이를 살짝 변형시켜 심심함이 대개 창의력의 전단계라고 주장하고 싶다. '아무것도 안 하는 것'과 앞서 말했던 푹 빠지는 놀이를 이어주는 다리에 대해 생각해 보자. 이 다리는 언제나 심심함으로 만들어져 있다. "심심해." 이 말이 나오면 그때야말로 뭔가 재미있는 일이 벌어지기 직전이다. (아이에게는 이 말을 굳이 하지 말라. 믿기는커녕 오히려 화낼 것이다.)

장난감을 단순하게 정리한 3장에서 우리는 산처럼 쌓인 장난감 속에서는 정작 아이가 소중하게 여길 수 있는 건 없다는 사실을 깨달았다. 이는 활동에서도 마찬가지다. 아이가 이 활동 저 활동을 끊임없이 이어가며 계속 바쁘게 지내면 결국 자신이 '하고 싶은 게 무엇인지' 알아채기가 어렵다. 아이의 스케줄과 책임, 계획에 대해 아이에게는 아무도 묻지 않고 대신 부모가 모든 걸 주도적으로 이끌어가기 때문에 알아차릴 수 없는 게 어찌 보면 당연하다. 반면 절망적일 만큼 '아무것도 할 게 없는' 상태는 시끄럽게 떠들던 군중이 갑자기 입을 다무는 것과 같다. 이제 조용해졌다. 어떤 목소리가 들리기 시작하는가? 바로 아이들 내면의 소리다. 한 발짝 물러나자. 무슨 일이든 일어날 수 있다. 항상 다음 일정이 정해져 있고 놀 거리를 제공받는 대신 스스로 할 일을 찾아 나설 때 아이는 창의력을 발휘한다. 자신만의 세계를 직접 설계하고 구축하기 시작한다.

좋다. 당신의 아이가 끊임없이 심심하다고 불평한다면 당신에게는 이 심심함이라는 '선물'이 결코 선물일 수 없다. 이때 나는 한술 더 뜨라고 조언하고 싶다. 아이들의 심심함에 단조롭기 짝이 없는 반응으로 대처하라. "뭔가 할 일이 있겠지." "그런데 아빠, 나 심심하다고요!" 이 순간, 당신은 고장 난 레코드판과 같이 우주에서 가장 지루한 존재가 되어야 한다.

"진짜? 뭔가 할 일이 있겠지." "그래? 뭔가 할 일이 있겠지." 이렇게 같은 반응을 계속 보이다 보면 아이는 당신이 자신을 구해주지도 즐겁게 해 주지도 않을 것이며 아예 관심 자체가 없다는 사실을 분명히 깨달을 것이다. 당신도 지루하기는 마찬가지라고 생각하면서 다른 데로 가 버릴 것이다.

부모 중에는 이런 식의 대응을 힘들어하는 이도 있다. 결국 부모는 아이에게 평생 즐거움을 제공해 주겠다고 계약한 셈이기 때문이다. 물론, 부모 노릇을 하는 대가 따위는 전혀 받지 못하지만 그래도 부모는 부모다. 게다가 진지한 책임감까지 느낀다. 그래서 아이가 심심해하기라도 하면 부모로서 실패했다고 여긴다. 아이가 태어나고 불과 얼마 후부터 부모는 아이 요람에 모빌을 설치해 끊임없이 작동시키고, 혹시 잠시라도 틈이 생기면 무대로 뛰어올라가 춤출 태세까지 갖추고 있다. 이러니 육아에 지치는 게 당연하다.

당신의 아이가 지루할 수 있도록 그냥 내버려 두어라. 강의할 때 나는 부모들에게 '지루함'을 하루 세 번, 웬만하면 식사 전에 겪게 해 주라고 조언한다. 어이없게 들릴 것이다. 하지만 이렇게 '내버려 둠으로써' 더 큰 도약을 이끌어낼 수 있는 만큼 나는 기꺼이 내버려 두라고 말한다.

아이가 지루해하더라도 무심한 반응을 보이라는 나의 제안에 한 엄마가 자신은 다른 방법으로 접근했다고 이야기해 준 적이 있다. 그녀는 어린 시절을 농장에서 보냈는데 함부로 '지루하다'고 말했다가 도리어 화를 자초하곤 했다. 형제 중 누군가 '지루해'라는 단어를 입에 담으면 30초 이내에 집안일이 주어졌던 것이다. "이 전략은 도시에서도 잘 통해요! 그래서 저희 아이들은 혹시 지루하더라도 절대 입 밖으로 꺼내지 않죠!"

균형을 맞추는 법

앞에서 장난감, 옷, 음식을 단순하게 줄이는 법을 설명하면서 나는 아이의 삶을 단순하게 만듦으로써 당신의 삶도 단순해질 것이라고 주장했다. 이 주장을 여기서까지 반복할 필요가 없을 만큼 당신도 깨달았을 거라고 확신한다. 그리고 아이의 스케줄이 단순해지면 가족의 일상 역시 바뀌고 단순해진다는 내 주장에 더 강한 확신을 가졌으리라 생각한다. 일정에 따라 데려다주는 등의 '지원을 책임지는 사람'이 누구인가? 아이의 스포츠 활동, 악기 레슨, 놀이 약속 등이 줄어들면 결과적으로 누구의 스케줄이 줄어들게 되는가? 그리고 스케줄 없는 시간이 많아질수록 긴장감이 줄어드는 게 당연한 결과 아닌가? 균형은 어른에게도 좋은 영향을 미친다. 이를 위해서는 먼저 아이의 스케줄을 균형 있게 맞춰 주어야 한다.

나는 내 강의와 워크숍에 참석하는 부모들로부터 끊임없이 값진 교훈을 배운다. 그중 한 엄마인 사라는 딸아이의 스케줄을 전혀 다른 관점에서 바라보기 시작해 상당히 좋은 결과를 얻었고, 그녀의 사례는 다른 이들에게 도움이 된 만큼 여기서 당신과도 공유하고자 한다. 모든 건 유대인의 명절 유월절에 시작되었다. 명절이면 딸아이가 평정심을 잃는다는 사실을 사라가 깨닫게 된 것이다.

사라의 오래된 농가는 아무리 많은 사람이 와도 모두 수용할 수 있을 만큼 넓었다. 덕분에 친척들은 명절이면 항상 사라의 집에 모여 정신없고 시끄럽지만 즐거운 시간을 보낼 수 있었다. 하지만 사라의 열한 살 난 딸 에밀리는 그 많은 친척들과 함께 지내는 동안 한 번은 꼭 크게 동요하는 모습을 보였다. 집안은 온통 사람들로 붐비는 데다 먹을 음식도 넘쳐나는 부담스러운 상황을 에밀리로서는 감당할 수 없었던 것이다.

에밀리는 말로는 이런 모임이 너무 좋다고 했지만 하루만 지나도 문을 세게 닫거나 돌출 행동을 하는 등 눈에 띄게 공격적인 모습을 보였다. 당황한 사라는 에밀리가 어떻게 하면 연휴를 좀 더 수월하게 넘길 수 있을지 고민하기 시작했다. 길고 긴 유월절 연휴의 어느 날, 에밀리가 또다시 비딱하게 굴기 시작하자 사라는 아이를 데리고 집을 벗어나야겠다고 생각했다. 물론 선의에서 비롯됐겠지만 에밀리의 태도를 두고 모두가 질문하고 조언하는 데서 벗어나야 했다. 사라는 에밀리와 단둘이 나가 꽤 오랜 시간 자전거 데이트를 즐겼다. 정신없는 하루 일과 중에 이렇게 평화로운 시간을 마련하니 에밀리가 달라지는 게 보였다. 집에 돌아왔을 때는 이미 훨씬 차분해지고 평정도 되찾은 상태였다. 이후 사라는 매일 한 번씩 휴식 시간을 가졌다. 에밀리와 단둘이 개를 산책시키는 등 둘이서만 데이트를 즐겼다.

사라는 이렇게 소란스러운 가족 연휴가 에밀리를 동요하게 만드는 만큼 좀 더 차분한 활동으로 균형을 맞춰주지 않으면 안 된다는 사실을 이제 깨달았다. 에밀리는 외동딸로 평소 꽤 규칙적인 생활을 하고 있다 보니 집안에 갑자기 사람들이 많아지고 활동도 늘면 적응이 안 돼 돌출 행동을 했던 것이다. 하지만 균형감이 생기면서 에밀리도 괜찮아졌다. 왁자지껄한 가운데서도 모든 게 잘 통제되고 있으며 자신 역시 보살핌 받고 있다고 느꼈다.

> 단순하게 말하면…: 아이의 스케줄을 파악하고 균형감을 찾아주면 아이에게 필요한 것을 보다 잘 채워줄 수 있다

사라는 에밀리의 일상생활에도 이 같은 깨달음을 적용하기 시작했다. 한 주의 스케줄을 미리 점검하면서 각각의 날이 아주 바쁘고 활동이 많은 A(활동적인, Active) 타입의 날인지, 아니면 다소 예측할 수 있고 차분한 C(차분한, Calm) 타입의 날인지 분류했다. 이는 에밀리의 일상을 통제한다기보다는 너무 정신없이 바쁠 때 균형을 맞춰주기 위한 조처였다. 예를 들어 금요일에 대규모 학예회가 열려 A 타입의 날이 될 예정이라면 주말 이틀은 모두 차분한 C 타입의 날로 일정을 짜서 균형을 맞춰 주는 것이다. 이 같은 방법을 활용하는 이유는 자극에서 일절 멀어지기 위해서가 아

니다. 학예회를 하면서 공연의 흥분에 휩싸여 보는 것도 근사한 일이다. 연휴처럼 학예회 역시 특별한 이벤트로서 일상의 단조로운 멜로디 혹은 리듬과는 대비되는 높은 음의 '하이라이트'를 제공해 준다. 무엇이 아이를 동요시키고 또 차분하게 만들어주는지 깨닫고 이해해야 하는 이유는 아이들이 마치 설탕이나 카페인을 과다 복용했을 때처럼 정신줄을 아예 놓고 경로를 이탈하는 일을 방지하기 위해서다. 사라는 에밀리의 스케줄에 균형을 잡아주었을 뿐 자극을 일절 피하지는 않았다.

이를 좀 더 명확히 구분할 수 있는 좋은 사례가 있다. 나는 엘레노어라는 한 엄마로부터 재미있는 편지 한 통을 받았다. 그녀의 남편은 몬스터 트럭(경주용 대형 픽업트럭)의 열혈 팬인데, 엘레노어로서는 시끄러운 소음과 군중, 온갖 광고와 패스트푸드가 넘치는 경기장이 뭐가 좋다는 건지 도무지 이해할 수 없었다. 결국 남편이 열 살짜리 아들만 데리고 경주를 보러 다니는 것으로 모든 게 해결되는 듯했는데 한 가지 예상치 못했던 문제가 생겼다. "프랭키가 경기장에만 갔다 오면 제정신이 아니에요! 장난감을 전부 '갖다 박고,' 장내 아나운서처럼 엄청나게 큰 목소리로 모든 행동을 일일이 설명하죠. 완전한 흥분 상태예요!" 심지어 아이는 감정적 동요를 한동안 제어하지 못해서 적어도 다음날까지 딴사람 같았다. 프랭키도 아빠와 보내는 시간을 좋아하지만 엘레노어는 솔직히 이렇게 내버려 둬도 되는 건지 확신이 안 섰다.

A 타입의 날과 C 타입의 날 간에 균형을 맞추기 위해 엘레노어는 남편과 한 가지 약속을 했다. 프랭키를 경주에 데려갈 수는 있지만 그날은 '트리플 A'인 날로 분류해 이후 3일을 연속 C 타입으로 보냄으로써 균형을 맞춰 주기로 한 것이다. 남편은 동의했고, 얼마 후 이 방법의 효과도 실감

하게 되었다. 남편도 경주를 좋아하기는 하지만 불과 열 살짜리가 보기에는 좀 지나치다는 사실을 알고 있었다. 그래서 의도적으로 좀 더 조용히 지내는 날을 늘리자 프랭키가 이내 차분해지면서 본연의 자신으로 돌아오는 모습을 확인할 수 있었다. 엘레노어는 재밌게도 애틀랜타에서 대규모 국립 몬스터 트럭 경주가 3일간 열린다는 말로 편지를 마무리했다. 이번에 남편은 프랭키에게 함께 가자는 말을 꺼내지도 않았다. "웹사이트를 보더니 완전히 흥분해 갖고는 이렇게 말하더라고요. '이날하고 균형 맞추려면 C 타입 며칠 갖고는 안 될 거야!'"

통제

우리는 아이들이 시간을 보내는 방식이 한 세대 만에 얼마나 달라졌는지 살펴보았다. 나는 이를 또 다른 방식으로 절감하고는 한다. 이따금 부모들에게 휴일을 편안하게 보냈던 기억이 있는지 묻는다. 이는 종교 의식을 수행하거나 참여한 적이 있는지 묻는 게 아니다. 물론 이 질문을 통해 나는 일주일 중 여느 날과는 '다르게' 느껴지는 날이 하루쯤은 있었는지 듣고 싶었던 것이다. 다른 날보다 천천히 고요하게 흘러가는 하루 말이다.

당신에게 '연락할 수 없는' 순간이 있는가? 하루도 아니고 잠시만 연락이 안 닿아도 우리 중 대다수는 불안해진다. 지난 한두 세대 사이에 소통 수단이 얼마나 놀랍게 발달했는지 생각해 보자. 전화기를 휴대할 수 있게 된 것만 해도 엄청난 변화인데 여기에 스마트폰까지 등장한 탓에 우리는 언제든지 연락할 수 있지만 그만큼 또 산만해지기 쉬운 상태가 되었다. 하지만 바로 이 같은 특징 때문에 우리가 진짜 생각만큼 '연결될 수 있는' 존재인지 의문이 들기도 한다. 누구든 언제나 당신에게 연락할 수 있다면 당신이 지금 이 순간 함께 있는 사람에게는 당연히 온전히 집중할 수 없을 테니 말이다.

편리함이 예전보다 늘어난 지금, 반대로 줄어든 건 무엇일까? 바로 안식의 순간이다. 내 친구이자 동료인 안티오치 대학의 토린 핀서는 다양한 통신 수단이 발달하면서 방해받는 경우도 많아져 평온한 순간이 사라졌다고 지적한다.

안식의 순간

'안식'은 각자에게 의미하는 바가 다르다. 종교적인 의미를 떠나, 주말이나 휴일이면 평소보다 유독 고요하게 보내거나 온 가족이 둘러앉아 저녁식사를 할 때가 이에 해당한다. 이럴 때는 대부분 사회 활동은 피하고 그 주의 업무도 내려놓는다.

어린 시절에 대해 어떤 기억을 갖고 있든 부모는 대부분 일요일이나 안식일에 오늘날 찾아보기 힘든 고요한 평화를 느꼈다는 데 동의한다. 지금은 우리 모두가 '호출 대기 상태'인 의사처럼 하루 24시간, 1년 365일을 그와 같은 대기 상태로 지낸다. 결과적으로 걱정스러운 마음으로 어딘가에 얽매여 있다. 그래서 하던 일에 정신을 쏟고 있을 때 전화벨이라도 울리면 꼭 받아야 한다는 생각에 순식간에 짜증이 밀려들고 만다. 게다가 다시 평온한 상태로 돌아오는 데에도 적지 않은 시간이 걸린다. 이는 높아진 스트레스에 따른 것으로 '안식의 순간'을 이용해 해소해 줘야 한다.

일부 부모는 자신의 삶과 아이의 삶이 철저히 분리돼야 한다고 여기고, 또 다른 부모는 자신이 항상 '연락 가능한 존재'여야 가족들이 편안하다고 생각한다. 하지만 현실은 이보다 훨씬 뒤죽박죽이다. 휴대전화로 언제든지 연락할 수 있다는 건 딸아이의 축구 경기를 관람할 수 있다는 뜻이기도 하지만 언제든지 업무가 주어질 수 있다는 뜻도 된다.「월스트리트저널」의 한 기사에 따르면 집에서 다른 가족들이 아무리 뜯어말려도 엄마나 아빠는 (화장실에 몰래 숨겨 들어가고, 산책한다며 갖고 가는 등) 온갖 술수를 써 가면서 스마트폰을 들여다본다.[8] 가족 중 한 명이라도 스마트폰에 주의를 빼앗기면 모두가 그럴 수밖에 없다. 아직 휴대전화나 스마트폰이 없더라도 아이는 상대방이 자신에게 집중하고 있는지 아닌지 금세 알아차리기 때문이다.

안식의 순간은 '방해받지 않는 자유 지대'다. 일주일 중 하루를 고요하게 보내기 힘든 가족이라면 짬짬이 안식의 순간을 갖는 방법도 있다. 그렇게 하면 바쁜 날들에 균형감이 생기고 경계가 지어진다. 저녁식사를 하는 동안 전화를 받지 않거나 메시지를 주고받지 않는다면 당신의 아이는 "지금 이 순간 우리는 함께 있어"라고 느낄 것이다. 가족들 중에는 매주 반나절씩 하이킹을 나가고 일요일마다 가족과 환경 보호를 위해 자동차 이용을 삼가며 집에 머무는 가족도 있다.

한 아빠는 저녁에 집에 오면 스마트폰 전원부터 꺼 버린다고 했다. "제게는 아주 큰 용기가 필요한 일이었어요. 하지만 의도적인 선택이었죠. 아이와 함께 지내면서 전화 소리가 나나 안 나나 신경 쓰고 싶지 않았거든요." 한 엄마는 저녁식사 이후 항상 이메일을 확인하던 습관을 고쳤다고 말했다. "그렇게 한두 순간을 도둑맞는 게 큰 영향을 미친다는 사실을 깨달았어요. 방해 요소가 없으면 저녁식사 시간에 쌓은 친밀감이 잠자리 의식으로까지 이어지거든요. 상당히 부드럽고 수월하게 넘어갈 수 있죠. 그런데 제가 자리를 떠서 이메일을 확인하고 답장까지 한두 통 쓰고 돌아오면 아이는 다른 뭔가에 정신이 팔려 있어요. 그러면 다시 잠자리의 흐름을 잡기가 쉽지 않죠."

만약 삶이 계속되는 문장이라면 이 같은 '안식의 순간'은 쉼표 혹은 구두점에 해당한다. 한 엄마는 지나치게 바쁘게 지내던 시기에 자신이 쉬는 법을 배워야 할 뿐 아니라 아이에게 '휴식'의 본보기가 돼야 한다는 사실을 깨달았다고 한다. "경쟁력과 효율성의 본보기만 제공하고 가만히 앉아 쉬는 모습은 보여준 적이 거의 없었어요!" 그녀는 저녁마다 20~30분간 아이들이 볼 수 있는 곳에서 책을 읽기로 했다. 그러자 예상했던 대로 딸아이 중 한 명이 뭔가 읽을거리를 가져와 그녀 곁에 앉았다. 이제 이들은 일주일에 세 번씩 밤마다 나란히 앉아 책을 읽는다. 방해요소도 없고 TV도 없는, 온전히 독서에 함께 빠져드는 시간이다. "시작할 때는 이렇게 될 줄 몰랐어요. 내가 잘 쉴 수 있을지 확신도 없었고요. 그런데 지금은 이 시간이 너무 좋아서 기다려질 정도예요."

기대감

대부분의 가족은 삶의 속도와 활동의 가짓수를 미처 인식하지 못한 사이 차츰 늘려 왔다. 이들은 항상 빡빡한 스케줄로 정신없이 지내면 그만한 대가가 따르기 마련임을 알고 있지만 그냥 익숙해져 있다. 게다가 주위를 둘러보면 우리와 비슷한 스케줄을 소화해내면서도 스키, 우주 캠프, 프렌치 호른 레슨까지 추가하는 이들도 있다. 그들은 어떻게 그렇게 할 수 있는 것일까?

절대 "왜?"라는 질문을 하지 않기 때문이다. 왜 우리 아이가 항상 바빠야 하는가? 왜 열네 살에 불과한 내 아들이 우주여행의 가능성을 탐구해야 하는가? 왜 우리는 모든 걸 제공해야 한다고 느끼는가? 왜 이 모든 게 지금 일어나야만 하는가? 왜 내일 하면 항상 뒤처질 것처럼 느껴지는가? 왜 우리는 좀 더 지켜보는 대신 더 많은 일정을 잡는가? 잠시 멈춰 서서 자유 시간이라도 가지면 대체 무슨 일이 생기는가?

마치 더 높은 속도를 내도록 튜닝된 자동차 엔진처럼 우리는 고도의 스트레스에 '일상적으로' 시달리는 데 적응해 왔다. 그래서 항상 일정이 꽉 들어찬 일상에서 빠져나오는 게 힘들다고 느낄 수 있다. 3장에서 지나치게 많은 장난감을 줄이려고 했을 때 막상 어떤 느낌이 들었는지 한번 생각해 보자. 괜한 일을 하는 건 아닌가? 아이가 알게 되면 분명 난리가 날 텐데? 하지만 결국 우리는 덜어내기의 위대한 힘을, 장난감이 적을수록 아이가 억눌린 상태에서 벗어나 놀이에 더 집중하고 몰입할 수 있다는 사실을 깨달았다.

이 같은 사실을 두 개의 단순한 이미지를 이용해 좀 더 명확하게 떠올려 보자. 첫 번째 이미지에서는 아이가 안 보인다. 멍한 눈빛으로 장난감을 바라보고 있지만 높은 장난감더미에 가려졌다. 두 번째 이미지는 단순하다. 장난감더미는 없고 아이가 장난감 한 개를 향해 손을 뻗고 있다.

첫 번째 이미지에서는 빠진 게 두 번째 이미지에는 있다. 이것은 거대한 장난감더미에서도 찾아볼 수 없다. 이것은 아이들에게 진정한 기쁨을 선사해 주지만 값비싼 최신 장난감은 아니다. 이것은 심지어 일상의 스케줄이 단순해지면 더더욱 커질 수 있다. 첫 번째 이미지에서는 분명 빠져 있지만 두 번째 이미지에서는 확연히 볼 수 있는 것, 그것은 바로 기대감이다.

당신 아이의 스케줄을 비우면 기대감이 들어찰 공간이 생긴다. 높이 쌓인 장난감더미에 파묻혀 있는 장난감을 소중히 여기기 힘든 것처럼, 항상 바쁘거나 당장 모든 걸 하려고 들 때에는 뭔가에 대한 기대감을 갖기 힘들다.

물론, 어른으로서 우리는 항상 속도와 편리함을 추구한다. 인터넷, 자동차, 음식, 금융, 통근 수단 등 무엇이든 더 빠르게 처리할 수 있는 것을 선호하고, 심지어 우리가 원할 때 언제든 바로 처리할 수 있길 바란다.

이렇게 '원할 때 언제든'이라는 개념이 우리 아이의 생각과 스케줄을 장악하면 아이는 기대감이라는 선물, 즉 기다리는 즐거움을 잃어버린다. 기대로 인한 열정도 생겨날 수 없다. 어린 시절, 날짜를 일일이 세어 가면서 여름방학이 오기만 손꼽아 기다리던 걸 기억하는가? 4장에서 우리는 리듬에 대해 이야기하며 아이의 삶에 어떻게 일관성과 안정감을 구축하는지 알아보았다. 일요일 아침마다 먹는 팬케이크는 규칙성 덕분에 이미 친숙하지만 한편으로는 특별한 면도 있다. 아이들을 팬케이크 특유의 맛있는 냄새에 잔뜩 흥분해서는 주방으로 달려가게 만든다. 아무 일정이 없는 시간도 이와 동일한 효과를 낸다. 즉흥적으로 이루어지는 활동은 좀 더 다양한 느낌과 뜻깊은 의미를 선사해 주기도 한다.

세상의 여러 면면을 다 보여주겠다는 마음으로 당신은 이 활동에서 저 활동으로 아이를 이끈다. 이렇게 스케줄을 빡빡하게 채우면 흥미는 온데간데없어지고 요구치만 잔뜩 높아진다. 아이의 반응이라고는 기껏해야 "다음 굉장한 게 뭐죠?"가 전부다. 하지만 스케줄 짜는 걸 그만두면 아이는 다음 순간을 말 그대로 '고대할' 수 있다. 기대감이 들어차는 것이다. 그리고 기대감은 단순한 기쁨을 넘어 정체성의 일부가 된다.

기쁨을 예상하거나 요구하기보다는 기대할 수 있게 만들어 줘야 아이의 의지가 강해진다. 반면, 아이가 원하는 모든 걸 곧장 충족시켜 줘 버리면 의지가 약해질 수밖에 없다. 아이가 커가면서 기대감이 커져갈수록 자기 자신에 대한 느낌인 자존감도 강해진다. 역설적이지 않은가? 지금처럼 원하면 주어지는 문화에서는 기다림이 갖는 엄청난 힘을 간과하기 십상이다. 이제 기대감을 통해 얻을 수 있는 게 또 무엇이 있는지 알아보자.

캠핑 여행 등 뭔가를 기대할 수 있는 시간이 생기면 아이는 상상을 한다. 캠핑에 대해 스스로 알고 있는 것을 동원해 어떨 것 같은지, 무슨 일이 일어났으면 좋을지 머릿속으로 그려보기 시작하는 것이다. "캠프파이어할 때 마시멜로를 구우면 분명 곰 한 마리가 내 옆으로 와 앉을 거야!" 아이가 하는 상상이 여행의 현실과 동떨어져 있어도 상관없다. 풍요로움은 계속 축적되고, 캠핑 여행은 이미 단순한 이벤트를 넘어서 온갖 의미와 느낌이 더해진 경험으로 승화된다. '그게 바로 추억'이라는 말처럼 이렇게 다양한 의미가 추억이 되어 당신 마음속에 뿌리내린다.

> 단순하게 말하면…: 기대감은 단순히 기쁨을 주는 게 아니라 정체성을 구축하는 일이다

기대감을 갖고 뭔가를 기다리는 행위는 아이의 성격을 형성한다. 이를 통해 아이는 욕구만큼이나 강한 힘이 자신에게 있음을 깨닫고, 내면의 강인함인 기다림의 힘을 알게 된다. 우리의 의지는 마치 잡초와 같아서 그냥 내버려 두면 자칫 마음을 잠식할 수 있다. 원하는 건 무엇이든 당장 가져야 한다는 공격적 욕구로 돌변한다는 말인데 이를 저지할 수 있는 게 기대감이다. 기대감은 즉각적 만족에 맞서서 내면세계를 구축하며 아이의 발달과 성장을 유도한다. 내 강연을 들은 한 아빠는 이렇게 덧붙였다. "네, 아

이가 기대했던 활동은 하나같이 그 이상으로 좋아요!"

기대 이상, 바로 그것이다.

비료

나는 스케줄이 지나치게 많은 아이들을 둘러싼 우리 사회의 논란에서 뭔가가 빠졌다고 생각한다. 부모의 동기가 단순히 아이에게 무엇이든 해주고 싶은 욕구인지 아니면 경쟁우위를 확보해야 한다는 욕심인지의 문제가 아니다. 이 같은 풍요로움 속에서 아이들이 얼마나 스트레스를 받는가의 관점에서만 접근해서도 안 된다. 물론, 이 두 가지도 결코 지나칠 수 없는 중요한 문제다. 하지만 '너무 일찍, 너무 빨리, 너무 많이'로 상징되는 지나치게 빡빡한 스케줄에서 가장 우려스러운 건 아이의 발달 과정 그리고 정체성 구축 과정에 미치는 영향이다.

중독의 씨앗

마치 '경작 활동'처럼 수업이나 운동을 비롯한 온갖 활동, 가야 할 곳, 해야 할 일로 일상이 빡빡이 채워진 아이가 있다고 가정해 보자. 이 같은 일상은 아이에게 미처 예상 못 한 씨앗을 부릴 수 있다. 특정한 행동이나 사고방식이 뿌리 깊이 박혀 바꾸려야 바꾸기 힘들게 될 수 있다는 말이다. 활동이 너무 많으면 외부 자극에 의존하고, 평소 충동적으로 행동하게 되며, 즉각적으로 만족해야 직성이 풀리는 성향이 자리 잡힌다. 이 같은 생활 속에서는 뭔가에 중독되기도 쉽다. 내 동료 펠리시타스 보그트는 '중독'을 '외부 자극을 통해 고통이나 지루함을 회피하고 내적 발달을 저해하는 강박적 성향'이라고 정의함으로써 빡빡한 스케줄의 어두운 이면을 잘 드러내 보였다.

나는 아침부터 밤까지 아이의 하루를 온갖 활동과 이벤트로 꽉꽉 채우는 게 내면의 성장 리듬을 어떻게 저해하는지 똑똑히 목격해 왔다. 그렇게 성장한 아이는 감성적 활동이나 내적 활동보다 외부 자극을 더 의존하게 된다. 방이 장난감으로 가득 차 있는 아이는 만족하지 않을 수밖에 없다. 즐거움이란 장난감이 좌우하는데 가장 좋은 건 새 장난감이라고 여기도록 입력돼 있기 때문이다. 이와 비슷하게 한가한 시간, 즉 지루함을 경험하지 않는 아이는 항상 외부 자극이나 활동 혹은 오락거리를 찾아 헤매게 돼 있다.

그렇다면 그다음은? 아이의 일상은 지속되기 힘든 높은 음으로 가득 찰 것이다. 잠시 멈추는 시간 없이는 내적 활동을 할 기회, 다시 말해 자신의 경험을 처리할 기회를 갖지 못한다. 활동에 욕구나 상상력, 고민을 더함으로써 내면의 깊이를 더해갈 수 없다는 뜻이다.

그냥 그런 날

당신의 일상 중 많은 날이 꽤 평범하지 않은가? 특별한 하루를 보내라고 끊임없이 독려하고 또 독려 받는 현실에서 이를 인정하기는 힘들 수 있다. 하지만 평범하고 그냥 그런 날의 아름다움을 포용하는 게 아이의 스케줄을 단순하게 줄이는 데 상당한 도움이 된다.

'지나치게 스케줄이 많은 일상'은 아이는 물론 부모에게도 상당한 압박이 된다. 아이는 참여하고 실행하며 경쟁하도록 요구받는다. 운전기사 노릇을 해야 하는 부모 역시 스케줄의 압박에 시달리기는 마찬가지다. 첼로 강습만 예로 들어도 첼로를 챙겨서 아이를 시간 맞춰 대려다 줘야 하고 강습비 내는 날짜도 챙겨야 하고 악보도 사 줘야 한다. 하지만 이렇게 일상을 가득 메운 압박 중에서도 특출해야 한다는 압박감보다 큰 것은 없다.

모두가 자신이 하는 모든 활동에서 특출할 순 없다. 대부분의 부모가 이 말에는 동의할 것이다. 이 같은 명제를 입증해 주는 경험을 지난 수년간 무수하게 해 왔기 때문이다. 부모는 발레리나의 꿈은 포기했고 삶은 바뀌었고 기회는 놓쳤다. 하지만 우리는 아이 문제라면 실패 확률을 줄이기 위해 여러 가지를 동시에 고려하는 경향이 있다. 누가 아는가? 최근 부활한 세기의 골퍼 타이거 우즈를 보라. 그는 두 살부터 골프를 시작했다. 어쩌면 우리 아이도 좀 더 어린 나이에 강습을 시작하면 위와 같은 규칙에서 예외가 될 수 있지 않을까? 얼마든지 특출할 수 있는 것 아닐까? 작은 무대에서 큰 무대로 나아갈 수도 있지 않을까? 소박한 상상에 머무는 건 목표를 너무 낮게 잡는 게 아닐까?

하지만 예술성에 있어 요요마에 버금갈 첼리스트가 얼마나 될까? 특출함에 집착하거나 특출해야 성공할 수 있다고 여기면 대부분이 실패할 테고 실패한 이들 중 대부분은 자신을 실패자로 여길 것이다. 평범함을 받아들이기만 해도 자유와 가능성을 누릴 수 있다. 대부분 부모가 아이에게 진정으로 바라는 건 특출함이 아니기 때문이다. 진심으로 바라는 건 몰입이다. 첼로 연주를 계속하든 안 하든, 위대한 첼리스트가 되든 안 되든 부모는 첼로를 향한 아이의 애정이 살아가는 동안 점점 커지고 지속되길 바란다.

결국 평범함은 특출함을 허용하지만 그 반대는 성립되지 않는다. 지극히 평범하게 기회를 주고 격려해 주면 실로 특출한 재능이 드러날 것이다. 하지만 아무리 강한 흥미와 재능이 있어도 너무 어릴 때, 너무 지나치게, 너무 빠르게 밀어붙이면 나가떨어지게 돼 있다. 특출하기 위해 안간힘을 쓰다 보면 애정과 열정은 고갈되고 만다. 오히려 뭔가를 명성이나 영광, 학위 때문이 아니라 그 자체로 좋아하는 게 특출한 능력이라 할 수 있다. 이것이야말로 모든 부모가 아이에게 바라는 강인함이자 특별한 축복이다.

많은 부모가 자녀의 특출함을 위해 기꺼이 짊어지는 게 한 가지 더 있다. 바로 특별한 날을 만들어줘야 한다는 압박감이다. 우리는 아이의 매 순간이 무지개처럼 다채로울 수 있도록 항상 외부 자극과 오락거리 등 다양한 활동을 제공하려 최선을 다한다. "근사하지 않아?" "이건 어때?" "이게 더 좋아?" 물으며 지난번보다 더 충만하고 흥미로운 순간이 모여 빛나는 날을 만들어주길 바란다. 실로 특출한 유년기가 아닐 수 없다.

내 말이 현실에서 크게 벗어났다고 할 수는 없을 것이다. 이 같은 압박은 엄연히 실재하며 부모가 크고 작은 일을 벌이게 만든다. 심지어 아이에게는 바람직하지 않은 영향까지 미친다. 우리가 매일 '이벤트를 만들어야 하는' 의무에 지쳤다면 아이도 점점 더 열광하고 고마워해야 한다는 압박감에 피로를 느낄 게 분명하다. 매 순간이 '무지갯빛'이라면 점점 더 무감각해질 수밖에 없다. 이렇게 모든 음조가 높은 음일 때 아이는 현재에 몰입하고 자신만의 시간을 조절할 능력을 잃게 된다.

"오늘 어땠어?"라는 질문에 아이가 "그냥 그렇지, 뭐"라고 대답하면 실망스러운가? 당신의 하루 역시 그냥 그랬다고 해도? 그저 그런 날이야말로 지속이 가능하다. 그래야 높은 음이 높은 음을, 낮은 음이 낮은 음을 내며 제 음색을 찾을 수 있다. 굳이 높은 음이 지속되는 일상이 아니어도 행복할 줄 아는 아이라면 특출함이라는 진정한 선물을 가진 것이다. 매 순간 감사하고 평범한 날에 기뻐한다면 이보다 더 좋은 게 어디 있겠는가?

> 단순하게 말하면…: '평범함'을 온전히 받아들이는 건 특별한 선물이다

놀이와 스포츠, 스케줄

영국에서는 무려 4천6백만여 명의 아이가 각종 스포츠 활동에 참여한다.⁹ 미국의 경우에도 팀 스포츠 리그 활동을 하는 아이가 연간 5천2백만 명이 넘는 것으로 미국 청소년 스포츠 위원회는 집계했으며, 이 수치 역시 지난 10~20년간 꾸준히 증가해 왔다고 2016년 국제 비영리 씽크 탱크인 아펜 협회Apen Institute 는 발표했다.¹⁰ 이렇게 모든 스포츠 종목에서 어린이 회원 수가 늘어났을 뿐 아니라 가입 연령 역시 갈수록 내려가고 있다. 일례로 각종 축구 프로그램을 지원하는 비영리 단체인 미국 청소년 축구 위원회는 가입 연령을 만 5세 이상에서 만 4세 이상으로 낮췄다. 심지어 축구, 농구, 티볼T-ball 등 수많은 팀 스포츠 종목에서는 생후 18개월짜리 아기들로 구성된 프로그램이 운영되고 있다.¹¹

여름 리그를 비롯해 연중 계속되는 리그나 원정 경기까지 아이들의 팀 스포츠 활동은 점점 더 복잡해지고 경쟁도 치열해지며 그만큼 부담도 커지고 있다. 이른바 어린이 스포츠의 '프로화'로서 이 때문에 아이들은 일찌감치 한 종목에 특화되기를 강요받는다. 예전에는 육상을 하는 아이라도 1년 중 몇 달은 여러 다른 스포츠 활동을 했다. 그런데 지금은 갈수록 단일 종목에만 집중해서 시즌이 아닐 때에도 체력을 키우거나 특별 캠프나 여름 리그에 참여해 기술을 연마하며 시간을 보낸다.

"특정 종목의 스포츠에서 진짜 전문가가 되려면 10년간 1만 시간은 연습해야 한다는 믿을 만한 연구 결과가 있어요."라고 미시간 주립대 청소년 스포츠 연구 협회 회장 댄 굴드는 말한다. "문제는 부모들이 이 얘기를 들으면 2년 안에 그만 한 성과를 얻으려고 한다는 거죠."[12]

미국 전역에서 이전에는 아이들에게서 볼 수 없었던 유형의 부상이 줄줄이 발생하고 있다. 미국의 저명한 스포츠 정형외과 전문의 제임스 앤드류스 박사는 이렇게 말한다. "수술대에 누운 아이를 보면서 '불과 열다섯 살짜리가 이렇게 심한 부상을 입다니 믿을 수 없어'라고 중얼거려요." 「뉴욕 타임스」는 이처럼 어린 선수 사이에 과도한 운동으로 인한 손상이 급증한 원인에 대해 "어린 나이부터 특정 종목에 특화해 1년 내내 미친 듯이 훈련하기 때문"이라고 스포츠 전문의와 연구원 20여 명의 인터뷰를 인용해 보도했다.[13]

프로의 세계에 진입하기 위해 스포츠를 '너무 어릴 때, 너무 많이, 너무 빨리' 시키면 아이는 결국 탈진할 수밖에 없다. 언론에서는 팀 스포츠 활동을 하는 아이가 늘고 있으며 청소년 스포츠가 갈수록 프로 리그를 흉내 낸다는 사실에 적지 않은 관심을 쏟아 왔다. 하지만 얼마나 많은 아이가 팀 스포츠에서 일찌감치 은퇴하고 있는지는 제대로 주목받지 못하고 있다. 데이터에 따르면 스포츠 활동을 하는 아이의 수는 만 11세에 최고치를 찍고 이후 꾸준히 줄어드는 것으로 나타났다. 「신체 교육, 레크리에이션과 댄스 저널Journal of physical Education, Recreation and Dance」에 실린 한 연구 결과에 따르면 팀 스포츠 활동을 하는 아이 중 매년 35퍼센트가 그만두는데, 만 7~11세 사이에 무려 67퍼센트가 그만둔다.[14] 또한 만 13세 정도 되면 완전히 지쳐서 70퍼센트가 관둔다고 전국 스포츠 연맹은 집계했다.[15] 「스포츠 행동 저널Journal of Sport Behavior」의 기사에 따르면 고등학교 2학년쯤이면 90퍼센트 이상이 팀 스포츠를 그만둔다는 게 결론이다.[16]

이 때문에 우려되는 사항이 한두 가지가 아니다. 지나치게 스케줄이 많은 아이와 지나치게 샘이 많은 부모, 과도한 운동으로 인한 부상과 지나친 경쟁 구도에 이르는 모든 게 아이를 벤치 신세로 전락시킬 수 있다. 조지프슨 윤리 협회Josephson Institute of Ethics에 따르면 이기는 팀에서 벤치를 지키기보다는 지는 팀에서 선발 선수로 뛰는 게 낫다고 여기는 아이가 72퍼센트에 달한다고 보고했다.[17]

리버티 뮤츄얼Liberty Mutual은 부모와 코치 2천 명을 대상으로 조사를 실시해 다소 실망스러운 결과를 발표했다. 부모와 코치 중 50퍼센트는 자신이 어렸을 때보다 스포츠 정신이 악화됐다고 생각하고 있으며, 60퍼센트는 부정적이고 폭력적인 행동을 목격하거나 직접 했다고 답한 것이다. 부모 중 26퍼센트는 코치가 언어폭력을 휘두르는 걸 본 적이 있고, 16퍼센트는 부모들 간에 몸싸움이 일어나는 걸 목격했다고 답했다. 또한 코치 중 55퍼센트는 부모가 코치에게 소리치는 걸 보았고 40퍼센트는 부모가 다른 아이에게 막말하는 모습을 봤다고 응답했다.[18]

아이는 놀고 싶다. 단순하지 않은가? 대개 바로 이 이유 때문에 가족이 함께하는 저녁식사와 주말을 포기하고 스케줄을 뒤엎어 가면서 아이를 리그에 가입시킨다. 스포츠 프로그램이 놀이로서 안전하고 확실한 규칙이 존재하며, 중재자도 있는 데다 기술을 익히기에도 좋다고 여기기 때문이다. 하지만 코치부터 심판관, 부모에 이르는 수많은 어른이 개입하면 순수하게 재미를 추구하는 적극적 놀이 같은 건 벤치 신세를 면치 못할 것이다.

그렇다고 내가 아이들의 팀 스포츠나 태권도 활동을 반대하는 건 아니라는 걸 분명히 밝히고 싶다. 앞에서도 말했다시피 어린 나이에 너무 많이 하는 걸 반대할 뿐이다. 만 10~11세 이전의 아이가 정식 팀 스포츠 선수로 뛰거나 일주일에 2회 이상 무술 등의 훈련에 참여하는 것 말이다. 특히, 코치가 아이들을 강압적이거나 공격적 태도로 대할 때, 혹은 경쟁으로 인해 우정이나 재미가 손상될 때가 걱정스럽다.

나는 팀 스포츠뿐 아니라 태권도도 어린이가 하기에 부적절하다고 생각한다. 물론, 하얀 도복을 입은 수천 명의 아이가 팔꿈치를 상체에 붙이고 다리를 넓게 벌린 채 정렬해 있는 모습을 상상해 보면 이 같은 의견이 별로 지지 받지 못한다는 건 이해한다. 나 역시 스포츠나 장난감을 그 자체로 반대하지 않는 것처럼 태권도 자체를 반대하는 건 아니다. 경쟁이나 과도한 노력, 소비주의 등 어른으로서 인내해야 하는 것을 아이의 삶에 투영하는 데 반대하는 것뿐이다. 그런데 아이들의 문화와 정신세계에 이와 같은 어른 세상의 규율이 넘쳐나는 게 현실이다. 신체와 마음을 단련시키기 위해 고안한 활동이 특기가 되고 벨트는 트로피의 의미가 되었으며, 결국 아이는 제대로 사용할 수도 없는 온갖 기술을 훈련하게 된다.

하지만 팀 스포츠나 태권도를 향한 사랑에 있어서 무엇보다 걱정되는 건 아이의 발달이다. 지금과 같은 방식으로는 정작 각 연령대에서 필요한 것을 놓치게 된다. 만 10~11세 미만의 아이가 팀 스포츠 활동에 종속돼 자유 놀이를 박탈당하면 발달에 핵심적 역할을 하는 다양한 놀이 단계를 두루 거칠 수 없다. 게다가 많은 아이들이 청소년기가 가까워질 때 팀 스포츠나 태권도를 그만둔다는 사실도 안타깝기는 마찬가지다. 이때야말로 아이들이 팀 스포츠나 태권도의 특성 및 규정을 경험하면서 각자의 개별성과 독립성을 추구하고 성숙해질 수 있는 시기이기 때문이다.

지금부터는 마치 공을 주고받듯 각각의 특징을 번갈아 들여다보는 방식으로 팀 스포츠와 놀이의 근본적 차이점을 알아보도록 하자. 가운데 네트를 기준으로 한쪽에는 축구 리그 같은 팀 스포츠 수업이 있고, 다른 한쪽에는 놀이터나 공원에서 뛰어다니며 노는 자유 놀이가 있다. 부모 중에는 오늘날 스포츠가 자유 놀이를 대신하며, 자유 놀이는 더 이상 이뤄질 수 없는 과거의 유물일 뿐이라고 믿는 이들도 있다. 이어지는 6장에서는 부모들이 그렇게 믿게 된 배경에 어떤 위험과 두려움이 존재하는지 알아볼 것이다. 여기서는 계속해서 스케줄에 초점을 맞춰 팀 스포츠와 자유 놀이가 당신 아이의 발달에 각각 어떤 역할을 하는지 알아보자.

만 5~7세의 어린 친구 3명이 장난감 자동차를 갖고 놀던 중 말다툼을 벌인다. "아냐, 내 차례가 되면 빨간 차로 네 번 점프하면 된다고 했잖아. 마지막 점프를 하다 옆으로 떨어졌으니까 그건 치면 안 되고." 사실 이렇게 중요한 세부사항을 논의해서 조정하는 동안 장난감 차는 관심사 밖으로 밀려나는 경우가 많다. 자유 놀이에서는 아이가 상황에 대처하는 과정에서 자유롭게 규정을 협의하며 적극적으로 사회적 절차에 참여하고 배운다. 반면 규칙이 이미 정해져 있는 스포츠의 경우 아이는 주어진 경계선 내에서 노는 법을 배운다.

마당이나 공원 같은 공간, 올라가거나 숨을 수 있는 뭔가만 있으면 아이는 상상력을 발휘해 얼마든지 재밌는 놀이를 만들어낼 수 있다. 대개는 "뭐 할까?"라는 전형적 질문에서 시작되지만 어떻게 전개될지는 아무도 모른다. 오늘 재미를 느끼기까지 발전시킨 놀이가 내일 그대로 반복되거나 변형될 수 있고, 아니면 '잘 기억해뒀다' 다른 날 이용될 수도 있다. 스포츠의 경우, 장비나 경기 특성 등의 밑그림은 이미 그려져 있다. 경기가 펼쳐지는 방식은 바뀔지 몰라도 어떤 경기인지는 사전에 정해져 있는 것이다.

상상은 대부분 머릿속에서 그림을 그리는 식으로 이루어진다. 자유 놀이를 위해 "뭐 할까?"라는 질문에 답하려면 가능한 것을 '그림 그려 보는' 절차가 필요하다. 그리고 놀이에서는 나올 수 있는 답이 무궁무진하다. "인형들의 멋진 티파티를 열려고 했는데 에밀리가 토끼장 옆 언덕을 갑자기 미끄러져 내려와서 우리도 다 미끄럼을 타기 시작했어. 처음에는 티파티를 하고 싶어서 속상했는데 어떤 애가 판지를 구해 와서 그걸 타고 내려왔더니 진짜 빠른 거야. 그걸로 인형 썰매를 만들어서 인형들도 미끄럼을 태워줬더니 진짜 재밌었어!" 스포츠의 단순한 승패가 아니라 이렇게 다양한 결과를 경험하면서 아이는 내면의 유연성을 구축한다. 놀이를 통해 할 일과 일어날 일에 대한 자신의 예상에 너무 얽매이지 않는 법을 배우는 것이다.

> 단순하게 말하면…: 변주 가능성이 무궁무진한 자유 놀이의 '분방함'을 통해 내면의 유연성을 구축할 수 있다

자유 놀이가 성공적으로 이루어지려면 아이는 다른 친구의 감정을 고

려하면서 적극적으로 문제를 해결해야 한다. 자유 놀이는 게임이 계속되고, 재미를 계속 느낄 때 성공이라고 할 수 있다. 그 과정에서 발생하는 문제는 외적인 것일 수도 내적인 것일 수도 있다. "지금 하는 게임이 정말 최고로 재밌는데 차들이 충돌하는 걸 알렉스가 싫어하면 어떻게 해야지? 알렉스가 있어야 재미있는데 걔가 빠져 버리면 빨간 차도 가져갈 거잖아." 놀이에서 모두의 역할이 중요하다면 상대방의 기분을 고려해야 한다. 반면 스포츠에서는 문제가 생기더라도 대개 외적인 것이어서 코치나 심판관 혹은 부모가 해결한다.

놀이는 아이들이 자발적으로 직접 만들어 가는 만큼 상당히 유연하다. 그리고 아이들 각자가 생각하거나 바라는 자기 자신의 모습이 특정 역할과 지위의 형태로 투영돼 있다. 아이들이 놀이를 구성하는 과정에서 자기 자신이나 각자의 소망을 투영하기 때문이다. 또한 자신의 욕구를 충족시키는 방식으로 놀이를 만들어가기 때문이다. 반면, 스포츠에서는 역할이나 포지션이 항상 미리 정해져 있으며, 역설적이게도 실력이 좋으면 좋을수록 포지션은 더 한정된다("하지만 매리는 골키퍼를 해야 해!").

자유 놀이는 호흡이 길어질수록 더 다채롭게 진행된다. 그때그때 관심사가 달라지는 건 물론이고 놀이 친구 역시 바뀌기 때문이다. 이런 놀이 경험은 향후 전문성을 쌓을 때에도 폭넓고 다양하게 접근하는 데 좋은 자산이 될 수 있다. 이에 비해 스포츠에서는 특정 활동을 계속 반복하는 데 따르는 부상 위험에도 불구하고 조기 특화를 더 강조한다. 한편 자유 놀이는 언제 어디서든 이루어질 수 있지만 팀 스포츠에 참여하려면 부모가 운전기사 노릇을 전담해야 한다.

갈수록 치열해지는 경쟁 사회에 대비하려면 팀 스포츠 활동을 꼭 해야 한다고 믿는 이들도 있다. 어차피 '게임 규칙'을 익히고 기술을 갈고닦아야 한다면 어릴 때 할수록 좋다고 믿는 것이다. 하지만 아이는 놀이를 통해 자신의 세계관을 형성한다. 팀 스포츠는 아이 스스로 세계관을 형성하도록 유도하기보다 이미 규칙과 절차가 정해져 있는 세상을 '패키지'로 제시한다. 우리는 아무것도 정해져 있지 않은 자유 놀이를 과소평가해 왔다. 아이가 자연스럽게 하는 행동이 얼마나 놀라운 발달을 일으키는지 폄하하는 분위기가 사회적으로 만연해 있다. 하지만 아이는 스스로 놀이를 이끌어 가면서 감성 지능을 비롯한 다양한 지능을 향상시키고, 유연성이나 창의적 문제 해결 능력처럼 불확실한 미래를 탐색하는 데 꼭 필요한 기술도 연마한다. 놀이는 이미 지나간 과거의 유물이 아니다. 자유 놀이를 충분히 하는 건 아이의 발달을 위해 꼭 필요한데, 요즘 그 필요성이 다른 어느 때보다 크다.

만 8~9세 이하 아이를 둔 가족은 팀 스포츠나 태권도보다 자유 놀이에 더 집중함으로써 스케줄을 훨씬 단순하게 만들 수 있다. 먼저 훈련, 시합에 오가는 시간과 참석하는 시간이 매주 총 얼마나 되는지 계산해 보라. 그리고 그만큼의 시간을 공원이나 집 근처 아이가 놀고 싶어 하는 곳에서 보내는 걸 상상해 보라. 그곳은 어쩌면 얼마 전까지도 자주 다니다 아이가 여섯이나 일곱 살이 되면서 태권도나 티볼을 시작해 발길을 끊게 된 공원 일수 있다. 지금은 공원에 취학 연령의 아이들이 별로 없을 테지만 당신의 아이와 지역 사회를 위해 앞으로 발전시켜야 할 곳이라고 생각해 보라. 그러면 마을 내에서 말이 돌아 아이들도 돌아오게 돼 있다. 그곳에서 아이들이 노는 동안 당신은 옆에서 신문이나 책을 보면서 자리를 지켜주는 수준을 유지하면 된다. 놀이에 방해가 되지 않되 필요할 때는 끼어들 수 있어야 한다. 그러면 게임에 참여하는 아이나 게임 자체가 끊임없이 바뀌더라도 나머지는 놀이터의 민주주의 안에서 다 해결될 것이다.

아이들이 놀이 단계인 혼자 놀기, 병행 놀이, 역할 놀이의 단계를 차례로 잘 거쳐 왔길 바란다. 그래야 상상 속의 역할을 벗어던지고 자신만의 규칙을 세우면서 게임을 만들어 갈 수 있다. 아이의 나이가 두 자릿수를 향해갈 때 놀이는 역할 놀이에서 벗어나 게임 형식에 진입하는데 이때는 발달상 민감한 시기다. 이 시기에 아이는 사회적 상호작용을 통해 충동을 자제하고 협력하는 법을 배우는 등 감성 지능을 발달시킨다. 그리고 상상의 세계를 충분히 탐험한 아이는 자신이 가능하다고 생각하는 것과 실제 현실을 구분할 수 있게 된다. 자유롭게 상상하면서 구축한 힘을 바탕으로 정해진 틀에 더 잘 적응하는 것이다. 이렇게 십대에 이르러야 아이는 게임의 규칙을 배울 준비 태세를 갖춘다.

팀 스포츠는 어린아이에게 지나치게 많은 제약을 주기 때문에 놀이의 발달 단계를 거치며 아이가 성장하는 데 지장을 초래한다. 게다가 아이가 청소년기에 들어서면서 하던 스포츠를 그만두는 것은 더욱 안타까운 일이다. 이때야말로 팀 스포츠가 아이의 발달에 상당한 도움이 되는 시기이기 때문이다. 이 시기에 하는 스포츠 활동의 의미는 생각하는 것보다 훨씬 크다. 이 나이 때 아이가 내면에서 느끼는 치열함을 그에 버금가는 치열함으로 상쇄해 주는 게 스포츠다. 아이는 이 시기에 지극히 자연스럽게 일어나는 내면의 충동을 스포츠(혹은 봉사 활동) 같은 외부 활동을 통해 해소하면서 균형을 이룰 수 있다. 자신의 노력이 단체 속에서 어떤 역할을 하는지 스포츠를 통해 인지함으로써 정체성을 더욱 확장하고 깊이 있게 만들 수 있다.

아이가 스포츠 리그 활동을 하는 것만큼 온 가족의 스케줄을 복잡하게 만드는 것도 없다. 심지어 아이가 동시에 두 개 리그에 참여하거나 두 가지 스포츠 활동을 하면 상황은 걷잡을 수 없이 복잡해진다. 아니면 두 형제가 서로 다른 리그에 소속돼 있는데 각 리그의 시즌이 겹치게 됐을 때도 마찬가지다. 이렇게 상황은 끝도 없이 바뀔 수 있지만 결국 한 가지로 좁혀진다. 바로 온 가족이 끊임없이 움직여야 하는 상태다. 스포츠 종목과 상관없이 아이의 홈팀은 항상 가족이다. 홈팀은 계획을 수정하거나 부탁을 들어 줄 수는 있지만 희생하는 존재는 아니다.

나는 자녀 5명 중 3명이 육상 선수인 가족을 상담한 적이 있다. 형제들 간에 나이 차이도 꽤 커서 막내가 세 살배기인데 반해 첫째와 둘째는 고등학생이었다. 엄마인 조엘은 자신이 마치 종점 없는 버스의 운전기사처럼 느껴졌다고 한다. 큰아이들을 지원하고 여기저기 데려다주다 보면 놀이를 하거나 탐색하고, 친밀감을 형성해야 하는 막내를 충족시켜 줄 수가 없었다. 게다가 조엘의 남편은 출장이 잦아서 집에 없을 때가 많았다. 조엘은 늘 시간이 지나면 나아질 거라고 생각하며 버텼지만 막상 2년이 지나도 달라지는 게 없자 날 찾아왔다. 나는 조엘에게 운전대를 놓고 가족회의를 열어 좀 더 균형 잡힌 스케줄을 짜야 한다고 제안했다.

균형이 전혀 존재하지 않는다면 의도적으로 도입해야 한다. 부모가 노력하고 또 의도적으로 도입해야 확보할 수 있는 게 균형이다. 조엘은 1년 365일 온 가족의 스케줄이 스포츠를 중심으로 돌아간다는 사실을 깨달았을 때 이건 지나치다고 생각했다. 그래서 스포츠 활동 일정을 짤 때 다음과 같은 지침을 적용해 온 가족의 스케줄이 꼬이는 걸 방지했다. 먼저, 고등학생인 큰아이들은 두 개의 스포츠 종목을 선택하되 하나는 리그에 가입해 활동하고 다른 하나는 취미로 즐기는 식이었다. 예를 들어 첫째 데이비드의 경우 축구는 그냥 학교에서 하고 가장 좋아하는 야구를 리그 활동으로 병행했다. 또 봄여름 시즌과 가을겨울 시즌 중 한 시즌은 완전히 쉬면서 이때는 경기장 근처에 얼씬도 하지 않기로 했다. 한편, 경기 시즌이 되면 이동을 위한 카풀도 아이들이 직접 알아보기로 했다. 그 밖에도 다른 가족을 보살피는 데 방해가 되는 일이 있으면 직접 해결책을 찾아 제시하는 방식으로 조정했다.

일정이 있는 시기와 없는 시기 사이의 균형을 깨뜨리는 일도 마찬가지다. 일상을 연, 월, 주, 계절별로 여러 측면에서 들여다보면 활동의 수위를 좀 낮춰야 할 곳이 보인다. 어릴수록 아이에게 자유 시간이 더 많이 필요하다. 물론, 아이 스스로는 이 같은 필요성을 별로 느끼지 못할 수 있다. 지나치게 스케줄이 많은 일상에 익숙해진 아이는 특히 더하다. 하지만 꾸준히 하는 것이나 인내를 키우는 것만큼 균형을 맞추는 것도 꼭 필요하다.

어린아이가 보조를 맞추고 시간과 에너지를 균형 있게 분배하려면 얼마간의 도움이 필요하다는 사실을 우리는 알고 있다. 그래서 "천천히!" "앞에 경사로 조심해!" 하면서 주의를 준다. 또, 친구 집에서 자기로 한 오늘 밤의 계획에 아침부터 완전히 들떠 있는 아이가 휴식을 취하지 못하면 저녁까지 버티지 못할 거라는 사실도 안다. 우리는 아이의 에너지와 욕구에 제동을 걸고 진정시켜야 할 순간을 알아차릴 수 있다. 하지만 하루, 한 주, 한 달 간격으로 전체적인 스케줄을 점검하려고 하면 균형을 도입할 엄두도 못 낸 채 그냥 손을 놔 버린다. "아이가 좋아해요!"라는 말은 지나치게 많은 스케줄을 감싸려는 옹색한 변명에 불과하다. 부모는 아이가 재미있어하고 열정을 보인다는 사실만으로 특정 활동을 너무 많이, 너무 일찍, 너무 빨리하는 데서 생기는 부작용이 상쇄된다고 믿는 듯하다. 하지만 만 11세를 기점으로 아이들이 줄줄이 스포츠를 그만두는 걸 보라. 너무 어린 나이에 지나치게 시달릴 경우 흥미를 북돋우기는커녕 희생시키고 만다는 사실을 잊지 마라.

> 단순하게 말하면...: 아이가 어떤 활동을 좋아한다고 해서 이를 너무 일찍, 너무 많이 하는 데서 비롯되는 부작용이 상쇄되는 건 아니다

그렇다면 좀 더 큰 아이들의 스케줄은 어떻게 점검하면 좋을까? 자신이 흥미를 느끼는 분야에 얼마든지 에너지를 쏟아도 좋은 십대들 말이다. 분명한 건 아이가 청소년기에 접어들면 예전만큼 부모가 일일이 속도를 조절해 줄 필요는 없다는 사실이다. 게다가 열정은 역경에 부딪혔을 때 더 뜨거워진다. 스케줄을 좀 더 안정적으로 조절한 이후 조엘의 가족은 대체로 안정감과 편안함을 더 많이 느꼈다. 하지만 둘째인 톰은 그렇지 않았다. 톰은 자신의 방을 베컴과 호날두 포스터로 완전히 도배했고, 시간이 날 때마다 축구를 하거나 축구 생각을 했다. 재능도 꽤 있어서 소속 리그의 스타 선수들 중 한 명이었다. 열정으로 들끓었던 그는 엄마에게 이렇게 빈정대고는 했다. "그런데 엄마, 열정에는 '균형'이 없어요."

사실이다. 하지만 열정과 균형, 둘 다 그리 호락호락하지 않다. 톰의 의지와 결의가 강해진 만큼 그의 열정과 욕구도 뜨거워졌는데, 이때 의도적으로 도입된 규칙이 균형을 잡아 주는 역할을 했다. 톰에게는 불운한 일

일지 모르겠지만 그는 여전히 홈팀인 가족을 위해서도 뛰어야 했다. 가족이 도입한 규칙에 의해 톰의 열정은 위협받고 시험대에 올랐다. 꼭 필요하고, 하고 싶은 일이 있어도 막내와 부모를 포함한 '팀 멤버들' 때문에 참아야 할 때가 한두 번이 아니었다. 경기를 한번 뛰려면 카풀을 물색해야 했고 원정 경기에 참여하려면 가족 이벤트에 빠져야 하는 등 훨씬 큰 노력이 필요했다. 게다가 한 시즌을 완전히 쉰다는 게 처음에는 말도 안 돼 보였지만 덕분에 약하게나마 계속됐던 정강이 통증에서 회복될 수 있었다. 결국 톰은 같은 팀 멤버일 수밖에 없다는 사실을 깨달았고, 마음껏 펼칠 수는 없었으나 지지를 받았던 그의 열정도 살아남아 성장해 갔다.

다시 말하지만, 속도를 조절하면서 꾸준히 하는 것과 인내를 키우는 것만큼 균형을 맞추는 것도 꼭 필요하다. 이는 어린아이뿐 아니라 어른(그리고 십대)도 마찬가지고, 특히 운동선수는 더 그렇다.

가족 스케줄을 단순하게 줄일 때 우리가 찾는 건 균형이다. 그리고 '유년기의 경쟁'에서 발을 빼기만 하면 활동에 걸맞은 휴식과 창의성을 위한 시간은 바로 생긴다. 사색하며 스스로를 격려할 시간, 바쁜 일상 속 에너지를 보충할 수 있는 고요한 순간, 자유 놀이를 하면서 흥미를 고양시킬 수 있는 평범한 나날, 지루하게 보낼 수 있는 시간, 기대 속에 열정을 키워 가는 즐거운 시간 등등.

비옥한 토양으로 거듭나려면 시간과 균형이 필요하다. 유년기도 마찬가지다. 가족의 스케줄을 단순하게 줄일 때 시간이 걸릴 수밖에 없는 일은 목록으로 적어보는 것도 도움이 된다. 신속하게 처리할 수 없는 것, 시간이 갈수록 깊어지는 것 말이다. (그런 목록은 해먹에 누워 있을 때나 아이가 노는 동안 공원에 앉아 있을 때 가장 잘 써진다.) 단, 이 목록은 성급히 마무리하기보다 항상 가까이에 두고 꾸준히 추가하는 게 좋다. 가족을 연결하는 끈이 튼실해지는 데에도 마찬가지로 시간과 균형이 필요하다. 결론적으로 균형 잡힌 스케줄에서 시작하면 된다. 유년기에 균형이라는 씨앗을 뿌려라. 그러면 아이는 시간이 흐를수록 강하고 온전하며 회복탄력성과 균형을 갖춘 한 명의 독립된 인간으로 성장할 것이다.

상상해 보자…

- 매일 아무 일정 없는 자유 시간이 주어져서 몽상하거나 노는 아이의 모습을…
- 아이가 이따금 지루함이라는 '선물'을 받으면 무엇을 할 수 있을지…
- 아이가 기대감이라는 즐거움을 누리며 꿈꿀 시간을 가져, 더 깊은 의미를 느낄 수 있게 됨으로써 어떻게 성장해갈지…
- 아이의 일정에서 정신없는 날과 차분한 날의 비율을 의식적으로 맞췄을 때의 상황을…
- 평범함의 기쁨을 즐길 줄 아는 아이의 모습을…
- 규정 따위 없이 즉흥적이고 유연한 자유 놀이를 통해 구축되는 아이의 세계관을…
- 아이가 본격적으로 팀 스포츠 활동을 시작할 때 자유롭게 운동을 즐겨 온 시간이 얼마나 큰 도움이 될지…
- 진정한 흥미와 실력이 생기는 데에는 시간이 걸리며, (서두르거나 재촉당하지 않고) 오랜 시간에 걸쳐 발달한 것일수록 평생의 기쁨이 된다는 사실을 알고 있는 당신을…

- 일상 속 휴식과 균형의 중요성을 강조하고 실현해 줌으로써 아이에게 선사할 수 있는 평생의 선물을...

Simplicity Parenting

6장

어른 세상 걸러내기

/ 객식구
/ 어른의 정보 걸러내기
/ 어른의 감정 걸러내기
/ 어른의 말 걸러내기
/ 어른의 개입 걸러내기

내 사무실 창으로 햇살이 비스듬히 비치던 늦여름의 어느 오후 나는 앤 마리를 만났다. 대화 도중, 엄마로서의 경험을 한 단어로 표현하면 뭐라고 하고 싶은지 묻자 그녀는 죄책감과 놀라움이 교차하는 표정으로 날 쳐다봤다. "정말요? 한 단어로요?" 그녀가 물었다. 이 세상 모든 엄마와 아빠가 부모로서의 역할, 자녀와의 관계에서 온갖 느낌과 감정, 생각의 물결에 끊임없이 휩쓸려 다니는 게 현실인데 이 얼마나 이상한 질문인가. 그중 한 지점만 파고들어도 다양한 추억과 복잡한 감정이 마치 폭포수처럼 쏟아져 나올 것이다. 앤마리는 열 살 난 쌍둥이 자녀인 피터와 크리스타를 헌신적으로 키우고 있었다. 나는 그녀가 표면 위로 떠오르는 감정을 받아들이도록 하고 싶었고, 그러기까지 오랜 시간이 걸리지는 않았다.

"걱정이요."

공기 중으로 퍼져나가는 이 단어는 아주 솔직하게 들렸고 가슴 깊이 와

닿았다. 앤마리는 자신이 두 아이를 얼마나 사랑하는지 몇 시간이고 얘기할 수 있다고 덧붙였다. 아이들이 얼마나 큰 축복이요 의미인지 설명하는 데에는 반나절도 모자란다고 말이다. 하지만 내가 엄마로서의 경험을 단 한 단어로 표현하도록 요청했기 때문에 그중에서도 걱정스러운 마음이 가장 크다는 걸 인정할 수밖에 없었다.

"출산 전 제게 이런 말을 해주는 사람은 아무도 없었어요. 엄마가 되면 삶이 온통 걱정으로 가득 찰 수 있다는 사실을요."

아마 대부분의 부모가 앤마리의 이야기에 공감할 것이다. 아이가 태어나는 그 순간부터 걱정과 근심은 항상 우리를 쫓아다닌다. 특히, 갓난아기 때는 더하다. 갓 태어난 아기를 품에 안을 때 이 아이를 이제 내가 책임져야 한다고 깨달을 때의 느낌에 대해 아무도 미리 알려주지 않았다. 부모가 된 후 처음 몇 주간 아기를 버스에 두고 내리는 악몽에 시달렸던 걸 기억하는가? 한여름의 녹음 속 커다란 초록 잎 밑에 아기를 두고 오는 악몽은? 아무리 새내기 부모라 해도 아기가 얼마나 연약한지는 배우지 않아도 본능적으로 안다. 그렇게 작았던 아기가 당신과 애착 관계를 형성하면서 차츰 성숙해져 간다. 이에 비해 부모인 당신의 마음은 자녀에 대한 사랑이 커질수록 점점 더 여려진다. 뭔가를 이토록 많이 사랑한다는 게 얼마나 위험한 일인지!

앤마리가 나를 찾아온 건 아이들의 담임선생님 때문이었다. 피터보다는 크리스타의 재능을 더 크게 인정하고 편애하는 선생님 탓에 어떤 부작용이 생길지 걱정됐던 것이다. 피터의 축구 코치 역시 피터에게 잠재력을 발휘할 기회를 주지 않아 걱정스럽긴 마찬가지였다. 피터도 자신의 운동 실력에 '자신감을 가질' 기회가 필요한데 지금처럼 벤치만 지키고 있어서는 불가능한 일이었다. '매 순간 두 아이를 동시에 지켜볼 수 없다' 보니 안전도 걱정스러운 데다 피터가 더욱 걱정되었던 것이다. 피터와 크리스타가 쌍둥이인데 크리스타가 학업과 사회성 두 영역에서 모두 피터를 앞서 나가면 과연 어떻게 될까? 피터가 제 실력을 펼칠 기회를 영영 갖지 못한다면 어떻게 해야 할까?

부모 노릇을 하는 데 걱정과 근심은 필수 요소로 떼려야 뗄 수 없다. 부모가 되면 나 자신의 삶이 흔들릴 수밖에 없는데, 내 마음속에서 내가 아닌 다른 누군가의 행복을 우선시하게 되는 천재지변이 일어나기 때문이다. 부모로서 우리가 아이에게 해주어야 하는 건 자립할 때까지 마음을 다해 돌봐주는 일이다. 하지만 앤마리(그리고 비슷한 다른 부모들)의 경우는 우선 뭔가 균형이 맞지 않는다는 생각이 든다. 걱정은 부모 역할의 한 가지 구성 요소일지언정 전부가 되어선 안 된다. 그런데 다른 모든 감정을 제치고 걱정이 자녀와 우리의 관계를 규정하는 감정이 됐다면 분명 뭔가 잘못된 것이다.

> 단순하게 말하면…: 걱정은 부모 역할의 한 가지 요소일 뿐 전부가 되어서는 안 된다

미시건에서 자란 앤마리에게는 7명의 다른 형제가 있었다. 쌍둥이 자매는 노르웨이 쪽 핏줄이라는 걸 증명이라도 하듯 그녀와 같은 백금발이다. 나는 앤마리의 어머니도 형제들이 어렸을 때 그녀와 똑같은 걱정을 하셨는지 물었다. "전혀요!" 앤마리가 웃으며 대답했다. "제 부모님은 좋은 분들

이세요. 우리를 사랑하신다는 걸 전혀 의심하지 않았죠. 그런데 형제가 워낙 많은 데다 두 분 다 무척 바쁘셔서 우리는 그냥 우리끼리 잘 지냈어요. 하지만 그때랑 지금은 다르잖아요. 그때는 문도 다 열어 놓고 다녔고 지금처럼 걱정할 게 많지 않았죠."

부모 노릇이라는 게 불과 한 세대 만에 극과 극으로 달라졌나? 요즘에는 걱정거리가 그렇게나 많은가? 아이의 안전과 행복감을 위협하는 게 예전과는 비교가 안 되게 많아진 것인가? 이 점에 대해서는 추후 좀 더 구체적으로 알아볼 것이다. 요즘에는 아이들에 대한 두려움과 걱정이 그들에 대한 희망과 신뢰까지 잠식하고 있다는 생각이 더 자주 든다. 불안은 화폐처럼 거래될 때가 많다. 오늘날 육아의 풍경에서는 아이들의 세상과 정체성에 대한 신뢰, 심지어 부모로서의 본능에 대한 신뢰가 채 발달하기 전에 두려움이 자라나 이 모든 걸 잠식해 가는 모습을 볼 수 있다.

지금까지 설명했다시피, 나는 아이의 일상을 단순하게 만드는 게 육아에서 균형을 회복하는 최고의 방법 중 하나라고 믿는다. 환경과 스케줄을 단순하게 줄이고, 가정 내 리듬감과 규칙성을 확립함으로써 당신은 아이가 아이로 살아갈 수 있는 축복을 선사했다.

이 장에서 우리는 어른들의 정보와 압박, 걱정을 걸러낼 필터를 아이들 세상에 설치함으로써 단순화하기를 '지속해' 나갈 환경을 확립할 것이다. 또 일상의 빠른 속도를 허용하지 않고 자유를 선사하는 게 얼마나 중요한지 배울 것이다. 걱정이 집안의 대기를 오염시키지 못하도록 지켜내면 부모 역시 한결 편안하게 숨 쉴 수 있다는 점을 알 게 될 것이다.

부모로서 우리가 아이에게 얼마나 개입하는지 전반적으로 살펴보고, 육아가 경쟁 종목이 돼 버린 오늘날의 사회에서 부모가 감내해야 하는 엄청난 압박도 알아볼 것이다. 이 압박으로 인해 부모들은 불안을 연료 삼아 아이들 머리 위를 떠돌면서 경계를 늦추지 않는 이른바 '헬리콥터 부모'가 될 수밖에 없었던 이유도 간략히 살펴볼 것이다.

나는 앤마리와 내가 '걱정'이라는 대답을 놓고 생각에 잠겨 있던 늦여름의 어느 오후를 기억한다. 앞에서 앤마리는 부모가 된 후 지금까지 가장 많이 느꼈고 강하게 느낀 감정이 '걱정'이라고 대답했다. 하지만 뭔가 균형이 맞지 않아 두 자녀와 함께 보내는 일상에서 더 큰 여유와 기쁨, 일정한 흐름을 찾아야 한다는 막연한 생각도 있었다. 부모로서 아이 삶에 최소한으로 개입하고, 아이가 세상을 마음껏 탐험하고 돌아올 수 있는 베이스캠프를 구축하는 방법에 대해서 알아보고, '헬리콥터 부모'가 헬리콥터에서 내려와 다시는 걱정이라는 연료를 채우지 않도록 할 방법에 대해서도 생각해 볼 것이다.

객식구

배우자의 남동생인 앤디가 당신 집에서 함께 살게 됐다고 가정해 보자. 그는 성격이 워낙 좋아 모든 이들이 좋아하지만 혼자서만 이야기하는 경향이 있어서 함께 있다 보면 분위기가 '수동적'으로 흘러간다. 아이들은 삼촌을 너무 좋아한다! 삼촌한테 완전히 빠져서 시간만 나면 그와 함께 있고 싶어 한다. 그래서 외출도 별로 안 하고 예전만큼 친구들을 만나지도 책을 읽지도 자전거를 타지도 않는다. 하지만 당신은 이것도 시간이 지나면 나아지겠거니 생각한다.

앤디는 유쾌하고 아는 것도 많아서 아이들이 좋은 정보도 많이 얻을 수 있다. 하지만 사실, 선을 넘는 경우도 많아서 무시무시하거나 폭력적이고 심지어 선정적인 이야기와 이미지를 아이들과 공유하기도 한다. 게다가 아이들이 아예 모르면 좋을 새로운 먹을거리나 장난감에 대한 이야기를 늘어놔서 불필요한 욕구를 불러일으킬 때도 있다. 물론, 더 이상 삼촌과 시간을 보내지 못하게 하는 방법도 있겠지만 그러면 당신이나 남편, 둘 중 한 명이 아이들을 돌봐야 한다. 지금은 삼촌이 항상 곁에 있으니 아이들은 삼촌만 바라보고, 덕분에 당신은 (더 많은 일을 처리할 수 있는 등) 한결 수월하다. 좋은 점이 있으면 나쁜 점도 있게 마련이다. 앤디 삼촌이 없는 삶은 이제 더 이상 상상할 수 없다.

따져 보면 큰아이들은 이제 하루에 적어도 세 시간은 삼촌과 함께 보낸다. 두 살배기 막내도 삼촌이 얼마나 재밌는지 깨달아서 밖에서 노는 시간보다 삼촌과 노는 시간이 더 많다. 당신도 예외는 아니다. 긴긴 하루를 보내고 나면 편안히 등을 기대고 앉아 삼촌의 유쾌함에 하루의 피로를 푼다. 삼촌은 어떻게 하면 당신의 관심을 끌 수 있는지 잘 알고 있다. 죄책감이 드는 이야기부터 소름 끼치는 이야기까지 삼촌이 전하는 온갖 나쁜 소식에 완전히 몰두해 몸을 앞으로 숙이고 있는 당신을 발견할 때도 많다. 게다가 이는 아이들도 마찬가지다. 삼촌은 대체 어떻게 이런 걸 다 아는 걸까? 이런 이야기에 당신은 불안해지지만 상당한 흥미도 느껴서 결국 끝까지 들을 거라는 사실을 그는 알고 있다. 당신과 남편은 가족과 아이들의 삶을 단순하게 만들기 위해 많은 일을 해 왔다. 앤디로서는 이런 일을 이해할 수 있을 리 없다. 아이 방을 정리해 장난감으로부터 숨통을 트여 주었고 (그런데 이제 삼촌 때문에 새로 출시된 장난감 이야기를 끊임없이 듣고 있다), 먹거리도 정리해 비만을 유발하는 건 물론이고 아이들의 신경체계를 예민하게 만드는 설탕 폭탄 과자를 치웠다 (불행히도 삼촌은 새로 나온 불량 식품으로 아이들을 유혹한다. 당신이 선을 긋고는 있지만 그것도 보통 일이 아니다). 식사시간은 온 가족이 상호작용하는 근사한 시간이었지만 이제 아이들은 식사보다 삼촌을 바라보는 걸 더 좋아한다. (게다가 삼촌은 온 가족이 식사할 때조차 분위기를 장악하는 경향이 있다.) 지금껏 당신은 아이들의 자유 시간을 확보하기 위해 몇 가지 수업과 활동들을 빼가면서 스케줄을 단순하게 만들었다(하지만 아이들은 이제 그렇게 얻은 여유 시간을 삼촌과 함께하는 데 쓴다.)

단순화하기와 앤디는 '궁합이 안 맞는다.' 그는 자신이 당신의 의도에서 어긋나갈 때가 얼마나 많은지 눈치조차 채지 못한다. 앤디 삼촌은 재밌지만 분명 아이들을 위하는 마음으로 움직이지는 않는다. 게다가 당신의 친구들 역시 문제점을 인식하지 못하기는 마찬가지다. "뭐가 문제야? 우리 집에도 객식구가 있어. 그냥 잘 통제하면 안 돼?" 끝없는 논란에는 승산이 없어 보인다.

만약 당신이 이런 문제로 날 찾아온다면 내가 제시할 해결책은 정해져 있다. 앤디는 당연히 좋은 삼촌이지만 특히 아홉 살 미만의 아이가 있다면 나가 달라고 부탁해야 한다.

눈치챘겠지만 앤디는 단순한 삼촌이 아니다. 텔레비전이다. 나는 집안에서 모든 걸 빨아들이는 이 객식구가 사실은 전능한 상자라는 사실을 처음부터 말하고 싶었다. 하지만 당신이 아예 들으려고도 하지 않을까 봐 수를 쓴 것이다.

어른의 정보 걸러내기

미디어

　단순화하기를 의사 표현에 빗대면 "아니요. 괜찮습니다" 정도가 될 것이다. 아이의 유년기에 여유와 품위를 더하기 위해 반드시 신기술을 혐오할 필요는 없다. 준비도 안 된 아이를 어른 세계로 내모는 사회적 압박에 "아니요. 괜찮습니다"라고 말하는 것으로 충분하다. 우리는 아이가 어른이 되어서 성공하기를, 지금보다 기술적으로 훨씬 복잡해지고 발전할 미래에서도 성공을 거두기를 바란다. 하지만 부모들이 (그리고 유년기 전문가들이) 기술이 아니라 인간을 더 중시하는 삶을 강조할 때 미래의 성공은 한층 가까워진다.
　아이의 일상을 단순하게 만들기 위해서는 집안의 '미디어' 수를 줄이는 과정을 반드시 거쳐야 한다. 줄여야 하는 미디어에는 (자유 시간의 상당 부분을 잠식하는) TV, 컴퓨터, 휴대용 전자기기, 스마트폰이 포함된다. 카이저 가족 재단에서 진행한 연구 결과를 실은 「뉴욕타임스」기사 "당신의 자녀가 깨어 있다면 인터넷을 하고 있을 것이다"에 따르면 만 8~18세 사이의 아이가 매일 인터넷을 하는 시간이 평균 7.5시간에 이른다.[1]

미디어는 우리 일상에서 너무 큰 부분을 차지하기 때문에 지금껏 노력한 단순화하기를 쉽게 망칠 수 있다. 단순화하기로 인해 아이가 지나침에서 벗어나 얼마나 편안해졌는지 직접 목격했다면 상당히 효과적이고 해방감을 선사하는 이 절차를 계속 밟고 싶은 마음이 굴뚝같을 것이다. 미디어 수를 줄이는 건 아이의 유년기를 보호하고 당신의 불안을 완화하기 위해 선택할 수 있는 가장 중요한 변화다. 단순해진 일상에서 느끼는 보람을 가장 크게 그리고 가장 길게 느낄 수 있는 방법이기도 하다.

미디어 수를 줄이는 건 하루 24시간 매일같이 당신의 집으로 쏟아져 들어오는 온갖 정보와 자극을 차단하는 행위다. 아이를 위해 이 절차가 얼마나 중요한지는 두말할 필요도 없으며, 그 효과는 당신이 상상하거나 원하는 수준을 훨씬 넘어선다. 다른 영역에서 단순화하는 데 성공했다면 미디어 수를 줄이는 건 이미 목격한 긍정적 변화를 유지하고, 나아가 확장하는 절차라고 볼 수 있다.

결국 TV는 단순화하기의 효과를 단숨에 날려버릴 수 있는 매체로서, 온갖 선의로 무장한 최고의 부모보다 훨씬 강력하다. TV는 '물건'의 로고송과 광고가 끊임없이 흘러나오는 상업주의의 제단이며 집안으로 온갖 잡동사니를 가장 쉽게 끌고 들어오는 통로다. 게다가 TV는 당신이 스케줄을 단순화해서 겨우 얻은 자유 시간을 순식간에 앗아간다. 미국인들은 1965~1995년 사이 매주 평균 6시간의 여가 시간을 얻었지만 그중 단 몇 분을 제외한 모든 시간을 TV를 보는 데 할애했다.[2] 유럽 연합의 통계청에

따르면 영국인들은 자유 시간의 45퍼센트를 TV 시청에 사용한다.³

TV는 심지어 집에서 가장 큰 영향력을 발휘하는 매체다. 미국인의 미디어 사용에 대한 연구 결과들을 숱하게 쏟아낸 카이저 가족 재단은 'TV 지향성이 높은' 가정(TV를 제한 없이 손쉽게 볼 수 있는 가정)의 아이들은 미디어에 노출되는 시간이 매일 2.5시간 더 많다.⁴ 다시 말해, 가족의 미디어 사용에서 TV가 핵심으로, TV 시청 시간을 보면 유년기 내내 아이가 얼마나 미디어에 노출되고 있는지 알 수 있다는 것이다.

사람들이 미디어에 할애하는 시간이 그 어느 때보다 길어졌고 그중 최고는 여전히 TV 이긴 하지만, TV 보는 시간과 온라인 콘텐츠를 소비하는 시간 사이의 격차는 계속해서 줄고 있다. 2016년, 영국인은 하루 평균 456분을 미디어에 할애했는데 그중 TV 보는 시간이 170분으로 가장 길었다. 하지만 인터넷도 하루 평균 140분씩 해 큰 차이가 나지는 않는다. 이런 추세로 가다 보면 두 매체의 사용 시간 격차가 점점 줄어들어 2018년이면 7분밖에 차이가 나지 않을 것이고, 이내 TV가 최고의 자리를 잃게 될 확률이 높다.⁵**

전자 미디어를 둘러싼 논란은 이미 오랜 기간 이어져 왔지만 우리 아이의 시간과 관심을 빼앗기 위해 온갖 기술이 경쟁적으로 발전해 가는 한 계속될 것이다. 정말로 TV의 폐해가 혜택을 넘어서는지, 얼마나 보는 게 지

** 전 세계를 기준으로 2019년 말 인터넷 사용 시간(170분)이 TV 보는 시간(167분)을 초과한다고 추정했다. 2019년 기준 우리나라의 경우는 하루 평균 TV 시청 시간은 162분이며 매년 감소세에 있고, (인터넷 전체 사용 시간이 아닌) 스마트폰 이용 시간만 99분으로 매년 증가세에 있다.
출처 : 미디어오늘(2019.12.07, 장슬기, '인터넷 사용량, TV시청시간 앞지르나'), 방송통신위원회(2019.12, 정용찬 외, '2019년 방송매체 이용행태 조사 보고서')

나치다는 것인지는 논란거리다. 물론, 우리도 TV 프로그램이 가족이나 아이를 위한 선의를 갖고 만든 게 아니라는 사실을 잘 안다. TV는 오락을 제공하고 상품을 판매하기 위해 고안된 미디어 기기에 불과하며 따라서 앤디 '삼촌'은, 친구나 가족도 아닌 타인일 뿐이다. 하지만 가정에서는 의문을 제기하거나 변화를 일으킬 여지도 없이 언제나 집안의 중심을 차지한다.

미디어 수를 줄이면 단순화하기의 다른 어떤 절차를 밟았을 때보다 마음이 가벼워지고 삶에 균형감이 생길 것이다. 수많은 미디어와 엔터테인먼트 산업은 선정성과 폭력성, 사람들의 두려움에 의존해 수익을 창출하며 모든 곳에 영향을 미친다. 따라서 적어도 아이가 어릴 때에는 전자 미디어에 "아니요. 괜찮습니다"라고 사양함으로써 우리 집을 감히 침범하지 못하도록 선을 그을 수 있어야 한다.

특히 TV가 아주 어린아이에게 미치는 혜택과 폐해에 대해서라면 신경 발달 과학 분야에 가장 확실한 답이 나와 있다. 인간의 신체 기관 중 태어났을 때 가장 발달이 덜 된 기관이 바로 뇌다. 신경의 기본 구조 생성을 포함해 뇌 발달의 대부분은 만 2세까지 외부 환경의 자극에 반응하거나 상호작용하며 일어나는데, 그중 뇌 성장을 가장 활발하게 일으키는 자극 세 가지가 신경학자들에 의해 밝혀졌다. 첫째는, 부모나 다른 사람과의 상호작용이고, 둘째는, (뭔가를 만지고 느끼고 움직이는 등) 외부 환경을 조작하는 행동이며, 셋째는, ("어디 갔지?"같은 까꿍 놀이처럼) '문제 해결' 활동이다.[6]

이 같은 세 가지 자극 중 TV가 해 주는 건 아무것도 없다. TV가 우리 아이의 신경 발달을 위해 제공할 수 있는 '보상'이 전무한 것이다. 미국 소아과 학회는 1999년부터 만 2세 미만 아이에게는 TV를 일절 보여줘선 안 되고, 만 2세 이상에게는 제한해야 한다고 권고해 왔다.[7] 프랑스 정부도 2008년, 만 3세 이하 아이를 겨냥한 TV 프로그램 방송을 금지시켰다. "TV 시청은 만 3세 이하 아이의 발달을 저해하고 여러 가지 위험성을 내포한다. 즉, 아이를 수동적으로 만들고 언어 습득을 방해하며 지나친 흥분을 조장하고 수면 장애와 집중 장애를 일으킬 뿐 아니라 미디어 의존도를 높인다"는 게 이유였다.[8] 애플 같은 거대 기술 기업조차 미디어 사용 시간을 추적하고 경고하며 제한하는 앱을 개발하고 있다.

미디어 노출이 많을수록 나타나는 전자 스크린 증후군Electronic Screen Syndrome, ESS 의 새로운 진단법이 등장해 의학 분야와 육아 분야의 많은 관심을 받고 있다. 전자 스크린 증후군은 아이가 주어진 상황에 걸맞게 자신의 기분이나 관심 혹은 흥분의 정도를 조절하지 못하는 조절장애 질병이다. 스크린만 쳐다보고 있다 보면 신경 체계가 '싸울지 도망칠지' 갈등하는 모드로 바뀌어 마땅히 일어나야 할 신체 반응이 일어나지 못한다. 이 같은 스트레스 반응은 (비디오 게임을 할 때 그런 것처럼) 즉각적이고 분명하게 나타날 때도 있지만 어떤 때는 (문자를 주고받을 때 그런 것처럼) 몇 번 반복된 후에야 미묘하게 나타난다. 미디어 기기와 상호작용한 아이는 기본적으로 지나친 자극에 노출돼 항상 '들떠 있을 수밖에' 없다.

전자 스크린 증후군은 만성 스트레스 후유증과 징후가 비슷할 뿐 아니라 모든 부모나 교사가 두려워하는 증상을 전부 보인다. 즉, 감정 기복이 심하고 짜증을 잘 부리며 우울해하거나 지나치게 성질을 부린다. 자기 규제에 서툴고 반항적 태도를 보이며 산만하고 스포츠 정신도 약하다.[9] 또한 사회적 관계에 서툴고 사람들과 눈을 안 맞추며 불면증이나 수면장애, 학

습 장애, 단기기억 장애 같은 증상을 보인다.[10]

　미국 부모들 중 미국 소아과 학회의 권고안을 알고 있는 이들은 6퍼센트에 불과하기 때문에 디즈니, 워너브라더스, 피셔프라이스 같은 기업은 '베이비 아인슈타인'이나 '똑똑한 아기' 등 이른바 '교육용' 비디오 프로그램을 홍보하는 데 아무런 제약도 받지 않는다.[11] 2018년 페이스북은 만 4~11세 아이를 위한 플랫폼을 출범시켜 미디어에 취약한 연령대 아이를 대상으로 한 플랫폼을 적극 반대해 온 수많은 보건 전문가의 지탄을 받았다. 비디오 프로그램이나 마케팅 캠페인에서 강조하는 내용("우리 함께 당신의 아이를 영재로 만들어 보아요!")을 보면 미국 소아과 학회에서 취학 이전 아이가 시청하기에는 유익하지 않을뿐더러 유해하기까지 하다는 결론이 무색할 정도로, 부모를 혹하게 만든다.

　마케팅 홍보 문구가 과학적 관점에서는 허술할지 몰라도 감정적 호소력은 상당하다. 자녀를 향한 부모의 포부를 겨냥함과 동시에 만 3세가 넘으면 아이를 똑똑하게 키울 기회가 사라진다는 두려움을 겨냥하고 있기 때문이다. 1997년 출시된 베이비 아인슈타인은 2003년에는 미국 어린이 3명 중 1명이 시청할 만큼 높은 인기를 누렸다.[12] 집단 소송이 제기돼 디즈니는 모든 구매자에게 돈을 환불해 주고 DVD도 회수했다. 수많은 연구 결과가 말해주듯이 교육용 프로그램이라 해도 TV 시청은 언어 발달을 돕는 게 아니라 지연시킨다.[13]

　사실, 미국 소아과 학회의 권고안 발표 전후 실시된 수많은 연구 결과에서 유아기에 TV 부작용을 가장 크게 겪는 것으로 나타났다.[14] 하지만 2006년, 연구가들은 생후 3개월 아기의 40퍼센트가, 만 2세 아기의 90퍼센트가 DVD, 비디오, TV를 일상적으로 시청한다는 사실을 발견했다.[15]

이후 이 문제가 심각해지자 2017년에 미국 소아과 학회가 18개월 미만 아기는 종류를 불문하고 미디어에 일절 노출돼선 안 된다는 지침을 발표했다. 결국 이 모든 자료가 TV의 위험성을 경고하고 있음에도 불구하고 부모들은 아이들이 미디어를 계속 사용할 수 있도록 허용하고, 심지어 권장함으로써 전자 미디어 사용을 습관화하고 또 갈수록 의존하도록 만들고 있다.

> 단순하게 말하면…: 70살에 이르게 되면 사람들이 TV 보는 데 할애한 시간은 총 7~10년에 달할 것이다[16]

부모들은 아이들이 TV 앞에만 앉으면 마치 '최면에 걸리는 것 같다'고 농담을 한다. 「사이언티픽 아메리칸Scientific American」지에서 로버트 쿠베이와 미하이 칙센트미하이가 참가자를 대상으로 진행한 뇌파 연구 결과를 실었는데, TV 시청 시 두뇌 활동이 다른 때보다 현저히 줄어든다고 지적하면서 'TV 중독이 더 이상 은유적 표현이 아님'을 입증했다. TV를 시청하는 이들은 TV를 보는 동안 '편안하고' '수동적'이 된다고 얘기하지만, 편안한 기분은 TV를 끄면 곧장 사라지는 반면 수동적인 태도와 인지 능력 저하는 지속적으로 나타난다. 연구 참가자들은 TV가 '자신의 에너지를 흡수하거나 빨아들여 결국 기력이 다하는 느낌'이라고 입을 모으면서 'TV 시청 후에는 그전보다 집중하는 데 어려움을 겪는다'고 답했다. 쿠베이와 칙센트미하이는 이 같은 영향을 물리학의 첫 번째 법칙인 관성에 대입해 표현했다. 즉, "휴식을 취한 신체는 계속해서 휴식하려는 경향이 있다"는

것이다.[17]

TV 시청 시간과 소아 비만율 간의 상관관계를 보여주는 연구들도 이같은 주장을 뒷받침해 준다. 2017년 「소아 과학Pediatrics」저널에 실린 '어린이 및 청소년의 미디어 노출과 비만'이라는 제목의 연구에서는 상당히 우려할 만한 사실을 밝혀냈다. "비만은 미디어 노출로 인한 결과 중 하나로, 수많은 관찰 연구에 따르면 미디어에 많이 노출될수록 비만 확률도 높아지는 것으로 나타났다. 특정 집단을 대상으로 미디어 노출 시간을 무작위로 제한하는 실험을 했더니 어린이들의 체중 증가율도 떨어져 분명한 인과 관계가 입증되었다."[18]

시애틀에서 소아과 병원을 운영하는 드미트리 크리스타키스와 『내 아이의 성장하는 마음Your Child's Growing Mind』의 저자 제인 힐리를 포함한 연구가들은 TV 프로그램 제작 기술이 뇌 화학 작용에 미치는 영향도 문제 삼았다. OR로 불리는 지향 반사Orienting Reflex 는 아동 프로그램 제작 시 아이의 주의를 끌기 위해 사용하는 기술이다. 기본적으로 아이는 (이를테면 번쩍이는 불빛, 움직이는 그림, 빠른 확대와 회전, 춤추는 문자 등) 뭔가를 보거나 들었을 때 뇌에서 곧장 옳거나 정상이라고 인지되지 않으면 그게 위협인지 아닌지 결정할 때까지 계속해서 주의를 집중한다. "상당히 강렬하고 비현실적인 활동에 지속적으로 노출되면 두뇌는 그 정도 자극만을 기대하도록 길들여진다"라고 크리스타키는 설명한다. TV가 제시하는 고강도 자극에 비하면 현실은 한없이 느리기만 해서 아이는 지루함만 느끼고 모든 일에 무관심해질 수밖에 없다.[19]

뇌신경은 고강도로 자극하면서도 신체는 완벽하게 수동적으로 만드는 TV 시청이 뇌 발달을 일으킬 리 없다. 이는 생후 3년간도 그렇지만 뇌가 성장하는 청소년기에도 똑같이 적용된다. 『남자아이 심리백과The Minds of Boys』의 저자인 마이클 거리언은 TV가 조장하는 수동적 태도가 어린 남자아이에게는 특히 더 좋을 게 없다고 지적했다. 남자아이의 뇌 성장은 신체활동에 더 크게 의존하기 때문이다.[20]

이뿐 아니라 TV와 비디오 게임 속 폭력이 아이에게 미치는 영향도 우려스럽지 않을 수 없다. 2000년에 미국 의학 협회, 미국 정신과 협회, 미국 소아과 학회 및 미국 어린이와 청소년 정신의학회는 미국 의회에서 다음과 같은 공동 성명을 발표했다. "폭력을 오락거리로 삼는 영상물은 특히 어린이에게 공격적인 가치관과 태도를 심어주고, 공격적인 행동을 조장한다. 그로 인한 영향은 측정 가능할 정도로 분명할 뿐 아니라 오래 지속된다."[21]

미국 정신과 협회와 미국 소아과 학회는 어린이와 십대 청소년이 폭력적인 비디오 게임에 노출돼선 안 된다고 단호하게 주장한다. 이들이 조사한 바에 따르면, 미국 어린이 중 90퍼센트가 비디오 게임을 즐기는데 만 12~17세 청소년의 경우 그 수치가 97퍼센트로 늘어난다. 더욱이 출시된 비디오 게임의 85퍼센트 이상이 폭력적인 내용으로 이는 '인간 사냥,' '살인의 쾌감,' '전쟁 장비', '치명적 전투' 등 제목만 봐도 알 수 있다. 하지만 무난한 제목의 '포켓몬 고' 역시 전투를 치르기는 마찬가지다. 최고 판매량을 자랑하는 비디오 게임 시리즈 중에도 폭력 수위가 높은 것이 다반사다.

미국 정신과 협회는 2015년 8월 발표한 정책 성명을 통해 '폭력적인 비디오 게임의 사용과 공격적인 행동의 증가… 그리고 사회성, 연민, 도덕성의 감소 사이에 깊은 연관성이 있다는 사실을 입증했다.[22]

2016년 7월 발표한 미디어 폭력에 관한 지침에서 미국 소아과 학회는 폭력적 내용의 미디어가 아이에게 나쁜 본보기가 된다고 경고했다. "비디오 게임에서 인간이나 다른 생명체를 목표물로 삼거나 점수를 따기 위한 살해 대상으로 이용해선 안 된다. 아이가 타인에게 고통과 고난을 초래함으로써 기쁨과 성취감을 느끼는 법을 배우기 때문이다."[23]

그랜드 테프트 오토Grand Theft Auto, 콜 오브 듀티Call of Duty 같은 비디오 게임 시리즈는 편당 1억 개도 넘게 판매되었다. 오락 등급 안전 위원회는 이들 시리즈에 '유혈 살인'과 '강도 높은 폭력'이 포함돼 있다며 '성인용'으로 분류했지만 제조사의 자체 조사에 따르면 만 16세 미만 이용자가 25퍼센트나 된다.[24]

2018년, 세계보건기구WHO가 심층 연구를 실시하여 중독성 질환 목록에 게임으로 인한 질환을 공식 포함시킨 사건은 최근 가장 눈에 띄는 움직임이라 할 수 있다. WHO는 게임 중독이 도박 중독과 놀랍도록 비슷한 패턴을 보인다고 지적하면서 세 가지 주요 증상을 발표했다. 즉, 게임 횟수를 스스로 통제하지 못하고, 갈수록 게임을 중시하며, 부정적 결과가 나와도 게임을 더 많이 한다는 것이다.[25]

어린아이가 폭력을 바라보는 시각은 성인과 완전히 다르다. 아이는 보통 만 6~7세까지는 심리 발달 단계상 현실과 판타지를 구분하지 못한다.[26] TV에서 폭력적 행위가 나오면 '현실'인 줄 아는 것이다. 게다가 아이가 집 안의 안락하고 안전한 환경에서 가족들과 꼭 붙어 과자를 먹거나 식사를 하면서 살인, 강간, 폭행 같은 폭력 장면을 시청하면 단순히 무감각해지는 걸 넘어 즐기는 법까지 배우게 된다.

비디오 게임도 현실과 폭력을 구분 짓지 못하게 하기는 마찬가지다. 폭력적인 비디오 게임을 즐기면 실제 폭력에 무감각해져 비슷한 상황이 일어나더라도 충격에 빠지는 대신 아무렇지 않게 받아들인다.[27] 이 같은 무감각은 게임 속 캐릭터가 폭력 행위에 대한 보상을 받으면 한층 심화되기도 한다.

"죽을 때 난 작게 느껴져"라는 제목의 연구에서 중학교 1~2학년 참가자들이 장래희망으로 '가장 좋아하는 비디오 게임 캐릭터와 비슷한 사람'을 꼽은 것이다. 아이들이 게임에서 느끼는 감정이나 심리적 도덕적으로 받는 영향을 넘어 캐릭터에 지나치게 몰입하면 자기 인식과 정체성 역시 달라질 수밖에 없다.[28]

책을 바탕으로 만든 영화를 보기 전에 책으로 먼저 읽고 싶었던 적이 있는가? 책을 먼저 읽는 건 작품 속 세상이나 각 캐릭터가 어떤 모습일지 커다란 스크린을 통해 확인하기 전 머릿속으로 상상부터 해 보기를 선택하는 행위다. 이 같은 내적 시각화를 통해 창의적 상상력과 고차원적 학습 능력을 키울 수 있다. 미디어 수를 줄이는 건 아이가 엔터테인먼트 세계와 상품을 수동적으로 소비만 하기 전에 독서뿐 아니라 적극적인 상상 놀이를 통해 자신만의 세상을 그려볼 수 있도록 시간을 확보하는 행위다.

컴퓨터와 관련해서도 똑같은 주장을 적용할 수 있다. 요즈음은 일정 수준의 컴퓨터 활용 능력은 필수라고도 할 수 있다. 하지만 나는 컴퓨터도 다른 도구와 마찬가지로 도움이 되는 연령이 따로 있다고 믿는다. 따라서 만 7~8세 이전의 아이에게는 컴퓨터가 적합하거나 유익하지 않다는 게 내 생각이다. 그리고 아는 것처럼 대부분의 아이는 꽤 빨리, 그리고 자연스럽게 컴퓨터에 능숙해진다. 저서 『연결 실패Failure to Connect』에서 심리학자 제인 힐리는 청소년이 될 때까지 컴퓨터를 사용하지 않은 아이가 유아 시절부터 컴퓨터를 쓴 아이와 동일한 실력을 갖추기까지는 불과 몇 달밖

에 걸리지 않는다고 지적했다.²⁹

지금은 고인이 된 MIT 교수이자 인공지능 분야의 선구자인 조셉 와이젠바움은 컴퓨터 기술이 어린아이에게 과연 적합할지 의문이 들었다. 그래서 우리의 소중한 아이들을 인간의 가치나 상식 따위가 없는 인공지능에 노출시켜야 하는지 의문을 제기했다. 그는 인간의 상호작용에는 기계가 결코 복제할 수 없는 탁월한 가치가 있다고 믿었고, 그 예로 '잠든 아이를 바라보며 엄마와 아빠가 말없이 주고받는 눈빛'을 들었다.³⁰

2차원의 컴퓨터 스크린을 좀 일찍 사용한다고 해서 어린아이의 복잡한 학습 체계 및 감각 탐험에 방해가 될까? 나 역시 자문해 보았다. 나는 컴퓨터가 (만 7세 이하) 어린아이의 일상에 자리를 잡고 있어서는 안 된다고 믿는다. 만약 어린 나이에 질문하는 법보다 구글 검색법부터 배운다면 아이는 얼마나 호기심을 느낄 것이며, 또 얼마나 재빠르게 창의적이며 끈질기게 자신이 던진 질문에 답을 찾으려 할까?

"더 많이!", "더 빨리!", "더 일찍!"은 기술과 미디어, 오락 산업에서 기본적으로 깔려 있는 베이스 비트다. 하지만 부모로서는 소중한 아이를 위해 좀 더 느리고 단순한 길을 선택할 수 있다. 부모로서 우리는 집안에서, 그리고 아이의 일상에서 미디어의 지위를 통제할 수 있다. 아예 없이 살아가거나 한계를 정하는 등 덜어내기의 힘을 이용할 수 있다는 말이다.

만 7세 이하 아이가 있는 가족에게 나는 TV를 없애도록 권유한다. 여기에는 세 가지 이유가 있다. 1) 어린아이에게는 TV의 혜택보다 부작용이 훨씬 크고 또 오래가기 때문이다. 2) TV가 없어야 단순화하기의 목표(과잉과 소비주의를 줄이고 원하면 가질 수 있다는 잘못된 인식 바로잡기)에 훨씬 가까워질 수 있기 때문이다. 3) 경험한 바에 따르면 TV 없이 사는 게 생각한 것만큼 힘들지 않다.

TV를 없애면 아이가 처음에는 전전긍긍하며 지루해하지만 2~3주 정도 지나면 차츰 불평도 줄어들고 다양한 활동으로 TV의 공백을 메운다. 직접 경험해본 부모들은 TV 없이 사는 게 생각보다 수월하며, 'TV 시간'을 지속적으로 감시하고 제한하는 것보다 훨씬 편하다고 입을 모은다. (TV를 없앤 가족들은 친구들이나 가족들이 TV를 주겠다고 하거나 실제로 원치도 않는 기부를 해 주었을 때 가장 힘들었다고 말하기도 했다.)

TV를 두고 "아니요. 괜찮습니다"라고 사양하는 게 아이의 시각에서 그리 반가운 선택은 아니다. 자녀 입장에서는 친구들 다 TV가 있는데 왜 자기만 없느냐고 항의할 테고 또래 친구들 역시 TV가 없는 것을 의아하게 받아들일 게 뻔하다. TV를 치워 두는 일이 TV를 '절대적인 악마'로 몰아가거나 '1940년대의 삶으로 돌아가겠다'고 선언하는 건 아니다. 단지 삶의 균형을 위해 사양하는 것뿐이다. 특히 아이의 어린 시절에는 자극보다 사람과 현실 세계에 대한 몰입, 수동성보다 적극성을 선택하겠다는 의미다. TV를 치우는 단 한 하나의 조치만으로 폭력과 소비주의라는 어른 세계의 대표적 특징을 아이에게서 제거할 수 있다. 결과적으로 무엇보다 가족의 자유 시간이 평균 두 배 늘어나게 될 것이다.

TV나 비디오게임이 '아이를 돌봐주는' 기능을 하는 덕분에 당신이 겨우 샤워도 하고 쌓인 빨래도 할 수 있다면 이것도 분명 중요하다. ("그래! 드디어 이 사람이 말 같은 소리를 하는군!"이라고 안도하는 소리가 들린다.) 하지만 장기적 관점에서 보면 TV가 없는 환경에서 구축한 풍부하고 다양한 습관이야말로 아이를 평생 지탱해 주고, 당신의 육아 역시 단순하게 만들어줄 것이다. 뭔가 할 일이 있을 때마다 자동으로 스크린 앞에 앉히지 않으면 (혹은 궁금한 게 있을 때마다 인터넷 검색부터 하게 만들지 않으면) 당신의 아이는 창의력과 풍부한 자원으로 가득한 내면의 깊은 우물을 파내려 갈 것이다. 이 같은 태도야말로 아이의 시간을 풍성하게 만드는 가장 훌륭한 벗이다.

아이가 어릴 때 컴퓨터와 태블릿, TV를 완전히 치우는 방식은 나의 권고안 중 가장 많은 논란을 일으키고 있다. 하지만 나는 이 방법을 통해 어린 시절이 좀 더 단순해지고 천천히 진행될 뿐 아니라 놀라운 성장과 창의력을 일굴 수 있다는 사실을 직접 목격해 왔다. 실천하기가 분명 쉽지는 않지만 첫 단추만 잘 끼우면 그 어려움을 훌쩍 뛰어넘는 혜택을 누릴 수 있음을 경험적으로 터득했다. 또한 나는 만 7세 이하의 아이는 컴퓨터, 비디오 게임이나 휴대용 전자기기에 일절 노출돼선 안 된다고 생각한다. TV가 아이 침실에 있어서도 안 된다. (방에 TV가 있는 아이는 그렇지 않은 아이보다 하루에 90분씩 TV를 더 시청한다.)[31] 취학 연령에 이르면 아이의 관심이 집 밖으로 확장되는 만큼 미디어나 TV, 컴퓨터 노출도 자연히 늘어나게 된다. 따라서 이 문제에 관한 한 부모가 아이에게 균형을 잡아주는 게 중요하다.

물론, 모든 이들이 내 권고안을 따르지는 않을 거라는 사실을 알고 있다. 한 엄마는 이렇게 말한다. "제 남편은 TV 스포츠 중계를 못 보면 살 수가 없다고 생각해요. 저는 TV가 없어도 남편이 살기는 하겠지만 제가 TV 없이 지내는 남편과 못 살 것 같다는 생각이 들어요!" '성장하는 아이에게 위험한 10가지' 목록에는 당연히 '끔찍한 부모'도 포함된다. 그래서 TV를 정 없애지 못하겠다면 아이 침실이나 거실 대신 부부 침실 혹은 서재에 놓기를 권한다. 그러면 가족들이 '거실'을 TV 대신 여러 활동을 공유하는 공간으로 생각하게 될 것이다. 집안 한가운데 있던 TV를 일상의 변두리로 옮기면 상징적이고도 실질적인 차이가 생긴다. TV를 제한하기로 한 가족들 역시 이따금 갖는 TV 금지일을 통해 바람직한 변화가 생겼다고 말한다. '휴식'으로 일상이 더 단순해지고, 아이의 TV 시청 시간도 좀 더 신경 쓸 수 있게 된 것이다. 덕분에 아이가 새로운 여가 활동도 즐길 수 있게 되었다.

이처럼 TV 시청 시간과 프로그램 종류만 제한해도 변화가 생긴다는 사실을 알아야 한다. 그것만으로도 TV의 부정적 영향을 일부 제한할 수 있기 때문이다. 만 8~18세 사이의 미국 청소년 중 TV 시청과 관련된 규칙이 한 가지라도 있다고 대답한 아이는 절반이 채 되지 않았다.[32] 하지만 나의 주장을 뒷받침하는 연구 결과는 수없이 나와 있다. 가족들 간에 TV 시청을 제한하는 규정이 있으면 아이는 독서를 더 많이 하고 모든 종류의 미디어 기기를 덜 사용한다.[33] 이처럼 미디어 노출을 제한하면 가족의 일상은 아이의 성장과 변화하는 욕구를 가장 잘 채워줄 수 있는 방식으로 진화해 나갈 것이다. 가족과 관련된 일이 다 그렇겠지만 스크린이나 미디어 노출을 줄이기 위해서는 창의력과 노력이 필요하다.

나는 아이들이 무조건 미디어에 노출돼서는 안 된다고 주장하는 게 아니라 삶에서 진짜 중요한 것과 '연결돼 있다'고 느끼기를 열렬히 응원하는 것이다. 또, 이 같은 연결감에 방해되는 것은 심각하게 의심해 봐야 한다고 생각한다. 미디어 사용이 아이의 사회적·감성적 뇌 발달에 미치는 악영향에 대해 믿을 만한 정보가 이렇게나 많다면 미디어 사용을 그냥 중단시키는 게 맞는 것 아닌가? 그런데 조금 다른 시각에서도 들여다보자. 부모들이 이렇게 탄탄한 근거를 갖춘 기사에 대해 보이는 반응은 대체로 다음 두

가지다.

1. 걱정의 수위를 높인다.

부모들은 미디어 사용이 일으킬 수 있는 치명적인 폐해를 알고는 놀란다. 그래서 자신의 육아 방식에 더 큰 초조함을 느끼고, 그동안 했던 실수를 모조리 곱씹으며 스스로를 원망한다. 이 같은 연구 결과를 접하지 않더라도 부모로서 이미 자신을 질책하고 있음에도 불구하고 말이다.

2. 새로운 정상으로 받아들인다.

이 세상 모든 아이들이 미디어를 사용하고 있는데 그게 진짜 그렇게 나쁜 것인가? 게다가 게임은 손이 눈의 움직임을 더 잘 따라가게 해 주고, 소셜 미디어도 적당히 사용하면 문제될 게 없다는 정반대의 연구 결과도 나와 있다.

새로운 정상... 과연 그럴까?

이 두 가지 반응은 다음과 같이 연관된다. 1번처럼 단순히 불안하기만 한 상태에서는 아무런 행동도 취하지 않지만 이 상태가 계속되는 것도 불편하고 지쳐서 2번처럼 자신을 안정시킬 방법을 찾는다. 그리고 자녀에게 스마트폰을 비롯한 전자 기기를 쥐여 주는 부모가 많을 때 이는 그리 어려운 일이 아니다. 아이에게 스마트폰을 건네주면 우리는 편안해지면서 삶의 주류 물결에 다시 편입된 듯 느낀다. 결국, 엄청난 두려움보다는 약간의 죄책감이 나은 것이다. 하지만 문제는 이런 편안한 느낌이 일순간에 지나지 않는다는 사실이다. 디지털 미디어의 위험성에 대한 정보를 접할 때마다 아이를 보호하지 못했다는 양심의 가책은 악화될 수밖에 없다. 세 아이의 엄마가 미디어를 어떻게 처리할지 고민하던 중 이렇게 말한 적이 있다. "이건 마치 지난 25년간 온 사회가 미디어를 규제하지 않는 대규모 실험을 진행 중인데 그 결과가 별로 바람직하지 않게 나타나는 양상 같아요. 그렇지만 달리 뾰족한 수도 없잖아요?"

이처럼 비정상이 정상으로 자리 잡는 악순환에서 빠져나오려면 아이에게 해로울 수 있는 걱정이 아닌, 가족의 삶에서 원하는 가치와 희망을 기반으로 사고해야 한다.

"전 그냥 아이가 잘 지내기를 바라요"는 자라는 아이에게 부모가 품는 소박하지만 진실한 바람이다. 그 이상도 좋기는 하겠지만 이것만으로도 충분하다. 아이가 살면서 어떤 상황에 맞닥뜨리든 잘 대처할 수 있게 자라길 바란다면 부모로서 당신이 할 수 있는 일은 단순하다. 바로 중요한 것과 천천히 연결감을 구축할 시간을 주는 것이다.

네 가지 연결감

1. 자연과의 연결감

첫 번째는 아이가 자연과 맺는 관계다. 이는 아이가 정원이나 공원, 들판을 탐색하며 자연의 단순한 기적을 마음껏 누리도록 해 주는 걸 의미한다. 자연 속에서 시간을 보내게 해 주면 아이는 뭔가를 만들거나 좋아하는 걸 연습하거나, 나뭇가지 아래 가만히 누워 있는 등 창의적 놀이에 무제한 심취하게 될 것이다.

2. 친구와의 연결감

어린 자녀가 친구와 함께 놀고 돌아와 진지하게 "아빠, 나 오늘 진짜 재밌게 놀았어요!"라고 말하거나 친구와 함께 하기로 한 캠핑을 앞두고 들떠 있는 자녀의 모습은 부모에게는 뿌듯한 상황이다.

아이에게는 진짜 친구를 사귈 시간이 필요하다. 이들이 소셜 미디어 피드를 통해 '친구 맺기'를 하고 낯선 이를 팔로잉하는 등 대부분의 자유 시간을 온라인에서 보내면 실제로 사람과 상호작용하면서 사회적·감성적 지능을 발달시킬 기회를 잃고 만다. 우정은 재밌기도 하지만 어렵기도 해서 건강한 우정을 유지하려면 노력이 필요하다. 그런데 온라인으로 사귄 친구는 살짝 다투기만 해도 클릭 한 번으로 관계를 끊을 수 있는 등 인위적이고 얄팍하다. 시행착오도 노력도 사회적 발달도 이루어지지 않는다. 이처럼 미디어와 SNS를 지나치게 많이 이용하면 관계에 대한 잘못된 인식이 생길 수 있다. 자녀가 그렇게 되기를 바라는 부모는 아무도 없을 것이다.

3. 가족과의 연결감

자녀가 학교에서 힘든 일정을 보내고 돌아와 책가방을 바닥에 내려놓고 소파에 몸을 던지며 커다란 날숨과 함께 "이제 좀 편하네!"라고 말할 때 우리는 제대로 가고 있음을 느낀다.

아이가 그저 가족들과 어울리면서 시간을 보내게 해 주어라. 이 모든 일상적 활동과 대화가 가족의 정체성을 형성하며, 함께 시간을 보낼 때 우리는 '관계에 신뢰'를 쌓는다. 이렇게 하면 아이와의 관계가 잠시 삐걱대더라도 한 발짝 물러나 상황이 더 악화되는 걸 막을 수 있다. 미디어에 등장하는 비정상적 가족의 삶이나, 고지식하고 단절돼 있으며 자기만 생각하는 감성적으로 미성숙한 어른의 모습을 차단하는 것만으로 당신은 가족들에게 안전망을 제공하는 것이다. 아이는 특히 자주 접한 영상일수록 그대로 흡수하기 때문이다.

최근 아이들을 고객층으로 하는 전문 마케터들의 온라인 세미나에 참석한 적이 있었다. 마치 잠복근무하는 느낌이었지만 그들의 전략에 대해 더 알 필요가 있었다. 그런데 부모가 '구매 방해 요소'로 표현되는 걸 듣고 정말이지 깜짝 놀랐다. 엄마나 아빠를 지칭할 때 이 용어가 버젓이, 심지어 반복적으로 사용되고 있었다. "뉴미디어와 구매방해요소 제거'라는 그럴듯한 제목의 전략 워크숍은 스크린을 어떻게 사용하면 가족의 삶을 무너뜨리고 더 많은 상품을 판매할 수 있을지 논의하기 위한 자리였다.

4. 자신과의 연결감

무엇보다 중요한 건 자기 자신과 삶의 지표로 삼기로 한 가치와의 연결감이다. 이는 내면의 진정한 자신이 천천히 구축되는 것으로, 대중문화나 시장의 논리에 따라 또래 집단에 편입되기 위해 가짜 자신을 꾸며내는 것과는 엄연히 구분된다.

부모는 모두 자녀가 자라면서 엄격한 도덕성을 갖추게 되길 바란다. 또한, 아이는 십대에 가까워질수록 진정한 자신을 찾고 싶어 한다. 하지만 마케터는 미디어를 이용해 아이들이 이 두 가지 가치에서 오히려 멀어지게 만든다. 또래 친구들에게 멋지게 보여서 집단에 편입되고 또 인기까지 누리려면 자신들의 상품을 사야 한다고 설파하는 것이다. 유행하는 대중문화에 휩쓸려 다니는 대신 도덕적 결정을 내릴 수 있도록 강한 윤리 기반을 구축해 주는 건 당신이 부모로서 선사할 수 있는 값진 선물 중 하나다.

연결감에는 시간이 필요하다

매일을 구성하는 단순한 일상에는 한 가지 지속적으로 되풀이되는 요소가 있다는 것을 아는가? 바로 시간이다. 연결감에는 시간이 필요하다. 어린 시절 잔디밭에 누워 하늘에 떠가는 구름을 바라보고, 친구들이나 가족들과 함께 웃으며 놀이를 즐기던 마법 같은 순간을 기억하는가? 내가 걱정하는 이유는 미디어가 마치 시간을 빼앗는 도둑과 같기 때문이다. 아무도 모르는 새 일상 속에 숨어들어 온 가족이 미디어에 무감각해지게 만들고, 어느 순간 "시간이 다 어디 갔지?"하고 당황하게 만든다. 앞서 말했듯 카이저 가족 재단의 연구에 따르면 만 8~18세 아이의 TV 시청 시간은 하루 평균 7.5시간이나 되고,[34] 「커먼 센스 미디어Common Sense Media」가 좀 더 최근 실시한 연구에 따르면 9시간으로 늘어났다.[35] 아이가 일상적으로 이렇게 많은 시간 동안 미디어를 접한다는 건 얼핏 계산해 봐도 꽤나 심각한 일이다. 스크린을 통해 가상세계에 접속해 있는 매 순간 현실 세계의 자연, 친구, 가족, 자신과는 단절될 수밖에 없기 때문이다.

반면, 위에서 언급한 네 가지 연결감은 베이스캠프를 구축해 아이가 세상으로 나갔다 돌아와서 재충전하고 재정비한 뒤 또다시 나갈 수 있게 해준다. 아이의 다음번 탐색은 더 오래 걸릴 게 분명하고, 이처럼 세상에 나갔다 돌아오는 패턴은 수년에 걸쳐 계속될 것이다. 계단을 정복하고 돌아와 무엇을 해냈는지 자랑스럽게 보여주던 아기 때부터 자전거로 용감하게 마을 탐색을 하고 돌아와 누구를 만났는지 들려주던 어린 시절, 그리고 첫사랑의 가슴앓이를 가장 가까운 친구와 공유하는 십대에 이르기까지. 부모인 우리는 아이가 성인으로 자라날수록 옆자리에서 밀려난다는 사실을 알고 있다. 하지만 자연, 의지할 수 있는 친구, 사랑하는 가족과의 연결을 가로막는 장벽을 우리가 제거해 준 덕분에 아이의 내면에 언제나 꺼지지 않는 베이스캠프가 생겼다는 사실도 잘 안다.

베이스캠프

당신의 아이를 위해 구축하는 연결감이 '베이스캠프'로 자리 잡아 평생 아이를 지탱할 수 있다면 더 바랄 게 없겠다. 이는 자전거를 뒤에서 잡아 주는 손처럼 처음에는 실질적으로 꼭 필요하지만 나중에는 상징적으로 존재하면서 아이에게 말없이 지지를 보낸다.

생후 3년간 아이가 얼마나 엄청난 성장을 이루는지 아직 잘 모르겠다는 부모는 없을 것이다. 이 시기에 아기의 체중은 출생 당시보다 4~5배 늘어나고 키도 두 배로 자란다. 만 2세를 넘어서면 아이 뇌의 무게가 어른 뇌 무게의 4분의 3에 이르고, 뇌 활동은 어른보다 두 배 더 활발하게 일어나는데 이 같은 상태가 사춘기까지 지속된다. 신경세포 역시 더 크고 강력해져서 축색돌기와 수상돌기가 생기고, 만 3세가 될 무렵에는 각 신경세포가 무려 만 개씩 연결된다. 이는 연결된 신경세포가 약 1,000조 개에 이른다는 의미로, 어른 뇌에 비해 두 배나 더 많다.

부모는 아이가 태어나고 처음 몇 년간 필터 역할을 하면서 아이를 보호한다. 세계에 처음 발을 들인 작은 아기를 위해 세상의 소음, 감각을 학대하는 요소를 걸러내려 노력하는 것이다. 그리고 이는 생물학적으로도 타당한 행위다. 일종의 신경 필터인 감각 자극 조정 작용을 하는 해마는 완전히 발달하는 데 꽤 오랜 시간이 걸린다. 그래서 당신이 해마의 역할을 대신해 줘야 한다. 자극을 걸러냄으로써 아이가 스트레스 없이 세상과 자유롭게 상호작용하도록 해 줘야 한다. 에릭 에릭슨은 이렇게 중요한 때를 '신뢰 대 불신의 시기'라고 불렀다. 우는 아기를 달래주면 마치 배고픈 사람에게 먹을 걸 제공했을 때처럼 신뢰가 불신을 이긴다. 루돌프 슈타이너는 이를 호흡과 동일시했다. 아이가 환경을 '들이마시고' 세상에 자신을 '내쉬는' 것이다. 먹는 것만큼이나 중요한 이 호흡이 방해받지 않으면 아이는 안정감과 희망을 갖고 계속 탐색할 수 있다.

신뢰와 불신 사이의 투쟁은 아이 발달에 핵심이다. 아이의 욕구가 채워지지 않거나 돌봐주는 이에 대한 애착이 약하고 또 지속되지 않으면, 다시 말해 불신이 이기면 애착을 형성하고 다른 이들과 공감하는 데 문제가 발생한다. 이렇게 불안한 상태로는 세상이 물 위에 떠다니는 판자처럼 위험하고 안정적이지 못한 곳이라는 인식을 갖게 된다. 돌봐주는 사람에 대한 확고한 애착이 없으면 스트레스 호르몬인 코르티솔의 수치가 만성적으로 높아져 아이가 힘들어한다. 신경 납치 물질인 코르티솔의 수치를 높게 유지하기 위해 학습 및 여러 기능을 떨어뜨려야 하기 때문이다.

하지만 아이가 연결감과 안정감을 기반으로 탐색한다는 건 신뢰가 불신을 이겨 성장할 자유가 생겼다는 걸 뜻한다. 코르티솔 수치가 높지 않으면 아이는 자신의 감정을 다스릴 수 있다. 스트레스가 쌓이면서 퇴행하는 주기에서 해방돼 학습 능력도 향상된다. 부모와의 애착 속에 안정감을 갖춘 아이에게는 베이스캠프가 존재한다. 고정된 이 캠프는 아이가 탐색에 나서고 또 돌아올 수 있는 안전한 장소로서 성장의 기반이다. 여기에서 아이는 의지를 강화하고, 정체성과 독립을 향해 탐색해 나아갈 것이다.

놔주기

과학 시간에 난자가 수정되고 세포가 분열돼 태아로 자라나는 영상을 봤던 게 기억나는가? 여기에는 새 생명의 기적뿐 아니라 (하나로 합쳐졌다 분열되고, 둘이 하나가 되며, 분열되기 위해 결합부터 하는) 수학적 아름다움도 존재한다. 나는 부모 노릇도 이와 같다고 생각한다. 합쳐졌다 다시 분리되기를 계속 반복해야 하기 때문이다.

생물학은 생명의 움직임과 독립을 향한 욕구에 대해 알려준다. 자궁에서 태아가 성장할 때 태아만의 고유한 DNA에 따라 세포 분열이 이루어진다. 이로부터 6년 후, 딸아이에게 두발자전거를 가르쳐 주느라 뒤에서 자전거를 붙잡아 주고 있는 당신의 등이 쑤셔 온다. 이 자세로 10번은 족히 왔다 갔다 했는데 아이는 계속 중심을 못 잡다 어느 순간 상기된 얼굴로 뒤돌아보며 이렇게 말한다. "됐어요! 이제 손 놔도 돼요!" 그렇다. 이제 됐다. 아이를 놔줘도 된다.

그런데 자전거를 뒤에서 계속 잡아주면 세발자전거를 타는 거나 마찬가지 아닌가. 속임수까지 써 가며 아이를 계속 도와줄 필요는 없다. 결국 균형은 아이 스스로 잡아야 한다. 아이는 충분히 준비됐고 강인하다. 왜냐하면 당신이 아이와 함께 있어 주면서 보낸 지지가 아이의 마음속에 자리 잡도록 해 주었기 때문이다. 그러니 이제 아이를 놔줘도 괜찮다.

어른의 감정 걸러내기

신뢰 대 불신, 이는 부모에게도 중요한 패러다임이다. 이 패러다임은 부모로서 우리가 성장하는 데에도 중심이 되며 아이와 함께 추는 춤에서도 핵심적인 역할을 한다. 하지만 우리 중에는 언제나 불신에 굴복하는 이도 있다. 이런 사람은 걷고 뛰는 아이를 계속 '쫓아다니는' 등 자발적인 발달을 방해한다. 우리의 두려움과 걱정은 세상에 대한 신뢰와 아이에 대한 신뢰에 그림자를 드리운다. 그리고 무엇보다 우리의 본능에 대한 신뢰를 잠식한다.

앞서 등장했던 앤마리를 기억하는가? 그녀가 엄마로서 가장 크게 느낀 감정이 걱정이라고 말했을 때에는 뭔가 잘못돼도 크게 잘못돼 있었다. 부모로서 제대로 성장하지 못하고 있었던 것이다. 스트레스-퇴행 주기에 갇힌 앤마리는 아이를 보호해야 한다는 원초적 욕구에 갇혀 있었다. 아이는 "이제 됐어! 놔줘도 돼!"라고 말했지만 그녀에게는 들리지 않았다.

걱정이 신뢰보다 앞서도록 내버려두는 건 베이스캠프이기를 포기하고 아이를 '데리고 다니려는' 것과 마찬가지다. 아이에게 진짜 필요한 건 무너뜨리고 헬리콥터에 오르는 행위다.

헬리콥터 부모

앤마리처럼 두려움에 굴복한 이는 수없이 많다. 이스라엘 하이파 대학 심리학 교수인 미리 샤프와 소피 루소는 왜 헬리콥터 부모가 되는지 연구해 다음과 같은 이유를 밝혀냈다.[36]

1. 목표 달성 과정에서 예방을 중시한다. 예방을 중요하게 여겨 실패하거나 실망할 일은 무조건 회피하려는 경향이 있다. 이들은 어려움이나 부정적 경험이 뭔가 배우고 성장하는 기회가 아니라 실력이 부족하다는 증거로 여긴다.

2. 목표 달성 과정에서 촉진을 중시한다. 성취와 발전에 초점을 맞춘 기회 제공을 중요시 한다. 뭔가 일이 잘못될라치면 직접 위험을 감수하려 하고 문제 해결에 나선다.

3. 자신의 삶에서 내린 결정을 후회한다. 이는 특히 엄마에게 해당되는 얘기다. 어렸을 때 다른 선택을 했으면 좀 더 나은 삶을 살았을 거라고 믿는 엄마는 헬리콥터 부모가 될 확률이 높다. 하지만 아빠는 그 반대다. 지금껏 한 선택을 후회하는 아빠는 헬리콥터 부모의 성향을 덜 보인다.

사람들이 헬리콥터 부모가 되는 이유는 한두 세대 이전과 비교해 아이를 위협하는 요소들이 더 많아졌기 때문인가? '사회의 부정적 영향'이 커진 때문인가 아니면 (집과 일상생활에서) 미디어 노출과 영향이 크게 늘었기 때문인가? 뉴스의 헤드라인 기사를 보면 좋은 소식은 관심을 끌지 못한다는 걸 알 수 있다. 반면, (아동 실종, 어린이 성추행 범죄 등) 부모의 걱정을 부채질하는 기사는 엄청난 화제를 낳는다. 단 하나의 사건이라도 여기저기서 분석하고 파헤치면 마치 범죄가 들끓는 듯 느끼기 마련이다.[37]

어디에나 존재하고 무차별적으로 파고드는 미디어는 부모의 불안을 부채질한다.[38] 안타까운 한 가지 사건이 공중파와 케이블, 인터넷과 스마트폰 뉴스피드 등 수많은 매체를 통해 낱낱이 중계되면 그로 인한 감정적 여파는 엄청나다.[39] 집안 거실을 장악하고도 모자라 온종일 따라다니는 공포로 인해 두려움은 더 커지고 감정 이입까지 된다.[40]

아기에게 모유를 먹일 때 엄마는 자신이 먹은 음식이 모유에 영향을 미친다는 사실을 안다. 그래서 더 질 좋은 식단으로 챙겨 먹으려 한다. 두려움과 온갖 자극으로 구성된 감정의 식단 역시 아이에게 그대로 전이될 수 있다. 아기는 엄마 젖이나 젖병을 뗀 후에도 오랫동안 부모의 감정에서 영양분을 얻는다. 부모인 우리는 위험하거나 우려의 소지가 있는 것을 일절 금지하면 아이를 더 잘 보호할 수 있다는 오해 속에 경계 태세를 높인다. 하지만 그래 봐야 우리의 불안감만 커질 뿐이다. 부모로서 느껴야 할 행복감이 훼손될 뿐 아니라 부모와 아이가 세상을 바라보는 관점도 왜곡된다. 두려움이 커지면서 그 상황의 기쁨이나 가능성보다 위험부터 인지하게 된다.

> 단순하게 말하면...: 아이는 부모의 감정을 먹고 산다

항공기 승무원이 "아이를 돕기 전 부모부터 산소마스크를 착용하라"라고 일러주는 것처럼 아이에게 편안함을 전해주려면 부모부터 편안해져야 한다. 앤마리처럼 조바심 내는 부모에게 꼭 하고 싶은 제안이 한 가지 있다. 미디어, 그중에서도 뉴스 매체 사용을 줄이도록 하라.

자신에게 필요한 미디어를 알맞게 사용하는 건 얼마든지 괜찮다. 단, 미디어에 지나치게 노출되는 건 의식적으로 지양해야 한다. 정보보다 자극성 위주의 미디어 사용은 제한하거나 끊어야 한다. 하루에도 몇 번씩 두려움이 촉발되는 걸 거부하면 당신의 감정 상태뿐 아니라 가정 내 감정의 기온도 달라질 것이다.

물론, 아이들이 사는 세상이 안전하다고만은 할 수 없다. 또 우리가 어렸을 때보다 더 큰 위험이 도사리고 있는지도 모르겠다. 하지만 분명한 건 앤마리를 비롯한 수많은 부모들이 그들의 부모 세대보다 훨씬 많은 정보에 노출돼 있어 불안감에 더 많이 시달린다는 건 사실이다. 이들의 행복감은 아이를 보호하려는 가장 뿌리 깊은 원초적 욕구를 악용하는 미디어에 의해 훼손된다.

하지만 부모로서 우리는 아이를 보호하려는 욕구가 아무리 고귀하고 중요해도 이에 휘둘리지 말아야 한다. 자신감 있는 태도로 살아가면서 강인함과 열린 마음, 그리고 무엇보다 유머 감각을 갖고 아이를 키워야 한다. 보호하려는 원초적 욕구는 코르티솔을 뿜어내는 펌프와 같아서 너무 쉽게 너무 자주 작동시켜서는 안 된다.

내 워크숍에 참석했던 교사이자 엄마인 루시는 부모로서의 행복감에 위협을 가하는 한 친구에 대해 이야기해 주었다. 이름이 레나인 그 친구를 아이들 유치원에서 같은 학부모로 처음 만나 친해졌는데, 그녀와 함께 시간을 보내고 나면 대체로 별로 유쾌하지 않다는 사실을 깨달았다. 레나가 매번 아이들과 관련된 좋지 않은 소식만 들려주었던 것이다. 유치원이 얼마나 별로인지 아이들의 교우 관계는 어떤지 실력에 걸맞은 기회를 누리고 있는지 등등. 루시는 레나의 우려를 이해하고 공감도 했지만 유머나 기쁨은 찾아볼 수 없는 이야기에서 숨이 막히는 걸 느꼈다. 루시가 친구들과 함께 누리고 싶은 건 재미와 웃음, 격려였던 것이다. 결국 레나와 거리를 두기로 한 루시는 슬프기도 했지만 사실 안도감이 그보다 더 컸다.

부모의 불안감을 증폭시키는 원인으로 미디어 탓만 하고 있을 수는 없다. '헬리콥터 부모'라는 용어는 25년 전인 1990년대 초반에 탄생했다. 이후 육아 용어 혹은 하나의 문화 현상으로 도처에서 접하게 됐다.(오스틴 텍사스 대학교 연구에 따르면 '블랙호크 부모'는 가장 화를 많이 내는 극단적인 타입이다.[41]) 2000년대 초, 각 대학은 부모가 (룸메이트부터 지도교수 결정에 이르기까지) 다 큰 자녀한테 지나치게 간섭한다고 성토하기 시작했다. 하지만 이는 빙산의 일각에 불과하다. 부모로서 지나치게 개입하는 '과잉 육아'는 소득 수준이나 교육 수준, 인종과 상관없이 만연했다. 그리고 대학생 자녀뿐 아니라 모든 연령대의 자녀가 그 영향을 받았다. 부모들의 요구와 불안은 유치원 원장실에까지 침투하고, 부모들은 아직 먼 미래에 치를 대학 수학능력시험을 위해 자녀를 감시한다.

오늘날에는 헬리콥터 조종사 면허를 취득한 부모가 한둘이 아니라고 해도 과언이 아니다. 그도 그럴 것이 한두 세대 이전과 비교해 부모의 평균 연령은 높아진 반면 자녀수는 적어졌다. 그래서 부모로서의 관심과 정신적·신체적 에너지, 기대감이 여러 형제들에게 분산되기보다 한두 자녀에게 집중된다. 게다가 첫아이가 태어나기 전에 근사한 직장 경험을 한 부모도 많다 보니 직업윤리나 경쟁심 같은 기업 세계의 가치를 육아에 적용하기도 한다.

현재의 부모 세대가 자녀의 모든 활동에 그렇게 큰 관심을 쏟는 건 '얼마든지 가능하기' 때문이기도 하다. (세상에서 가장 긴 탯줄이라 할 수 있는) 스마트폰으로 우리는 자녀와 끊임없이 소통할 수 있다. 미국에서는 심지어 특정 소프트웨어를 이용해 자녀의 평균 성적 추이를 추적하고 SNS 대화를 감시하는가 하면, 아이가 보낸 이메일과 문자 메시지까지 컴퓨터로 다 훔쳐본다. 일부 어린이집에서는 로그인만 하면 감시카메라 화면을 통해 내 아이의 일거수일투족을 지켜볼 수 있는 서비스까지 제공한다. 이처럼 기술의 발달로 부모가 아이의 삶에 지나치게 개입하는 게 가능해지면서 선을 넘기가 너무나 쉬워졌다. 사생활과 독립성 사이의 경계선이 불과 한 세대 전만 해도 선명하게 그어져 있었지만 이제는 너무 많은 부모가 이 경계선을 지워 버린 듯하다.

> 단순하게 말하면...: 기술의 발달로 사생활과 독립성, 관심과 '지나친 개입' 사이의 구분이 모호해졌다

일각에서는 911테러와 빈번한 학교 총격 같은 비극이 부모의 개입을 늘리는 데 일조했다는 지적이 나온다. 한편, 이는 (1965~1981년 사이 태

어난) X 세대가 어린 시절의 경험에서 멀어지려는 움직임이라는 의견도 있다. (부모가 된) 이 X 세대 6명 중 1명은 편부모 밑에서 자랐고, 40퍼센트 이상이 학교에서 돌아오면 홀로 집을 지켰다.[42] 그렇다고 해서 당시 아이들이 폭력이나 고난을 유난히 많이 겪었다고 할 수는 없지만 그때의 전반적인 육아 스타일이 방치였던 것은 분명하다. 따라서 지금은 추세가 반대로 흐르고 있다는 얘기다.

특정 시대의 사상적 유형, 행동적 특징이라 할 수 있는 추세는 수많은 요소가 합쳐져서 완성된다. 다양한 형태의 지나친 개입이 오늘날의 육아 분위기인 듯하다. 앞에서도 말했듯이, 헬리콥터 부모가 이 추세를 잘 표현하는 이미지라면 경쟁의 불안과 압박이 이 헬리콥터의 연료라고 할 수 있을 것이다. 요즘에는 육아, 교육 심지어 유년기까지 경쟁으로 바라본다. 부모들은 사회적 분위기에 휩쓸려서 혹은 스스로 자처해서 자녀의 유년기를 풍요롭게 발전시켜야 한다는 엄청난 압박감에 시달린다. 보호해주고 챙겨준다는 미명 아래 자녀를 통제하면서도 무엇이든 다 해준다. 유년기가 성장을 위한 '기회의 창'이라고 하면 이를 '시간이 한정된 기회'로 받아들이는 부모가 더 많을 것이다. '더 많이', '더 빨리'가 항상 우위를 차지하는 경쟁의 장에서 육아의 방법과 목표는 상상력의 창이 닫히기 전에 '더 많이 뽑아내는 것'이다.

문화는 우리의 일상이 모여 '공동의 수영장'을 이룬 것이라 할 수 있다. 우리는 직접 본 것이나 가까운 이들이 취하는 방법과 경험에 영향 받기 마련이다. 그리고 하나부터 열까지 다른 부모와 비교하는 부모들은 그런 경향이 특히 더 강하다. 과잉 육아는 오늘날 전 세계적으로 문화적 표준에 편입되었다. 우리가 헤엄치고 있는 육아라는 수영장의 일부가 되어버린 것이다. 뒤이어 흔히 볼 수 있는 지나친 개입의 사례를 논의해 볼 텐데 이 같은 '좋지 못한 사례' 중 적어도 한두 가지에서는 당신의 모습을 발견할 수 있을 것이다. 우리들 중 상당수가 이런 행동에서 자유롭지 못한 만큼 어떻게 발을 뺄 수 있을지 어떻게 하면 헬리콥터에서 내려올 수 있을지도 알아보겠다.

일과 관련해 여기저기 다니다 보면 마치 '스포츠 캐스터' 같은 부모를 자주 마주친다. 기본적으로 이런 부모는 아이를 말의 홍수에 빠트린다. 아이가 만지고, 뭔가를 하고, 입고, 심지어 생각하는 모든 것에 대해 실시간으로 중계한다. "이것 좀 봐, 피터! 널 좀 보라고! 빨간 신발을 신고 엄청나게 웃긴 춤을 추고 있잖아. 팔은 또 어떻고! 마치 풍차 같아! 코끼리 같기도 하고! 지금은 덩치 큰 개코원숭이처럼 몸을 숙이고 있네! 개코원숭이 흉내를 내는 거야? 이게 개코원숭이 춤이야?" (이건 상당히 축약된 버전이지만 내가 무슨 말을 하고 싶은지 충분히 파악했을 것이다.)

한편, '기업가형 부모'는 자신의 가족을 하나의 기업 혹은 기업 내의 한 팀으로 구상해 가상의 '손익분기점'에 따라 모든 결정을 내린다. 원하는 결과를 얻으려면 어디에 투자해야 하는가? 과연 원하는 결과란 무엇인가? 최종 목표는 '제품 출시' 즉, 당신의 자녀를 세상에 출시하는 것이다. 하지만 그때까지 삶은 끝없는 '대책 회의'로 채워진다. 기업가형 부모는 아이가 제시할 수 있는 '스펙'과 '프로필', 경쟁 우위에 아이 스스로 관심을 갖도록 하기 위해 노력한다.

(아이가 성장할수록 '친구 같은 부모'가 되어가는) '또래형 부모'는 (어른의 대화와 활동으로 가득한) 어른 세상과 아이 세상을 크게 구분하지 않는다. 뭔가 결정할 때마다 아이의 의견을 묻는가 하면, 대부분의 부모가

'안 돼' 하고 넘어갈 일도 온갖 감언이설을 해 가며 장시간 설득을 벌인다. 하지만 이처럼 경계선을 분명히 긋지 않는 건 외로움의 징표일 때가 많다. 자녀에게 너무 몰두하다 보니 어른 친구들로부터 고립돼 결국 자녀에게서 좀 더 동등하고 친구 같은 관계를 구하는 것이다. 하지만 이런 방식은 아이가 학교에 입학해 교사와 함께 지내게 되면 뜻밖의 결과를 낳을 수 있다. 어른을 권위 있는 존재로 인식하지 않는 아이가 별생각 없이 교사의 지침을 따르지 않을 경우, 교사는 이 행동에 대해 반항적이라거나 무례하다고 오해할 수 있다. 또래 부모는 자신의 자녀가 어른 같기를, 혹은 자신이 다시 한 번 아이 같아지기를 소원한다. 이렇게 '불로(不老)의 생명수'를 갈망하는 부모가 있다는 건 별로 새로울 것도 특별할 것도 없지만 현재 이런 판타지에 영합한 산업이 무려 수십억 달러 규모에 이른다는 건 놀라운 소식이 아닐 수 없다. 이들은 보석으로 장식된 끈팬티를 아홉 살짜리 여아에게, 줄줄 흘러내리는 힙합 바지를 어른에게 판매한다.

이른바 '어릿광대 부모'는 자신이 '현실을 뛰어넘는' 재주꾼이 돼야 한다고 느낀다. 사실, 이들은 어린 시절이 '현실을 뛰어넘는' 기쁨의 축제로서 점점 더 풍성해져야 한다고 믿고 있다. 물론 이런 인식은 위대한 사랑에서 비롯됐겠지만 그만큼 피로가 쌓이는 것도 무시할 수 없다. 실제로 이런 부모를 머릿속에 떠올려보면 열정과 생기가 넘치거나 즐거운 모습은 아니다. 오히려 공연 후 내팽개쳐진 꼭두각시처럼 완전히 탈진한 모습이다. 이런 방식의 육아는 실망으로 이어지기 쉽다. 아이는 매일같이 기대치가 높아져 실망하고, 부모는 매번 그에 부응하지 못한다는 생각에 실망할 수밖에 없다.

정말 중요한 사실은 따로 있다. 다양한 형태로 이루어지는 지나친 개입

뒤에는 실로 엄청난 사랑이 존재한다. 과잉 육아는 아이의 독립성을 완전히 존중해 주지 않는 (혹은 인정하지 않는) 고압적 사랑에서 시작되는 경우가 많다. 하지만 똑같이 아이를 사랑하는 마음으로 지나친 개입을 중단할 수도 있다. 사랑이 출구가 될 수 있는 것이다. 이렇게 부모가 방향을 바꾸면 아이와 더 다채로운 춤을 출 수 있다. 자신의 과업, 결정, 갈등, 관계, 감정적 삶을 아이 스스로 헤쳐 나가도록 내버려두는 법을 배울 수 있다. 그리고 아이에게 움직이지 않는 베이스캠프 즉, 내면의 평온함과 안정감을 제공할 수 있다. 이것들은 향후 아이 고유의 강인함과 회복탄력성으로 자리 잡을 것이다.

어른의 말 걸러내기

학교 강연이나 워크숍을 진행하다 보면 사전에 질문지를 받아두는 경우가 있다. 강의장에 도착해서 질문지가 담긴 상자를 건네받으면 나는 강연 도중이나 이후에 모두 답변해 주려고 노력한다. 그중에서 내가 가장 좋아하는 질문이 있는데 처음 읽었을 때에는 무척 당황스러웠다. 하지만 이제는 부모의 지나친 개입을 막기 위해 반드시 해야 하는 일을 비유적으로 표현한 질문이라고 생각한다.

질문은 다음과 같다. "로라와 매리는 왜 아빠 말을 잘 따를까요?"

만약 당신의 자녀가 아홉 살이 넘었다면 무슨 얘기를 하는지 알 것이다. 바로 로라 잉걸스 와일더의 『초원의 집 Little House on the Prairie』시리즈다. 작가의 경험을 바탕으로 쓰인 이 시리즈는 캔자스의 한 농가에 사는 (엄마, 아빠, 로라, 매리와 막내 캐리로 구성된) 가족 이야기다. 이들의 삶에는 화재와 흉작 등 거대한 위협도 존재하지만 소소한 기쁨도 적지 않다. 이야기가 다섯 권이 넘게 진행되는 동안 좋은 일도 나쁜 일도 일어나지만 전체를 놓고 봤을 때 자매가 아빠의 말을 잘 들었다는 데에는 의문의 여지가 없다.

로라와 매리는 왜 아빠 말을 잘 따를까? 간단하다. 아빠가 별말 하지 않기 때문이다.

이 질문의 핵심은 훈육이다. 하지만 훈육과 부모로서의 개입은 서로 엮여 있다. 놀랍겠지만 내가 부모를 지나친 개입에서 끌어내기 위해 한 여러 제안 중 대다수는 이것으로 귀결된다. "말을 아껴라."

우리는 아이에게 온갖 말을 쏟아낼 때가 많다. 아이의 모든 행동에 대해 일일이 언급하면서 우리가 주목한다는 걸 알아주길 바라는 것이다. 하지만 말을 많이 할수록 진짜 주목한다고 할 수 없다. 최근 나는 막내딸과 함께 꽃밭을 걸었는데 문득 딸아이가 가장 크게 솟아나 아름다운 그림자를 드리우고 있는 꽃을 가리키며 말했다. "저거 봐요, 아빠, 보여요?" 한 손으로 내 소매를 잡아당기는 아이에게 나는 대답했다. "그래." 우리는 둘 다 발걸음을 멈추고 그 꽃을 한참이나 바라봤다.

이 얘기를 하는 이유는 나를 수다쟁이로 알고 있을 당신에게 사실 평소에는 이렇게 고요하고 차분한 스타일이라는 걸 알려주기 위해서가 아니다. 평범한 일상에도 특별한 기회가 존재한다는 걸 알려주기 위해서다. 감탄하는 딸아이에게 나는 저 꽃 이름은 무엇인지 왜 유독 키가 큰지 등등 장황하게 설명을 늘어놓을 수도 있었다. 심지어 아이가 듣지 않더라도 혼자 계속 떠들어댈 수도 있었다.

딸아이는 단순히 관찰했다. 자신의 눈에 띈 것을 가리키며 공유하기를 원했다. 그 순간을 내 시각으로 재해석해 '다른 뭔가로 만들' 필요가 없었다. 아이가 더 풍부하게 관찰할 수 있게 해 주거나 정보 혹은 칭찬 등을 첨가해 재포장할 이유도 없었다. 아빠로서 매 순간을 '학습의 순간'이나 '특별한 순간'으로 만들어줄 필요는 없기 때문이다.

우리가 말을 너무 많이 하면 아이의 생각이나 말이 자라날 공간이 줄어든다. 아이의 호기심과 창의력은 계속 억눌려 결국 당신이 별 반응을 보이지 않으면 '진짜'가 아니라고 믿는 지경에 이른다. 누군가 아이의 행동을 일일이 중계해 줄 때 아이는 놀이에 깊이 빠져들 수 없다. 가공한 정보는 가공한 음식처럼 빠르고 쉽다. 하지만 그렇게 아이의 모든 경험에 대해 장황하게 설명하고 미리 규정하다 보면 결국 혼잣말이 되기 일쑤다.

> **단순하게 말하면...: 말을 많이 할수록 듣는 건 소홀해진다**

그렇다면 말없이 계속 일만 하는 로라와 매리의 아빠처럼 해야 하는 걸까? 그건 아니다. 하지만 지나치게 개입하거나 과잉 육아가 일어날 때란 우리가 대개 말을 너무 많이 할 때임을 잊지 말아야 한다. 아이가 자신의 경험에 대해 들려줄 때나 잠시 침묵이 흐를 때 우리는 항상 말을 꺼내면서 끼어든다. 물론, 수긍의 표현일 때도 있겠지만 아이의 경험을 묘사하고 칭찬하며 지시하고 윤색할 때도 많다.

일곱 살 난 자녀가 달려와 당신을 그린 그림을 보여준다고 가정해 보자. 아무 말 없이 있는 그대로 인정할 수 있는가? 유심히 보기만 하고 되돌려줄 수 있는가? 꼭 말을 해야겠다면 "음... 빨간색을 많이 썼네."처럼 판단이나 칭찬 없이 관찰한 대로만 얘기할 수 있는가? 혹은 "아빠 발을 어떻게 이렇게 그렸어?"처럼 단순한 질문만 할 수 있는가? 그러면 아이는 빨간색이나 발에 대해, 혹은 엄마의 머리를 멜론처럼 그려서 좋다거나 다음번에는 왼손으로 그려 보겠다는 등의 이야기를 해줄 것이다. 한창 창의 활동에 몰두하고 있는 아이가 원하는 건 비평이나 칭찬이 아닌 연결돼 있다는 느낌이다.

여러 가지 일을 처리해야 하는 우리에게 그저 주목하고 차분히 지켜보는 건 가장 어려운 일 중 하나라 할 수 있다. 부모 역할을 하다 보면 주의를 분산시켜야 하는 상황이 수시로 생기는데 그때마다 우리는 말로써 보상하려 한다. 그렇기 때문에 말로 공백을 메우고 무엇이든 과장하거나 윤색하려 하는 대신 그저 차분히 받아들이는 행동이 더 큰 힘을 갖는다. 이메일 보내기, 전화하기, 혹은 그밖에 중요한 일을 제쳐 두고 아주 짧은 순간일지언정 당신의 관심을 온전히 차분하게 전달해 주자.

이렇게 시끄러운 세상에서는 조용히 관심을 기울이는 게 말보다 더 큰 힘을 발휘하며, 아이에게는 자신만의 생각과 느낌을 발전시킬 공간을 선사하는 행위다. 말을 아끼는 건 아이에 대한 당신의 개입을 근본적으로 줄이는 방법이다. 그럼 이제 아이와 대화할 때에는 어떤 말을 걸러내면 좋을지 알아보자.

어른들의 주제

워비곤 호수에 관한 저서에서 개리슨 케일러는 어린 시절 자신이 참석했던 루터교도의 저녁식사와 예배에 대해 이야기한다.[43] 기억 속에 그 순간은 완전히 동떨어진 두 개의 세상이 한 공간에서 만나 잠시 공존했던 이질적 순간으로 남아있다. 바로 그들만의 대화에 한창인 어른들 세상과 놀고 싶은 마음에 달아날 기회만 엿보고 있는 아이들 세상 말이다. 케일러에 따르면 그때 아이들이 가장 절감했던 건 어른들의 발이 상당히 크다는 사실이었다. 아이들이 부모들의 대화에 방해되지 않으려고 고개를 폭 숙이고 있었기 때문이다 (결과적으로는 어른 세상에서 아이들이 '버려져 있는' 시간만 더 길어졌다). 아이들은 가만히 앉아서 말만 많이 하는 어른들 세상보다 몸을 움직이며 노는 자신들의 세상을 훨씬 좋아한다.

'말을 아끼는' 방법 중 하나는 대화할 때 어른 세상과 아이 세상이 다름을 인지하고 각각 존중해 주는 것이다. 그렇다고 해서 이 두 세상 간에 공통분모가 전혀 존재하지 않는다는 얘기는 아니지만 어른들만 나눌 수 있는 대화 주제가 엄연히 존재하는 게 사실이다. 그것도 한두 가지가 아니다. 가장 분명한 '어른 주제'는 어린이나 청소년이 듣기에 부적절한 것이다. 예를 들어, 부부의 성생활이나 이모의 이혼과 관련된 이야기는 아이와 공유할 이유가 없다. 이런 주제는 대화를 나눌 때 두 번 생각할 필요도 없이 확실히 선을 그어줘야 한다.

그런데 이 구분선은 애매하기도 하고 심지어 아예 사라질 때가 많다. 부모들은 어른으로서 갖는 걱정이란 그릇에 담긴 가공하지 않은 날것의 생각과 느낌으로 아이의 뇌를 자극한다. 나는 이 사회가 경계를 풀고 아이들과 너무 많은 걸 공유하는 게 우려스럽다. 아이들에게 너무 많은 정보를 허용하면 그 모든 감정과 말들이 홍수가 되어 아직 뿌리내리지 못한 아이들을 휩쓸어가게 돼 있다. "이번에 운이 좋으면 영업 담당 재스퍼는 빼놓고 갈 수 있을 거야!", "카풀 하는 집을 바꿔야겠어, 리즈 엄마가 항상 늦어서 더는 못 참겠거든", "트램펄린을 사 달라고? 엄마가 이번에 승진 못하면 우리는 입에 풀칠하기도 힘들어져", "휴일마다 할아버지 댁에 가는 것 좀 그만했으면! 근데 이건 아무한테도 말하면 안 돼!"

　일부 부모는 아이가 마음대로 펼쳐볼 수 있는 책 같은 존재가 되고 싶어 한다. 솔직함을 모든 걸 말하는 것과 동일시하는 것이다. 하지만 아이와 일정한 거리를 두고 분리돼 있어야 존중도 가능하다. 물론, 이따금 의도하지 않게 실수해서 경계를 무너뜨리게 될 때도 많다. 특히, 혼자서 아이를 키우는 부모인 경우 일상적인 이야기를 나누면서 감정을 처리할 대상이 많지 않기 때문에 더 그렇다. 또한 너무 피곤해서 신체적, 감정적 에너지가 고갈됐을 때에도 아이를 방음벽 정도로 착각해 머릿속을 꽉 채운 주제에 대해 가리지 않고 쏟아내고는 한다.

하지만 아무리 호기심과 궁금증이 많은 아이라도 안정감과 자유로움을 느낄 수 있는 분리된 공간은 필요하다. 아이도 세상에는 자신이 함께 듣거나 논의할 수 없는 어른만의 이야깃거리가 있다는 사실을 알아야 한다. 당신이 자제력과 자신감을 갖고 어른 세상에 임하는 모습을 보여줘야 할 때도 있는 것이다. 안정감과 자유로움을 누릴 때 아이는 내면의 목소리에 귀 기울일 수 있다. 그래야 자신의 의지대로 나아가는 능력과 내적 갈등을 해결하는 능력도 키울 수 있다. 이렇게 내면의 목소리를 키우는 데서부터 정체성과 도덕성은 형성되기 시작한다. 따라서 정제되지 않은 어른들의 생각과 느낌, 걱정에 아이들 내면의 목소리가 잠식되도록 해서는 안 된다.

비나 눈이 내리던 어느 날 밤에 차 앞좌석에 앉은 부모님이 조용히 이야기를 나누는 모습을 차 뒷좌석에서 바라보며 어딘가로 향하던 기억이 있는가? 여행 가는 중이었는지 저녁식사 후 늦게 귀가하던 길이었는지 모르겠지만 분명 어둠 속에서 보살핌과 보호를 받는 느낌이었다. 늦은 시간과 궂은 날씨, 지금 나누는 대화의 주제 같은 게 살짝 걱정되기도 했지만 모든 게 순조로웠다. 어디에 어떻게 갈지도 알고 있었고 무슨 일이 생기든 엄마 아빠는 어린 당신을 집까지 안전하게 데리고 갈 것이기 때문이다. 게다가 집에 도착하면 (이미 잠에 빠져든) 어린 당신을 침대에까지 안아다 줄 것이다.

아이가 있는 자리에서 어른들의 걱정거리에 대해 이야기 나눈다고 해서 아이와 '공유한다'고 생각한다면 오산이다. 책임 공유는 서로 간에 동등한 입장에서 뭔가를 나누는 것으로, 아이와 어른 사이에서는 애초에 일어날 수 없는 일이다. 자동차 뒷좌석의 아이가 안정감을 느끼는 이유 중 하나는 엄마나 아빠가 돌아보며 자신에게 운전을 부탁하는 일 따위는 없을 거라는 사실을 알기 때문이다. 부모로서 책임을 받아들이고 경계를 존중할 때 아이에게 아이 세상의 자유를 선물할 수 있다. 단, 이때도 '공유'할 수 있는 게 한 가지 있는데 바로 가족인 서로를 사랑하는 마음이다. 그 안에서 어른 세상과 아이 세상은 더욱 풍요로워진다.

중요한 게 한 가지 더 있다. 당신이 특정 주제에 대해 아이에게 끝까지 말하지 않으면 아이는 당신에게서 신비함을 갖춘 어른의 이미지를 구축한다. 당신에게서 확고한 내면세계가 느껴질 때 아이 역시 사랑스럽고 특별하며 개인적인 자아를 확립할 수 있다. 자신은 알 수 없는 뭔가가 어른인 당신에게 있으며, 시간이 지나면 차차 알게 될 것임을 깨닫는 것이다.

당신이 살아가는 이 시대를 좋아하는가? 어른으로서 이 질문에 답하기는 쉽지 않으며 그날의 기분에 따라 답변이 달라질 확률도 크다. 현 정부나 경제 실정에 불만이 있을 수도 있고, 앤마리처럼 아이를 키우기가 전보다 힘들어졌다고(최소한 달라졌다고) 느낄 수도 있다. 하지만 사회 현상을 분석하는 우리의 힘도 대답만큼이나 복잡하고 미묘해졌다. 우리는 각종 이슈가 온갖 국면을 거쳐 해결되는 것도 봐 왔고, 사회나 정치 지형이 역사에 따라 달라지는 모습도 봐 왔다. 어른인 우리는 '우리가 살아가는 이 시대'를 다양한 각도와 맥락에서 바라본다.

하지만 아이에게는 엄청난 정보를 이런 식으로 처리할 역량이 갖춰져 있지 않다. 특히, 아이의 이해 범위를 훌쩍 뛰어넘는 정보라면 더 그렇다. 지나치게 많은 정보에 노출되면 아이는 복잡한 세상에 '대비'도 못하고 마비되고 만다. 에릭 에릭슨이 유년기 발달 단계를 '신뢰 대 불신'으로 일컬었던 걸 기억하는가? 아이의 욕구가 사랑하는 가족에 의해 지속적으로 채워지면 즉, 신뢰가 '이기면' 안전한 기반이 확립돼 아이의 탐색이 계속될 수 있다. 근본적으로 유년기 내내 신뢰가 이기는 상태가 지속될 수 있다는 뜻이다.

그렇다고 해서 아이의 주변 세상을 온통 핑크빛으로 물들여야 한다는 얘기가 아니다. 이 시대의 문제점에 대한 논의를 일절 피해야 한다는 얘기도 아니다. 어릴 때 역경을 경험한 아이는 회복될 수 없다거나 강인함과 회복탄력성을 갖춘 아이로 성장하지 못한다는 얘기 또한 아니다. 다만 걱정과 불안으로 가득 찬 어른의 세상에서 아이가 숨 쉴 필요는 없다는 얘기다. 중요한 건 아이가 충분히 좋은 세상에 살고 있음을, 사랑하는 가족에 둘러싸여 안전하게 보호받고 있음을 스스로 느끼고 깨닫는 것이다. 당신 아이는 희망과 가능성이 가득한 세상에서 살아가고 있다고.

"경고: 앞에 얼어붙은 교각," 문득 이런 도로 경고판이 떠오른다. 지면에서 온기를 제공받는 일반 도로에 비해 교각은 훨씬 쉽게 얼어붙는다. 같은 맥락에서 지나치게 많은 정보는 아이를 얼어붙게 할 수 있다. 아이에게는 정보에 대한 배경지식뿐 아니라 관찰과 상호작용, 탐색을 통해 서서히 형성되는 기초 토대 역시 부족하기 때문이다.

> **단순하게 말하면…: 아이는 자신 앞에 좋은 세상, 희망찬 미래가 펼쳐져 있음을 알아야 한다**

내 친구 캐시가 초등학생 아들인 샘의 학교생활에 문제가 있다며 상담을 해 왔다. 샘의 담임선생님과 한 통화 내용을 담담하게 설명했지만 그녀의 목소리에는 더 복잡한 감정이 담겨 있었다. 샘이 담임교사의 발언에 큰 소리나 혼잣말로 비꼬는 말을 늘어놓고 눈을 흘기는 등 교사의 권위에 도전하는 행동을 한 것이다. "그건 샘이 아니야"라고 캐시는 말했지만 나는 전적으로 부인할 수는 없다고 생각했다. 샘의 행동에서 아빠인 에디가 연상됐기 때문이다.

재정 분석가인 에디는 정치에 관심이 많았다. 그는 내가 아는 가장 똑똑하고 재미있는 사람 중 한 명으로, 신랄하고 날카로운 농담이 주 특기였다. 특히, 몇몇 현직 의원에 대해서는 거친 험담도 서슴없이 했다. 그중에서도 21세기의 시작과 함께 대통령 지위에 올라 샘의 나이보다 더 길게 백악관을 지킨 미국 대통령에게 가장 회의적이었다. 지난 수년간 아빠가 현직 대통령을 다양한 명칭('바보'라고 부를 때가 가장 많았다)으로 부르는 걸 들어온 샘으로써는 자신의 삶에서 권위적 지위에 있는 사람을 존중하기가 어려울 법도 했다. 샘은 아빠가 그런 의견을 갖게 된 배경은 전혀 알지 못한 채 아빠의 조롱만 계속 들어왔다. 정당정치나 선거 공약은 이해할 수 없었지만 아빠의 냉소주의와 무례한 태도는 즉각 흡수했다. 하지만 이런 태도로 무장한 열한 살 학생을 초등학교에서는 받아들일 수 없었던 것이다.

아이가 이해하거나 영향력을 발휘할 수 없는 사안에 대해 말을 아낄 때 당신은 아이에게 낙관적 시각을 심어줄 수 있다. 또 당신의 전반적인 태도가 아이의 시각을 결정한다.

당신이 (아이들처럼) 말과 행동에서 풍기는 뉘앙스에 더 신경 쓰면 구구절절하게 설명할 필요가 줄어들고 의미는 더 분명해진다. '말을 아끼는' 것에 대해 생각할 때 나는 『앵무새 죽이기 To Kill a Mockingbird』에 나온 애티커스 핀치를 생각한다. 힘들고 심지어 두려운 상황에서 아이에게 힘이 된 건 그의 말이 아니라 차분하고 일관된 태도였다. 이와 같은 안정감이야말로 아이의 견고한 토대로서 값을 매길 수 없다.

진실성, 친절성, 필요성, 그리고 안정감

지혜에 관한 속담은 대부분 말을 지혜롭게 사용해야 한다는 뜻을 담고 있다. 영감을 주기도 상처를 주기도 하는 말의 엄청난 힘을 인정하는 것이다. 말이 갖는 힘은 세계무대에서 가장 확연하게 드러난다. 마틴 루터 킹이 시대정신을 포착하고 변화를 촉구하며 했던 말이 역사적으로 계속 반복되는 것만 봐도 알 수 있지 않는가. 하지만 나는 이 못지않게 말의 힘이 큰 곳이 바로 가정이라고 생각한다. 부모의 말은 시끄럽고 번잡한 일상 속에서 아이가 세상과 자신을 바라보는 관점을 구축하는 데 일조한다.

당신은 말하기 전에 다음의 세 가지를 자문해 보라. 사실이 맞는가? 친절한 내용인가? 필요한 이야기인가? 여기에 나는 한 가지를 덧붙이고 싶다. 아이가 안정감을 느끼는 데 도움 되는가?

진실성. 소문이나 전해 들은 말은 이 첫 번째 필터를 결코 통과할 수 없다. 이 필터 하나가 말을 금으로 만드는 중요한 역할을 한다. 말하기 전에 이 내용이 과연 사실인지 자문해 보면 평소 의견 또는 가정을 과장하거나 진실로 둔갑시킬 때가 얼마나 많은지 깨닫게 된다. 가족들이 이야기하든 매체를 통해 들어오든 당신의 집안에 떠도는 모든 말을 떠올려 보라. 현관에 바구니를 매달아 놓고 집안에 들이고 싶지 않은 말은 모조리 걸러내는 상상을 해 보라. 그 안에는 입증되지 않고 고약하며 상처를 주는 못된 말이 들어 있다. 이렇게 다 걸러내고 나니 집안이 한결 차분해져 여유가 생기지 않는가? 당신은 스스로 하는 말을 걸러낼 수 있는 것은 물론이고 당신이 듣게 될 말을 걸러낼 수도 있다. "엄마, 앤더슨 씨네 가족 소식 들었어요? 그쪽 엄마가 뭘 했다던데..." "아니, 그런데 사실이니?" "그런 것 같아요. 에이미가 말해 줬는데 에이미 아빠가 그 가족의 회계사라나 뭐라나, 아무튼 잘 알고 한 얘기 아닐까요?" "아냐, 그렇다고 다 사실이라고 할 순 없어. 그런 얘기는 별로 듣고 싶지 않은데."

친절성. 친절한 내용인가? 당신이 하려는 말이 첫 번째 필터를 통과했더라도 이번에는 친절한 내용인지 아닌지 점검해야 한다. 아무리 사실이 확실한 얘기라도 상처가 될 수 있다면 안 하는 게 낫다. 아이들이 이 필터를 사용했다면 괴롭힘 같은 건 존재하지 않겠지만 어른들 먼저 이를 실천해야 한다. 누군가를 괴롭힐 때 가장 흔히 사용되는 무기가 놀리고 깎아내리는 방법인데 부모 역시 아이를 가르치거나 동기를 부여한답시고 똑같이 행동할 때가 있다. 보통 지나치게 개입하는 부모가 자녀를 비하할 때가 많다. 이따금 괴롭힘 문제로 학교나 가정에서 상담할 때 나는 부모들에게 3주간 자녀를 비하하는 발언을 자제하면서 자숙하도록 처방한다. 부모가 아이에게 하는 ("너는 너무...", "너는 항상..."이라면서 판단하고 규정하는 등의) 비하 발언을 스스로 좀 더 의식해 보면 '꾸짖고', '요구하는' 게 괴롭힘과 얼마나 비슷한지 깨닫게 된다. '친절한 내용인가?'는 상당히 중요한 필터로 가정은 이를 설치할 최적의 장소다. 타인이나 서로에 대한 친절의 기준을 정하는 데 이보다 더 좋은 장소가 어디 있는가? 심지어 부모로서 아이를 훈육해야 할 때에도 친절하게 말할 수 있다는 사실을 기억해야 한다.

당신은 친절한가?

　필요성. 이것은 말의 '군더더기'를 제거하는 필터다. 내가 하려는 말은 꼭 필요한가? 내가 이 설명을 벌써 한 여섯 번쯤 했는데, 세 번째 말할 때부터 아이는 이미 귀를 닫은 게 아닌가? '필요한 이야기'라고 해서 우리가 말하는 모든 게 교훈적이거나 교육적이거나 영감을 주는 내용이어야 한다는 뜻이 아니다. '말하지 않는 것보다 나아야' 한다는 뜻이다. 섬뜩하지 않은가? 그만큼 침묵은 언제 어디서든 중요하다. 따라서 "내가 하려는 말이 꼭 필요한가?"라는 필터를 통해 가정의 대기를 더 맑게 할 수 있을 것이다.
　"필요한 이야기인가?"는 어떤 이야기를 할지 결정하는 데 가장 큰 도움이 된다. 당신이 말을 아낀다는 사실이 느껴지기 시작하면 아이는 귀를 더 기울일 것이다. 하지만 이 필터를 아이에게 적용하기는 힘들다. 이런 이야기는 어떤가? "아빠, 우주여행에 대해 생각해 봤는데 제트팩은 아빠 등이 아니라 신발에 다는 게 훨씬 좋을 것 같아요." "엄마! 빨리! 화장실에 무당벌레가 들어왔는데 내가 일곱 살 때 봤던 그 무당벌레야! 점박이 무늬가 완전히 똑같아! 근데 이름은 기억이 안 나!" 사실 아이 말에 필터를 적용해야 한다면 이런 이야기를 할 때이다. "아빠, 제발요. 사주면 안 돼요?" "벌써 두 번이나 안 된다고 했잖아. 세 번째 말하는 건 불필요해."

　안정감. 세상에서 벌어지고 있는 수많은 일을 아이 앞에서 말할 수도 있겠지만 아이가 안정감을 느끼는 데 도움이 될까? 물론 세상의 온갖 비극을 아이로부터 완전히 차단할 수는 없지만 공유할 것을 걸러내면 아이는 부모가 하는 말을 통해 엄마 아빠와 함께 안전한 곳에 있다는 느낄 수 있다.

이 같은 필터는 단순해서 아름답다. 나는 '진실성·친절성·필요성·안정감'이라는 네 단어를 다이어리에 적어 항상 지니고 다닌다. 가치 있는 모든 것이 그렇듯 우리의 마음과 입 사이 어딘가에 이 같은 필터를 설치하려면 의식적 노력이 필요하다. 다행히 부모인 우리에게는 하루에도 몇 번씩 이를 연습할 기회가 있다.

어른의 개입 걸러내기

부부의 역할

부모가 아이 일에 개입할 때에 내가 발견한 '공식'이 한 가지 더 있다. 부모 중 한 명이 아이한테 지나치게 개입하는 스타일이라면 다른 한 명은 지나치게 무관심할 때가 많다는 점이다. 물론, 다 그런 건 아니다. 이따금 엄마 아빠 모두가 지나치게 개입하는 가정도 있다. 마치 취미생활을 함께 하듯 아이의 일이라면 부부가 함께 사사건건 개입하는 것이다.

하지만 지난 30년간 여러 가족과 함께 일한 경험에 비춰볼 때 지나치게 개입하는 쪽은 엄마인 경우가 월등히 많다. 보통 과잉 육아를 하는 아빠는 성과에 연연하는 경향이 있어서 아이의 학업이나 운동, 혹은 둘 다에 지나치게 개입한다. 반면 엄마는 대개 아이의 적응 문제를 중요하게 다룬다. 앤 마리가 그랬듯 육아와 관련된 임무나 걱정하는 바에 대해 부부의 관여도가 확연히 다를 때 걱정이 기쁨을 앞서게 된다.

앤마리의 남편은 아빠로서 자신의 육아 경험을 어떻게 이야기할까? 아빠들은 '평온'이라는 단어를 자주 쓴다. 아빠들이 육아라는 공동 작업에서 제공하고 싶은 건 평온함으로, 한 발 물러나서 '등을 기대고 앉아' '길게 보는' 게 자신의 역할이라고 인지하는 경우가 많다. 균형을 맞춰 주고 싶다는 것인데 결과적으로 아빠가 소외되면서 배우자의 고립감과 불안감만 증폭되기도 한다.

요즘 수많은 책에서 육아에서의 성 역할을 다루고 있다. 앤마리와 그녀 어머니의 육아 경험은 차이점이 한두 가지가 아니지만 그중에서도 가장 큰 차이는 워낙 당연한 시대적 변화로 받아들여져 언급조차 되지 않는다. 바로 주 양육자 역할 이외에 밥벌이까지 하는 워킹맘이라는 사실 말이다. 이렇게 예전과 지금의 엄청난 변화는 남녀 관계는 물론이고 아이를 키우는 가정의 가사 분담에도 큰 영향을 미쳤다.

하지만 이 문제는 이 책의 범위를 훌쩍 뛰어넘는다. 부모들이 모이는 곳에서의 경험과 아이디어가 교환되고 축적되면서 사회학 이론으로 구축되는 중이다. 가정 내 권력과 책임감의 균형은 엄청난 변화의 소용돌이를 통과하고 있다.

내가 꼭 하고 싶은 말은 (불안과 기쁨 중 어떤 감정을 더 많이 느낄지의 관점에서 볼 때) 육아의 총체적 경험이 배우자의 개입 정도에 따라 달라진다는 사실이다. 지나치게 개입하는 쪽은 엄마일 때가 많지만 아빠가 좀 더 적극적인 태도를 보이면 엄마는 기다렸다는 듯 한 발 물러난다. 그동안 해 온 관성이 있다 보니 시간이 좀 걸릴 수 있지만 결과를 놓고 보면 충분히 노력할 만하다. 균형 있는 개입은 부부에게도 좋다. 육아로 인한 의무와 걱정이 갈수록 커지고 있는 이때 부모가 아이의 삶에 전반적으로 덜 개입하게 돼 불안감 또한 줄어들 수 있기 때문이다.

> **단순하게 말하면…:** 육아에서 부부의 역할에 균형이 생기면 가족 모두에게 이득이다. 부부 관계는 좋아지고 자녀에 대한 개입은 줄기 때문이다

부부가 아이를 돌보는 정도에 대해 가장 효율적으로 균형을 맞추는 방법은 사소하고 실질적인 일부터 시작하는 것이다. 토론을 벌여서 온갖 철학으로 점철된 거창한 선언문을 작성할 수도 있지만 그렇게 어렵게 문서를 만들어 봐야 지저분한 옷더미 뒤에서 토끼 인형과 함께 먼지 쌓인 채 파묻혀 있기 일쑤다. 오히려 주방 식탁이나 욕실에서 작은 변화부터 시작하는 게 긍정적 효과를 일으키고 또 오래 지속된다. 매일같이 감당해야 하는 육아의 수많은 일 중 일부를 아빠가 '온전한 자기 책임'으로 가져오면 되는 것이다.

소풍 도시락을 싸야 한다면 이제부터 아빠가 싼다. 목욕 시간도 아빠와 함께하는 시간이다. 특정 영역을 아빠가 전담해서 단순히 '돕는' 수준을 넘어 '온전히' 책임져야 하는 것이다. 아이들이 보기에도 아빠가 더 이상 '대리인'이 아니라 일상의 특정 영역에서는 '담당자'로 존재해야 한다. 그렇게 하면 엄마의 일상에 신뢰와 여유가 생겨 아이들에게 압박을 가하는 경우도 줄어든다.

배우자가 아이 삶의 다양한 영역에서 역할을 맡으면 아이에 대한 배우자의 이해가 넓어지고 깊어질 수 있다. 이렇게 각 부모가 특정 역할을 온

전히 담당해 일관되게 수행하면 가정 내의 리듬감이 훨씬 커진다. 중심축이 확립되고 연결감이 생길 기회도 더 많아진다.

남편은 본래 아내가 하던 일을 자기가 하면 일이 잘못될 것 같이 느낄 때가 많다. 애들을 목욕시키거나 재울 때, 옷 입힐 때나 아침을 먹일 때, 혹은 학교 회의에 참석할 때 등의 일을 자신이 도맡아 하면 단순히 '다를' 뿐 아니라 '모자란' 구석이 있다고 느낀다. 말하자면 표준어를 사용하기는 해도 억양이 이상하다고 생각하는 것과 비슷하다. 하지만 육아 분담에 성공하려면 부모 모두 노력하면서 잠깐의 불편은 감수해야 한다. 변화가 자연스럽게 느껴질 때까지 타협하며 방법이나 기준을 바꾸기도 해야 한다. 아내도 직접 모든 일을 다 하려 하지 말고 방법을 바꾸는 게 좋다. 부부가 함께 춤출 때 아내가 뒤로 물러나주지 않으면 남편은 앞으로 나아갈 수 없다. 부부가 각자 담당하는 영역이 정해져 있으면 아이에게 지나치게 개입하거나 지나치게 무관심한 양극단에서 벗어날 수 있고 서로에 대해서는 좀 더 이해할 수 있게 된다.

감정 개입 줄이기

아이가 두발자전거를 타기 시작하면서 우리 집에 차량 진입로가 있는 게 얼마나 좋은지 새삼 느끼게 되었다. 하지만 쭉 뻗은 우리 집 차량 진입로는 안전하기는 해도 자전거를 타기 시작한 딸아이에게는 거리가 짧았다. 우편물을 가지러 갈 때면 딸아이가 속도를 내려고 할 때마다 이내 길이 끝나 돌아오는 모습을 볼 수 있었다. 그해 여름 무더운 어느 날, 아이가 이마를 잔뜩 찌푸린 채 이런 노래를 흥얼대며 자전거를 타고 있었다. "나는 겁쟁이처럼 무서워…"

간식을 먹으러 들어와서 아이는 모험을 떠나겠노라고 선언했다. 배낭에 모자, 책, 물병을 챙기더니 결연히 문을 닫고 나갔다. 25분 후, 아이는 여전히 차량 진입로에서 노래를 부르며 자전거를 타고 있었다. 집에서 멀어질 때는 "난 거대한 사자처럼 용감해...", 가까워질 때는 "난 겁쟁이처럼 무서워..."라는 가사가 들려왔다.

짧은 진입로가 문제는 아니었다. 아이는 집의 경계를 넘고 싶은 마음이 굴뚝같았지만 한편으로 두렵기도 했다. 가방도 준비됐겠다 아이의 눈은 담장 너머 도로를 향해 있었지만 별로 가고 싶지 않은 마음도 들었다. 그런데 그때 갑자기 자전거가 넘어지는 소리가 들리더니 아이가 울면서 들어왔다. 아이 엄마가 무릎을 꿇고 "어떻게 하면 좋겠어?" 묻자 아이는 놀라움과 희망이 섞인 눈빛으로 엄마를 올려다보며 이렇게 웅얼거렸다. "큰 길까지만 같이 자전거 타고 나가면 안 돼요?"

아내는 자신의 자전거를 타고 가다 구불구불한 길이 냇가 쪽으로 방향을 트는 큰 길 옆에 멈춰 서서 딸아이에게 입맞춤해 주고 돌아왔다. 집에 들어선 아내와 나는 우리 아이가 스스로 그토록 중요하게 여긴 높은 문턱을 넘었다는 사실이 다행스럽고 기뻐 함께 웃었다. 그런데 그로부터 1시간 15분이 지나도록 아이가 돌아오지 않자 기쁨보다 걱정이 밀려들었다. 아이가 만면에 승리의 미소를 띠고 들어섰을 때 우리는 확신의 기쁨을 참고 가까스로 차분한 척할 수 있었다. 그 문턱이 우리 부부까지 겁쟁이로 만들 만큼 높았던 것이다.

많은 부모가 하루에도 몇 번씩 아이의 '감정 체온'을 점검한다. 기분이 어떤지 묘사하고 표현해 보라고 요청하면서 아이의 느낌을 감시한다. 아이가 자신의 복잡한 감정을 충분히 인지하며 이를 전달할 통찰력과 어휘력도 갖추고 있다고 기대한다. ("네가 누나한테 화낸 게 질투였던 것 같지 않아? 지금 느낌이 어떤지 누나한테 말해줄 수 있겠어?") 아무리 의도가 선해도 이 같은 감정 감시는 예기치 못한 결과를 낳는다. 어린아이를 몰아붙여 조숙하게 만들 수 있는 것이다.

만 9세 이하의 아이에게도 감정이 있지만 대개는 무의식적이고 분별을 못한다. 어떤 갈등 상황에서든 기분이 어떠냐고 물으면 아이는 솔직하게 "나쁘다"라고 대답할 것이다. 당연히 좋을 리 없다. 이를 분석하고 몰아붙이면서 아이가 좀 더 미묘한 기분이나 반응을 숨기고 있다고 상상하는 건 분명 지나치다. 그렇게 해 봐야 아이는 더 예민해질 뿐이다. 어린아이도 온갖 감정을 느끼지만 이를 스스로 인식하기까지는 시간이 걸린다. 만 10세 전후까지 감정에 관한 아이들의 인식과 어휘는 우리가 감정을 감시하면서 질문하는 데 일일이 답할 수 있을 만큼 성숙하지 못하다.

> **단순하게 말하면…:** 자녀가 만 9세 이하라면 아이의 감정에 대해 너무 많이 얘기하지 말자

하워드 가드너와 대니얼 골먼, 그 밖의 선구자 덕분에 지난 몇 십 년간 지능에 관한 우리의 지식은 '감성 지능'의 존재를 알게 될 만큼 발전했다. 한 사람의 삶에서 성공과 행복을 결정짓는 건 학업 성취도나 외국어 능력, 복잡한 알고리즘을 풀 수 있는 능력이 아니다. 골먼이 명명한 '감성 지능'이라는 능력이야말로 목표를 이루고 타인과 관계 맺는 데 엄청난 차이를 만든다. 감성 지능에는 자신의 기분을 인지하고 관리하며 목표를 향해 가

도록 동기를 부여하는 자기 인식이 포함된다. 뿐만 아니라 타인에게 연민을 느끼고 그들의 느낌을 이해하며 상호작용, 갈등 해결, 협상을 통해 다른 이들과 관계 맺는 능력도 포함된다.

감성 지능이 높은 사람일수록 비즈니스와 인간관계, 심지어 평범한 일상 활동에서조차 돋보인다는 사실을 우리는 점점 더 확실히 실감한다. 당신을 향해 웃어 주고 순수한 배려심에서 도움을 제안하는 사람을 만난다는 게 얼마나 기쁜 일인가. 타인의 감정을 좀 더 이해하거나 내 기분을 좀 더 잘 다스렸으면 갈등을 피했을 거라는 사실을 깨달을 때가 얼마나 많은가.

감성 지능은 돈으로 사거나 순식간에 생길 수 있는 게 아니다. 정체성이 서서히 완성되고 삶의 경험이 차츰 축적돼야 발달할 수 있다. 아이에게 아직 생기지도 않은 인식을 강요하는 건 우리의 감정과 목소리를 아이에게 전이하고 아이를 제압하는 행위다. 만 9~10세까지 아이는 주로 흉내를 통해 배운다. 따라서 감정에 관해 당신이 가르쳐 주는 것보다 당신의 감정이나 아이를 대하는 방식을 통해 더 많은 것을 체득하게 된다.

부모로서 지나치게 개입하지 않는 방법 한 가지는 아이의 감정에 더 많은 자유와 독립성을 허용하는 것이다. 부모가 자신의 감정을 적게 내세울수록 아이는 자신의 감정과 그에 대한 인식을 발달시킬 수 있다. 아이가 어릴 때는 집요하게 질문을 계속하면서 아이의 감정 체온을 재는 대신 부모로서의 직감에 따르는 게 좋다. 언제나 기꺼이 들을 준비를 갖추는 한편, 무엇을 얼마나 이야기할지는 전적으로 아이에게 맡겨 두자. 아이와 더 많이 감정적으로 연결되어 있고 아이가 표현할 수 있는 것보다 더 많은 이야기를 하고 싶어 한다면 우리의 직감이 먼저 알아차릴 것임을 믿어라. 아이에게 필요한 건 항상 들을 준비가 돼 있는 태도다. 당신이 기꺼이 들어주면 아이는 신뢰를 바탕으로 자신의 감정을 느끼고 인식할 수 있다. 다양한 감정을 파악하기 시작하면서 서서히 형성되고 있는 자신의 일부로 인식할 수 있다.

아이가 어릴 때에는 행동이 더 앞서도록 해 주자. 딜레마를 겪는 딸아이에게 당신이 해 줄 수 있는 건 거대한 사자가 차량 진입로의 겁쟁이를 뒤로하고 나아가도록 해 주는 것뿐이었다. 자전거를 타고 집 밖으로 나가고 싶은 상황에서 이런저런 말을 늘어놓는 건 도움이 되지 않는다. 어린아이가 뭔가에 대해 화나거나 상처받거나 슬퍼하는 등 감정적으로 변하면 물건을 던지거나 할 수도 있다. 그때는 그림을 그리거나 무언가를 만든다거나 하는 신체활동을 통해 해소할 수 방법도 있다는 것을 알려주고 행동을 바로잡아줘야 한다. 아이가 말하고 싶을 때 들어줄 부모가 있다는 사실을 깨닫게 해주는 것도 도움이 된다.

물러나기

예상 밖의 놀라운 순간을 평가하는 기준이 있을까? 눈부시게 돋보이는 순간이 하루에 몇 번이나 돼야 하는지에 대한 지침 같은 게 있을 수 있냐는 말이다. 다시 말해, 아이의 연령, 키, 혹은 생일에 따라 하루에 몇 번 그런 순간을 가져야 한다고 정해진 게 있을 수는 없다. 직접 찾은 둥지에서 푸르스름한 울새 알을 발견했을 때 놀라움과 기쁨으로 빛나는 딸아이의 눈을 보라. 혹은 다섯 살배기 아들 녀석이 북적이는 해변에서 마주치는 모든 이들에게 한사코 인사하는 모습을 보라. 감사하게도 이런 순간을 평가할 수 있는 방법이나 우열을 논할 방법은 존재하지 않는다.

앤마리의 모친이 아이들을 키울 때까지만 해도 '육아'는 '과학'이 아니었다. 모든 학문 분야에서 다각도로 연구되지도 않았고, 수많은 책과 이론의 주제도 아니었으며, 서점에서 가장 넓은 구역을 차지하는 분야도 아니었다. 벤자민 스포크 박사 이전에는 육아 권위자조차 존재하지 않았다. 앤마리의 모친은 생후 18개월인 앤마리가 오빠에 비하면 어떤지 정도는 알았지만 또래 아이와 비교해 키는 하위 90퍼센트요 체중은 하위 95퍼센트에 해당된다는 사실은 알 수 없었다.

좋든 나쁘든 우리는 (혹자는 과잉 의식이라고도 말하는) 의식적 육아의 시대를 살고 있다. 물론, 아이가 언제 얼마큼 발달해야 하는지 아는 것도 도움이 된다. 언제 아이에게 도움을 주거나 개입하면 되는지 결정할 수 있는 지침도 중요하다. 하지만 그래프를 만들어 비교하는 모든 행위, 퍼센트나 기준, 표준 등이 아이를 바라보는 우리의 시각에 영향을 미쳐 결국 불안을 낳는 경우가 너무 많다. 부모로서 앤마리는 자신의 모친보다 더 많은 정보를 알고 있지만 그래서 결과로 얻는 것이 더 큰 즐거움인가?

지나친 개입에 대해 생각할 때 떠오르는 이미지 중 한 가지는 헬리콥터를 타고 맴도는 부모의 모습이고, (내게 더 자주 떠오르는) 다른 이미지는 아이를 돋보기로 들여다보고 있는 부모의 모습이다. 우리는 이런저런 연구 결과와 평가 기준, 혹은 아이에게 재능이 있는지 없는지 측정하는 수단으로 무장하고 아이의 행동을 면밀히 감시한다. 하지만 그렇게 가까이서 돋보기로 들여다본들 아이가 예뻐 보이기는커녕 객관적으로 볼 수조차 없어서 아무런 도움이 안 된다.

지나친 개입에서 물러날 수 있도록 내가 마지막으로 제안하는 방법은 단순하다. 이 방법이 부모의 태도, 그리고 육아의 감성적 대기에 엄청난 변화를 일으키는 모습을 나는 봐 왔다. 바로 하루를 마무리하면서 1~2분간 명상하는 것이다. 잠들기 전, 그날 아이와 함께 보낸 평범하지만 당신에게는 특별한 순간을 떠올려 보자. 이 단순한 활동은 영혼을 바로잡는 렌즈와 같아서 아이의 '할 일' 혹은 '개선할 사항'보다 '아이 자체'에 더 초점을 맞추고 볼 수 있게 해 준다.

여러 가지 이미지를 떠올려 보자. 웃기지만 신기하게 통찰력도 있는 딸아이의 말, 당신을 놀라게 한 아들의 행동을. 막내는 누나가 올 시간인지 어떻게 알고 창문 옆 벤치에 올라가 있었던 건지, 또 볼에 주근깨가 가득 생긴 쌍둥이가 공원에서 정글짐을 정복하고 얼마나 자랑스러워했는지. 몇 분 전 딸아이는 어떤 모습이었는지도 기억해 보자. 이런 순간을 다시 음미하면서 마땅한 애정을 쏟아주자. 이 같은 이미지를 하루의 표면 위로 끄집어내어 감사와 놀라움의 물결로 채워진 감정의 바다에서 차츰 잠에 빠져들자...

상상해 보자...

- 부모로서 안정감이 커지면서 불안감은 한결 덜 느끼는 당신을...
- 온갖 자극과 두려움을 일으키는 미디어로부터 멀어지면서 안정감이라는 목표에 가까워지는 당신을...
- TV 없는 유년기를 보내는 당신의 아이를...
- 아이가 놀이에 수동적으로 참여하는 게 아니라 몰입하여 연결감을 느끼면서 마음껏 상상력을 발휘하는 모습을...
- 수많은 광고와 폭력적 TV 프로그램에 노출되지 않고 유년기를 보내는 당신의 아이를...

- 어른 세상의 이슈와 문제로부터 보호받고 있는 당신의 아이를...
- 한결 차분해진 당신의 가정을...
- 일상에서 연결성과 규칙성을 강화함으로써 구축되는 안정감의 '베이스캠프'를...
- 말을 아끼는 당신에게 더 귀 기울이는 아이를...
- 배우자가 육아에 좀 더 적극적으로 개입하자 과잉 육아에서 한 발 물러나는 당신을... 당신이 육아에 좀 더 적극적으로 개입하자 한결 여유 있게 아이를 대하는 배우자를...
- 더 친절하고 진실하며, 꼭 필요한 이야기를 나누는 가족의 모습을...
- 지금 이 순간에 감사하는 마음으로 꿈을 채워가는 당신의 모습을...

나오며
: 창의력, 집중력, 회복탄력성을 키우는 비결... 유년기 보호

처음 만났을 때 카를라의 눈에는 불신이 가득했다. 갑작스레 집을 방문한 나를 엄마가 소개해 주자 포장지와 반짝이 천이 가득 쌓인 바닥에 앉아 있던 아이는 달갑지 않은 눈빛으로 나를 올려다봤다. 이유는 모르겠지만 나의 등장이 못 마땅한 게 분명했다. 대화를 나눌수록 나는 이 영리한 여덟 살배기가 집을 통제하고 있음을 느낄 수 있었다.

카를라의 엄마 미셸은 1~2주 전 나를 찾아와 카를라에 대한 걱정을 털어놨다. 몇 달 후면 둘째가 태어날 예정인데 카를라가 집은 물론이고 학교와 돌봄 센터에서도 계속 돌출 행동을 한다는 것이다. "원래 좀 그러기는 했어요." 미셸이 말했다. "카를라는 동생이 생기는 걸 싫어하거든요. 그런데 갈수록 정도가 심해져서 이제 진짜 못 참겠어요!" 최근에는 심지어 때리고 발로 차는 등 공격적 행동까지 하는데 나중에 동생한테도 그럴까 봐 걱정이라고 말했다. "카를라는 극단적으로 행동하는 데 아주 능해요. 그래도 우리는 언제나 아이를 있는 그대로 사랑한다는 걸 확인시켜 주려고 최선을 다하고 있어요." 미셸은 카를라 역시 동생을 반기도록 만들 만한 내 책이 '하루빨리' 필요했다.

대화를 통해 나는 미셸 부부는 상당히 바쁘고 스트레스를 많이 받는 생활을 하고 있음을 알게 되었다. 둘 다 업무량이 많았는데, 특히 프로 스포츠팀 매니저인 남편은 근무 시간도 불규칙했다. 양가는 멀고 아이를 돌보는데 도움을 받을 만한 곳도 없었다. 결국 항상 시간에 쫓기는 부부는 집에서도 아이에게 TV를 보여줘야 할 때가 많았지만 딸아이에 대한 사랑만큼은 무한했다. 사실, 카를라만큼 누군가를 사랑할 자신이 없어서 둘째를 갖는 것도 얼마나 고민했는지 모른다고 했다. 두 사람은 아이를 위해 최선을 다하기는 했지만 노력한 만큼의 연결감 같은 건 확보돼 있지 않았다. 게다가 카를라는 똑똑해서 그렇지 않아도 언제 생길지 모르는 엄마 아빠와의 시간이 곧 줄어들기까지 할 것이라는 사실도 알고 있었다. 그래서 갈수록 더 도발적으로 행동하면서 어떤 식의 관심이든 아예 못 받는 것보다 받는 게 낫다는 오랜 이론을 시험해 온 것이다.

"자기 마음을 훤히 꿰뚫고 있는 아이 같다니까요!" 미셸이 말했다. 이 표현을 분명히 기억하는 이유는 미셸이 뒤이어 설명한 카를라의 행동에 대해 아무것도 설명해 주지 못했기 때문이다. 카를라는 가장 좋아하는 빵, 파스타, 사과 이 세 가지만 제외하고는 일절 입에 대지 않았다(미셸은 다행히 이 음식의 다양한 조리법을 배웠다고 덧붙였다). 이외에도 고집을 부리는 게 한두 가지가 아니었는데, 예를 들어 자신의 식탁 매트는 꼭 원더우먼이 그려진 것이어야 하고, 스웨터 중에는 조랑말이 수놓아진 분홍색 스웨터만 입으며, 어딘가 갈 때면 반드시 늘 다니던 길로만 다녀야 했다. 최근에는 자신의 침실에 접근 금지 구역을 만들고 그 안의 물건은 아무도 만지질 수 없도록 했다(동생이 태어나면 자기 물건을 만질까 봐 불안해하는 것 같다고 미셸은 덧붙였다). 카를라는 '완전히 방전되기' 전까지 자는 걸 거부했고 자는 시간도 밤마다 달랐다(엄마인 미셸 자신도 똑같이 '진짜 피곤해야' 잔다고 덧붙였다).

내가 방문하기 전에 (아마도 나의 방문에 대비해) 미셸은 노랗고 파란 새틴 재질의 어여쁜 드레스를 카를라에게 만들어 주었다. "미녀와 야수에 나오는 공주님 드레스야." 미셸이 드레스를 보여주며 한번 입어보라고 했지만 아무리 꾀도 카를라는 들은 척도 안하고 바닥에 버려둔 채 자신이 내게 집을 구경시켜 주겠다고 고집할 뿐이었다.

카를라의 방은 국립극장 의상실을 방불케 했다. 엄청난 양의 의상과 액세서리, 스팽글 신발과 깃털 목도리가 가구 위에 널브러진 건 물론이고 장난감과 책 더미에도 끼어 있었다. '접근 금지' 구역은 어딘지 물으니 아이가 방 한구석을 모호하게 가리켰다. 딱히 구분되는 지점이 전혀 없었다. "사람들이 별 생각 없이 들어가기 십상이겠는데?" 아이는 재밌어 하면서 짐짓 놀란 듯 짓궂게 나를 쳐다봤다. "아니에요, 바보 같기는! 저래 보여도 저 안에는 다 규칙이 있어요. 제가 원하면 언제든지 바꿀 수도 있고요!"

새로 태어날 아기 방 역시 물건의 종류가 다를 뿐 발 디딜 틈 없기는 마찬가지였다. 벽 쪽으로 개봉하지 않은 상자와 쇼핑백들이 쌓여 있고, 가운데에는 새로 사온 아기 침대가 놓여 있었다. 미셸은 출산 예정일이 일주일 남았을 때 출산 휴가를 내고 아기 방을 정리할 계획이었다. 또, 출산 후에는 6주간만 쉬고 카를라가 다녔던 어린이집에 아기를 보낸 뒤 복귀할 예정이었다. 그러면 다 해결될 것이라고 여겼다. 언제나처럼 시간에 쫓기겠지만 '카를라가 아기를 반겨 주기만 하면' 모든 게 제자리로 돌아갈 수 있을 것이라고.

카를라가 내게 보낸 불신 가득한 눈빛, 그리고 카를라가 동생을 반기지 않는다는 사실에만 연연하는 부부로 인해 단순화하기 작업을 시작할 당시 나는 걱정이 이만저만 아니었다. 카를라와 엄마 아빠는 동생 출산일이라는 기한만 공유할 뿐 목표는 전혀 달랐다. 엄마 아빠는 카를라를 달래고 기쁘게 해 주고 싶었지만 카를라는 가족에 대한 통제권을 원했다(말도 안 되게 들리겠지만 아이의 마음이 그랬다). 이런 가족을 대상으로 변화를 일궈야 한다니 나로서는 마음이 급할 수밖에 없었다!

그래도 이 가족의 이야기를 여기서 이렇게 언급하는 건 결국 카를라 가족과 나, 모두가 감동적인 변화를 경험한 만큼 모두에게 여러 가지를 시사하는 사례가 되었기 때문이다. 단순화하기를 할 수 있는 '이상적 후보'나 전제조건, 자격요건 따위는 존재하지 않는다. 어떤 가족이든 단순화하기를 통해 일상이 변할 수 있다. 내 의구심에도 불구하고 카를라 가족이 정확히 그랬다. 어느 가족이든 방해물을 걷어내면 중요한 것의 가치를 재정립할 수 있다. 카를라 가족은 내가 단순화하기와 관련해 깨달은 가장 중요한 사실을 입증해 주었다. 단순화하기는 대개 시작할 때 기대했던 것보다 더 강력하고 광범위하게 영향력을 발휘한다는 사실 말이다.

카를라의 안내로 집을 둘러보면서 나는 이 가족이 하루 빨리 단순화하기 작업에 착수해야 한다고 느꼈다. 엉망인 집과 바쁜 생활뿐 아니라 그들의 마음에도 공간을 만들어야 했기 때문이다. 서로를 위한 공간을 만들고 가족의 중심을 세워야 함께 같은 곳을 바라볼 수 있다. 미셸 부부는 카를라가 동생을 더 반기기를 바랐지만 정작 이들에게 부족한 건 기대가 아닌 조화였다. 사실, 카를라 문제 때문에 표현을 못해 그렇지 미셸 부부도 새로 태어날 아기가 걱정되기는 마찬가지였다. 따라서 이 가족이 앞으로 나아가려면 다시 돌아가 미처 답을 찾지 못하고 지나온 고민을 처리할 필요가 있었다. 그래야 출산 전에 아기를 가족의 엄연한 현실로 받아들일 수 있기 때문이다. 이를 위해 나는 임박한 출산일을 기한으로 보는 대신 연결 고리로 활용하기로 했다.

나는 부부에게 당장 집안 정리에 착수하는 한편, 카를라에 대한 (불안의 증거인) 선물 공세를 중단하라고 요청했다. 먼저 카를라의 옷을 한두 벌 제외하고 모두 다락 옷장에 보관했다. 다락 옷장은 이제 카를라가 필요할 때만 옷을 꺼내 가는 대여소처럼 쓰일 것이다. 이렇게 극적으로 정리한 덕분에 카를라의 방은 훨씬 여유로워졌다. 단, 오래된 안락의자와 양털 담요, 램프가 놓인 '접근 금지' 구역은 그대로 두었다. 그 금지 구역이 불필요해 보이기는 했지만 카를라에게 없애라고 강요하지는 않았다.

단순화하기에 충실하기 위해 부부는 아기 방 조성 계획도 대폭 수정했다. 모빌과 사진, 동물 인형 대신 단순하고 꼭 필요한 가구(아기 침대와 테이블, 엄마와 카를라를 위한 흔들의자 2개)만 배치했다. 카를라 방 정리를 마친 이후 아기 방을 꽉꽉 채우고 싶은 욕구가 싹 사라진 것이다. 오히려 물건이 사라지면서 공간이 확장되는 새로운 미학에 완전히 반해 이를 집안 전체에 적용했다. 그리고 이 같은 아름다움을 자신들이 함께 발견하고 이뤘다는 사실에 큰 기쁨을 느꼈다.

이어서 우리는 또 다른 절차, 즉 일상의 리듬과 일관성을 늘리는 데 초점을 맞췄다. 덕분에 걸어 다니면서도 일하던 미셸의 남편은 이제 집에 있을 때만큼은 기꺼이 스마트폰을 꺼 둔다. 게다가 가족이 함께 저녁식사 하는 시간을 정했는데 일주일에 최소 4번은 함께한다. 이를 위해 이따금 식사를 사 와서 먹어야 할 때도 있었고, 식사 후 집에서 업무를 봐야 할 때도 있었지만 하루하루 지날수록 일상에 서서히 리듬이 생겼다. 물론, 저녁식사는 카를라가 고집했던 파스타와 사과 소스가 아닌 균형 잡힌 식단이었고 가족이 모두 좋아했다. 또, 잠자리에 들기 전에는 목욕하고 책을 읽은 뒤 그날 있었던 일과 내일의 일정을 공유하는 작은 의식이 자리 잡았다.

이 모든 변화로 인해 카를라가 얻은 건 무엇일까? 카를라의 '물건'과 권력은 줄어들었는데 (카를라가 말하는) '그 아기'가 태어난다는 사실에는 변함이 없다. 매일 저녁 식탁을 차려야 하고 정해진 시간에 잠자리에 들어야 하며, 예전에 비해 TV도 훨씬 조금밖에 못 보는데 식사 메뉴는 끔찍하게 다양해졌다. 물론, 카를라도 새로운 의식에 별 소동 없이 잘 참여했고 지속되었다. 그렇다면 다시 질문으로 돌아가서 카를라가 얻은 건 무엇인가? 이때 마법 같지만 별로 놀라울 건 없는 답변이 등장한다. 카를라가 얻은 건 시간과 연결감, 안정감이다.

미셸 부부는 집안을 정리하면서 종이, 홍보 우편물, 작은 장난감, 골프 득점표, 피아노 악보 등 온갖 물건으로 쌓여 있던 식탁을 되찾았다. 나는 이를 변화 일궈내기 테이블로 만들어 보자고 제안했다. 여기서 정확히 무엇을 일궈낼지는 좀 더 두고 봐야 했다.

이 가족에게 필요한 건 지속성이었다. 오가는 사람들, 때마다 먹는 식사, 들쑥날쑥한 스케줄의 바쁜 일상 속에서 집은 일종의 정류장이 될 수 있다. 의도와 상관없이 하루하루가 바쁘면 삶이 눈 깜빡할 새 지나가 버린다. 반면, 집안에 일관성이 뿌리 내리면 가족도 일상에 닻을 내릴 수 있다. 단, 이때 내면의 고요가 전제되지 않으면 일관성 있게 이루어지는 의식조차 차분해질 기회가 아니라 의무나 형식이 되고 만다. 뭔가를 끊임없이 하는 미셸 부부, 한순간도 가만있거나 집중하지 못하는 카를라를 위해 내가 오래된 식탁에서 변화를 일궈 보도록 제안한 이유다.

시작하기까지 적지 않은 시간이 걸렸다. 처음에는 이상하고 어색하며 심지어 이따금 의미 없게 느껴지기도 했다. 하지만 미셸의 목표는 매일 일정한 시간을 카를라와 함께 보내면서 뭔가를 만드는 것이었다. 두 사람은 점토 만들기로 시작해 물감으로 그림도 그리고, 하루는 친구와 친척에게 누가 더 편지를 많이 쓰는지 내기도 했다. 그때마다 편안한 음악을 틀고 식탁에는 밀랍 초를 켰다. 미셸이 이따금 그림이나 시 혹은 농담을 준비해 와 공유하면 카를라도 이내 마음을 열고 학교와 친구들에 관한 이야기를 풀어놨다. 또 미셸이 사진 상자를 가져와 카를라의 아기 때 사진만 담긴 앨범을 포함해 총 세 권의 가족 앨범을 카를라와 함께 완성했다. 시간은 몇 주나 걸렸지만 두 사람은 너무 많은 추억과 잊고 있던 순간을 다시 떠올릴 수 있었다. (태어나던 순간의 이야기를 들려줄 때에도 카를라는 이렇게 주장했다고 한다. "맞아! 나도 기억나, 엄마!")

식탁에서 이렇게 관계를 일궈나가는 게 미셸에게는 아마 가장 힘든 절차였을 것이다. 카를라도 뭔가 눈치는 채고 뿌루퉁해있었다. 매번 다른 어딘가로 향하는 모습만 보여주던 엄마가 웬일로 맞은편에 조용히 앉아 있으니 처음에는 신경이 예민해져있었던 것이다. 분명 뭔가 있다. 하지만 내 말대로 시간이 좀 흐르자 결국 이 뭔가도 자연스럽고 꼭 필요하게 느껴지기 시작했다. 미셸과 카를라는 어느새 자연스럽게 어울리면서 영원히 지속되는 뭔가를 함께 구축할 수 있음을 깨닫고 놀라움과 기쁨을 느꼈다. 거기에는 서로를 향한 편안함과 두 사람의 관계를 지속시켜 줄 신뢰가 포함돼 있었다.

남편은 처음에는 미셸이 이 과정을 도맡는다는 사실에 안도했다. 자신은 포함되지 않은 게 다행스러웠다. 하지만 카를라와 엄마의 관계가 발전하는 모습을 지켜볼수록 끼고 싶은 무리에 못 끼는 것처럼 소외감이 점점 커졌다. 딸아이와 겹치는 시간이 아침밖에 없어 카를라를 매일 스쿨버스 정류장까지 데려다주던 남편은 결국 학교까지 데려다주기로 했다. 카를라에게는 뜻밖의 횡재였다. 나는 미셸의 남편이 예전에 피아노를 쳤다는 사실을 알고 카를라의 피아노 연습도 책임지면 어떨지 제안했다. "그렇지만 카를라는 피아노 치는 걸 싫어해요! 저도 싫어하고요." 더 좋다. 두 사람 모두에게 꼬여 있던 피아노 연주라는 매듭을 함께 풀 수 있는 완벽한 기회였던 것이다. 그리고 두 사람은 실제로 그렇게 했다. 미련할 정도로 반복하고 또 조용히 지속함으로써 연습을 특정 패턴으로 고정시켰고, 결과적으로 카를라는 자랑스러운 수준의 피아노 실력을 갖추게 되었다.

얼마 지나지 않아 미셸 부부는 자신들만의 길을 만들었다. 상담 시작 6개월 뒤, 카를라의 남동생 알렉스가 태어나던 순간 카를라는 과연 좋아하며 반겼을까? 그렇다 해도 이는 아이에게서 나타난 가장 큰 변화가 아니다. 그보다는 아이가 확연하게 차분해지고 모든 면에서 안정적으로 행동하며 학교생활도 잘하고, 다양한 것에 흥미를 보이며, 처음 만났을 때보다 훨씬 행복해한다는 점이 더 놀라운 변화다.

단순화하기는 하나의 과정이다. 가족의 일상이라는 강에 돌멩이를 던져 일기 시작한 작은 변화의 물결이 집안 전체로 퍼져 나가면서 가족 구성원들, 그리고 그들의 관계를 어루만진다. 나는 운 좋게도 지난 20년간 가족들을 도와 이 같은 작업을 하면서 넓게, 또 멀리 바라보는 시각을 갖게 되었다. 지금도 3개 대륙의 가족들과 계속 소식을 주고받으면서 우리가 함께했던 건 그들이 달성한 전반적 변화의 작은 부분이자 시작점일 뿐이었음을 깨닫는다.

우리의 일상을 압도하는 방해물을 줄이거나 진심으로 "아니요. 괜찮습니다"라고 사양하기까지는 시간이 걸린다. 특히, 삶이 마치 태풍처럼 느껴지는 오늘날 가족의 방향을 바꾸기란 쉽지 않은 일이다. 하지만 단순화하는 작업에서 활용할 수 있는 가장 강력한 힘이 바로 자녀를 향한 부모의 사랑이다. 그리고 대개는 유년기의 편안함과 기적을 보호해 주고 싶은 부모의 욕구에서 시작된다. 처음에는 작은 것, 가능한 일부터 시작하고 성공하면 그 결과를 충분히 즐기면서 다음 단계에 박차를 가하는 것도 현명한 방법이다. 우선 뭐든지 넘쳐나는 아이의 방, 식단, 스케줄을 정리하고 집안에 리듬과 규칙성을 늘리는 등 아이의 삶부터 단순하게 만들어 주면 최고의 효과를 누릴 수 있다.

더 리듬감 있고 덜 정신없는 일상이 확립되기까지 기간은 자녀가 클수록 더 오래 걸린다. 만 4~5세 미만 아이의 경우 놀거나 자는 모습만 보고도 당신은 변화를 알아차릴 것이다. 이에 비해 십대는 발달 단계상 처음에는 저항하기 때문에 오래 걸릴 수밖에 없지만 그래도 당신이 조용히 변화를 고수하면 새로운 일상에 한결 편안하게 적응하고 또 감사하게 될 것이다.

단순화하기를 통해 방해물이 줄어들면 편안함이 깃들고 또 확대된다. 가족이 연결되는 시간, 사색과 놀이를 위한 공간이 생겨난다. 한때 두려움에 추방됐던 지루함이 다시 허용되면서 오히려 이것이 영감으로 이어질 때가 많다는 사실을 깨닫게 된다. 아이에게 일관성은 예상과 달리 '지루함' 보다 해방감을 선사한다. 매일, 매주 일정하게 반복되는 의식이 강력한 확인 기능을 해 주기 때문이다. 특히, 리듬은 변덕이 죽 끓듯 하고 감정의 파도에 휩쓸리기 쉬운 십대에게 안정감을 주어 균형을 잡아준다. 또 무작위로 나타나는 삶의 사소한 요소들을 통제해야 한다는 압박감에서 해방시켜 준다. 카를라의 식탁매트를 기억하는가? 한때 이 매트 없이는 식사를 하지도 않았지만 가족 식사가 규칙적인 일상으로 자리 잡고 직접 식사 준비도 하면서 카를라는 통제 욕구보다 더 큰 뭔가를 느끼게 되었다. 이에 원더우먼의 힘은 퇴색되고 식탁매트 역시 조용히 서랍 뒤쪽으로 물러났다.

부모들은 덜어내기의 힘이 일상적 결정에 영향력을 발휘한다는 사실을 발견하고 놀랄 때가 많다. 오늘날에는 '선택'이 '자유'와 동일시된다. 하지만 뭘 먹고 뭘 입고 뭘 할지 등 지극히 사소한 것을 어린아이들이 '자유롭게 선택'하도록 하는 건 이들에게 상당한 부담이다. 최근 동네에서 비슷한 경험을 한 적이 있다. 유모차 뒤에 바퀴 달린 캐리어를 매달아 끌고 가던 한 아빠가 안락의자를 쳐다보며 멈췄다. "여기 앉을까? 햇빛이 좋아? 그늘이 좋아?" 그는 (여섯 살 정도로 보이는) 쌍둥이 옆에 앉아 가방을 열면서 줄줄이 질문해 대기 시작했다. "네이슨, 리암, 지금 물놀이하고 싶어 아니면 간식 먹고 싶어? 물놀이? 알았어, 네이슨, 이제 이걸 봐봐... 물놀이할 때 뭐 필요해? 상어? 미사일? 아니면 마스크? 리암, 간식 달라고? 과자, 포도, 치즈 중 뭐 줄까? 그럼 과자를 냅킨에 싸 줄까 아니면 들고 다니면서 먹을 수 있도록 작은 봉지에 넣어줄까? 먹을 동안 물놀이할래? 그런데 잠깐 리암, 네이슨하고 물놀이부터 한 다음에 간식 먹는 건 어때? 엄마가 주스를 싸 줬는데 차 종류도 있어. 여기 얼마나 있고 싶어? 한 시간 정도만 물놀이

하고 집에 가서 낮잠 잘까?" 그 순간 내가 궁금했던 건 과연 이 아이들이 물속에 들어갈 수는 있을까 하는 점이었다. 물론, 이는 다소 극단적인 예시이기는 하지만 대체로 우리는 아이가 원하거나 필요로 하는 것보다 훨씬 많은 선택지를 제시한다.

선택할 게 줄면 압박도 줄어들어 아이는 자유 시간을 누리면서 자신만의 생각을 발전시켜 간다. 여유가 생겨 천천히 정체성을 구축해 갈 수도 있다. 그리고 이것이야말로 선택과 취향, 소비를 다 더한 것보다 더 가치 있는 정체성, 즉 '브랜드 정체성'이 아닌 자신의 진짜 정체성이다.

당신에게 이렇게 '선택 과부하'가 걸렸다고 생각해 보자. 운동을 하거나 자동차를 구입하려고 한다. 혹은 장 보고 돌아오는 길에 DVD를 빌리러 갔더니 어지러울 정도로 선택지가 많다. 수많은 DVD를 둘러보면서 당신의 기준은 계속 높아만 진다. 통로를 벌써 몇 번째 왔다갔다하는지 모르겠는데 후회 안 할 선택을 하기는 불가능한 일처럼 보인다. 차라리 그냥 나갈까하는 생각도 든다. 역설적으로 꼭 보고 싶은 작품이 대여중이면 뭘 봐야하지? 수많은 DVD를 둘러보면서 당신의 기대치는 계속 높아만 진다. 게다가 이렇게나 많은 작품 중 어떻게 딱 하나를 고르고, 또 내 선택이 옳은 것이었는지 어떻게 알겠는가? 이래 가지고는 대여점 문 닫을 시간까지 계속 갈팡질팡하고 있을 판이다.

이런 경험 한 번쯤 해 봤을 것이다. '선택 과부하'가 갈수록 우리의 일상이 되어가고 있기 때문이다. 선택할 수 있는 게 너무 많으면 요구 수준은 높아지고 선택하기는 더 어려워진다. '내게 이미 이렇게나 많은 것이 있는데 다음으로는 뭘 가지면 좋을까?,' 간단히 말해 '다음은 뭘까?' 같은 태도가 생기는 것이다. 우리는 자신도 모르는 새 이 같은 선택 과잉과 그 후유증을 아이에게 물려주고 있다.

잠시 한 발 물러나 보면, 단순화하기를 통해 넘침에서 벗어나 균형을 찾아야 한다는 점을 알 수 있다. 요즘에는 비단 부유층 아이만 넘치는 물건과 선택거리에 압도되는 게 아니다. 중산층은 물론이고 다소 빠듯한 형편의 부모도 아이가 원하는 건 무엇이든 다 해주는 경우가 많다.

딱 필요한 것만 주어질 때 아이는 자신이 뭘 좋아하는지 무엇에 흥미를 느끼는지 알 수 있다. 높은 기대치가 매번 충족되면 아이의 의지는 약해진다. 먹을거리로 꽉꽉 들어찬 냉장고가 보기에는 좋을지 몰라도 이렇게 항상 '차고 넘치는' 집에서 자란 아이일수록 의젓하게 굴거나 행복감을 느낄 확률이 적다.

계속해서 '아이가 원하는 건 무엇이든' 사준다면 어떤 일이 벌어질까? 무엇보다 아이는 뭔가를 습관처럼 끊임없이 원할 것이다. 하지만 원하는 모든 게 '앞문으로 쏟아져 들어오면' 기대감은 조용히 '뒷문으로 빠져나간다.' 과잉의 첫 번째 희생자 중 하나가 바로 기대감이다. 항상 욕구가 충족되면 기대감이 들어설 여지는 사라진다. 행복한 놀라움에 휩싸일 가능성 역시 살금살금 빠져나갈 것이다. 여덟 살배기한테 아무리 새로운 걸 쥐어줘도 모든 게 권태롭다는 듯 반응할 때 부모는 그제야 기대감이 사라졌음을 알게 된다.

한 엄마가 열세 살 난 아들 문제로 내게 이메일을 보냈다. "토드는 스마트폰이나 컴퓨터, 비디오 게임기 등을 단 한 순간도 손에서 놓지 않아요. 게다가 요새는 귀에 이어폰까지 꽂고 있어서 할 말이 있으면 메모를 전달해야 해요. 요새 아이들은 원래 이런가요? 아이들이 있는 집은 다 그렇다고 하긴 하던데.. 그런데 전 토드랑 다시는 대화를 할 수 없는 건지 계속 자문하게 돼요."

염증을 잘 보여주는 사례라 하겠다. 엄마는 이 같은 변화가 대체 어떻게 시작됐는지 기억을 더듬어 본다. 처음에는 주변에 '전자기기에 접속된 아이들'이 너무 많아서 자기 아이도 지극히 '정상'인 줄 알았다. 하지만 찝찝함은 계속됐다. 결국 실제로 말을 섞는 일 없이 메모로 대화하는 지경에 이르자 그녀는 극심한 불균형을 느꼈다. 이대로 내버려두면 점점 악화돼 그 영향이 온 가족에게 완전히 퍼져 나갈 게 뻔했다. 유일한 처방약인 단순화하기를 위해 토드 가족은 현재 무제한 허용된 토드의 '로그인' 시간을 제한하는 한편, 가족이 함께하는 시간을 늘려 궁극적으로 온 가족이 전자기기에서 벗어나기로 했다.

단순화하기를 실천하면 일상에서 해로운 감각적 자극이 줄어든다. 일상의 '빨간 경고등'이 사라지면서 매일 일정한 장소에서 활동하는 시간이 늘어나 균형이 생긴다.

나는 단순화하기의 어려운 첫발을 떼도록 해 주는 원천이 바로 아이에 대한 부모의 사랑이라는 사실을 매번 확인한다. 단순화하기는 넘침을 막고 제한할 것에 분명한 선을 그어 유년기의 여유와 품위를 보호해 준다. 미셸 부부는 이렇게 제한하는 게 카를라뿐 아니라 온 가족이 나아갈 길을 제시한다는 사실을 깨달았다. 이는 덜어내기의 놀라운 힘이 갖는 또 다른 역설이다.

원하지 않는 것을 가족에게서 차단하고자 할 때에는 당신에게 진짜 필요하고 중요한 게 뭔지 가치관을 분명히 세워야 한다. 다시 말해 단순화하기는 가족의 정체성을 <u>스스로</u> 구축하는 일이다.

대중문화와 경쟁, 소비주의에 노출된 정도가 대폭 줄어들 때 우리를 둘러싼 환경은 조용해진다. 주변 소음이 너무 크면 노래 소리가 들리지 않듯이, 단순화하기를 통해 가족이 자신들의 가치, 자신들을 규정하거나 지지하는 것에 '주파수를 맞추어' 소음을 줄여야 한다. 소음이 줄어들수록 당신이 부모로서 내는 진실한 목소리를 점점 더 또렷하게 들을 수 있다. 방해물이 뒷배경으로 멀어져 가면 절로 핵심이 떠오르게 돼 있다. 가족의 핵심 가치가 드러나고 강화되는 것이다.

온갖 잡동사니와 압박이 사라지고 일상이 여유로워지면 육아 역시 한결 안정될 것이다. 생활의 일관성이 커질수록 부모는 시간과 공간 면에서 더 큰 여유를 누릴 수 있다. (규칙, 행동 방식, 연결감 등) 가족의 중심축이 일관성 있게 구축되면 부모는 자신의 원칙에 더 충실할 수 있고, 그렇게 신뢰가 쌓이면 자녀는 부모의 말에 기꺼이 따르게 된다. 미셸 부부가 더 이상 카를라의 눈치를 보지 않고 원칙에 따라 일관되게 행동하고 요구하자 카를라도 예민한 성격이나 무엇이든 통제하려던 성향이 상당히 나아졌다. 카를라가 원한 건 자신이 부모 역할을 짊어지지 않게 해 주는 부모다운 부모였다. 미셸 부부가 마침내 방향을 제시하자 카를라는 본래 그녀의 자리인 뒷좌석으로 물러날 수 있었다.

훈육이라는 주제는 이 책의 논의 범위를 훌쩍 뛰어넘는다. 하지만 단순화하기로 인해 더 효과적인 훈육이 이루어진다는 건 부인할 수 없는 사실이다. 미셸 부부와 카를라 간의 소통 방식은 약간의 지시와 대부분의 부탁으로 이루어져 있었지만 나와의 작업 과정을 거치면서 약간의 부탁과 대부분의 지시로 변했다. 자녀에게 말할 때 일일이 부탁의 형식을 띠는 것도 언어의 군더더기에 해당된다. "테일러, 이제 차에 타면 어떨까? 안전벨트를 매야 할 듯한데 네 생각은 어때? 부탁인데 문도 좀 닫아 줘." "이렇게 산만해서는 엄마가 운전할 수 없어. 이 장난감을 던진 게 너니? 그만 좀 할래?" 지시는 직설적이어야 한다. "테일러, 차에 타서 안전벨트 매. 문도 닫고." "산만하면 운전할 수가 없어. 차가 움직일 때는 아무것도 던져선 안돼." 부탁이 '부드러운' 소통 방식처럼 보일 수도 있지만 그것도 너무 많으면 무시당하기 일쑤인 데다 아이가 중요한 것을 구분할 수 없게 만든다. 부탁하면 아이가 더 능동적으로 반응할 것 같지만 사실은 오히려 소음처럼 느끼게 만들 수도 있다. "벤, 어때, 이제 자러 가고 싶어? 그럼 양치할까?"가 아니라 "잘 시간이야, 벤. 그럼 이제 뭘 해야 하지?"라고 말해야 한다. 아이에게 단순하게 말함으로써 각 문장의 의미를 더 '효과적으로 전달'할 수 있다.

아이와 일상적으로 연결되는 순간을 통해 우리의 직감은 발달하고 그 결과 더 풍부하게 호응하되 일일이 반응하는 경우는 줄어든다. 과연 걱정할 일인지 더 객관적으로 판단할 수 있게 되면서 항상 곤두서 있던 신경도 편안해진다. 교사한테 전화 걸지 않고도 학교에서 있었던 일을 훤히 알 수 있게 된다. 부모가 사소한 일에 과도하게 반응하지 않으면 아이 역시 편안해져 더 자유롭게 이야기하기 때문이다.

단순화하기로 개선될 수 있는 건 비단 부모와 자녀 간 관계뿐만이 아니다. 아이를 위해 마지못해 이 방법을 도입했더라도 아내와의 친밀도에서 더 큰 효과를 누렸다는 아빠들을 나는 수도 없이 만났다. 일상의 속도를 늦추고 방해물과 잡동사니들을 제한할 때 깊어지는 건 아이의 주의력만이 아니다. 가족의 관심이 물건과 속도에서 일관된 연결감으로 옮아가면 아빠 엄마도 서로에게 관심의 눈빛을 보낼 수 있다.

육아야말로 부부가 함께하는 끝없는 여정이다. 그렇지 않은가? 하지만 아기의 탄생은 마치 지진처럼 모든 걸 뒤흔들어 놓는다. 몇 년이 지나 문득 정신 차리고 보면 부부는 자신들의 관계가 얼마나 달라졌는지 깨닫게 된다. 게다가 지금껏 지나온 그 모든 변화는 결혼생활이나 서로를 위해서가 아니라 순전히 아기를 위해 진행되었다는 점도 알게 된다. 이에 비해 단순화하기라는 여정은 함께 나눌 수 있다. 단기로 끝나는 게 아니라 장기적으로 실천해 나가면 그로 인한 혜택은 갈수록 커지고 배가된다. 또한 중간에 경로를 수정해야 할 때는 부부가 함께 감당하고 헌신해야만 한다. 그러다 기대 이상의 성공을 거두면 같은 목적을 공유하고 있음을 깨닫고 성취감도 함께 느낄 수 있다. 이것이야말로 분만실에서 느낀 이후 오래도록 잊고 있었던 감정 아니겠는가.

단순화하기를 통해 결국에는 부모인 당신도 똑같은 효과를 누릴 수 있다. 스트레스 없이 편안하던 때, 더없이 좋았던 시절의 당신 모습을 아이만큼 확실하게 떠올려 주는 이가 어디 있는가? 아이의 엉뚱함에서 우리 자신의 어린 시절 모습을 본다. 또한 출산 전, 스트레스로 얼룩지기 전의 편안한 내 모습으로 돌아가기도 한다. 가엾은 애완견에게도 사각 팬티를 입혀야 한다는 엉뚱한 책임감에서 나온 아이의 전염성 있는 열정으로 당신의 기분까지 홀가분해진다. 결국 내가 하고 싶은 말은 아이의 유년기를 스트레스에서 구해주면 당신 역시 반드시, 예상치 못한 해방감을 맛볼 거라는 사실이다.

물론, 단순화하기가 확고히 뿌리내린 이후의 삶 역시 예측 불가능하기는 마찬가지다. 언제든지 '일은 벌어지기 마련'이다. 자녀가 생기면 실로 다양한 일'이 벌어진다. 하지만 중심이 서면 어떤 일이든 예전만큼 위협적이지 않다. 이따금 단순화하기 수칙에서 멀어져 경로를 이탈하더라도 다시 찾아 돌아올 것이다. 이 길은 온가족의 정체성을 규정하고 강화하는 경로인 만큼 여기저기 굽어지고 수정될 수 있지만 내면에 굳건히 자리 잡는다. 그리고 이 같은 느낌이야말로 인정하고 소중히 여기며 보호해야 하는 것으로, 가족이 중심을 잡고 계속 앞으로 나아가게 해 주는 힘이다.

단순화하기 과정 중 당신의 집에서 당장 실천할 수 있는 단계가 있는가? 그곳이 당신이 그리는 더 큰 변화를 향해 나아갈 길의 시작점이다. 뭘 해야 하는지, 다 끝나고 나면 일상이 어떤 모습일지 등 이 작업에 관련된 분명한 이미지부터 세워라. 그리고 그 이미지 속으로 걸어 들어가... 시작하라.

지은이 후기

젊은 시절 동남아 빈곤 지역과 전쟁 피해 지역에서 일하고 영국으로 돌아와서 깨닫게 된 충격적 사실을 책 도입부에서 이미 말한 바 있다. 놀라운 건 바로, 영국에서 내가 상담하고 가르친 수많은 아이들과 난민 캠프에서 만났던 아이들이 감정적으로 놀라운 유사성을 보인다는 사실이다.

단지, 앞에서 언급하지 않은 게 있다면 당시 내가 느낀 그 깨달음을 의식적으로 무시하려고 노력했었다는 것이다. 어떤 식으로든 그게 사실이라면 내가 감당하기에 너무 버거웠기 때문이다. 하지만 소중한 아이들과 매일같이 몇 시간씩 함께하는 상황에서 이를 계속 외면할 수도 없는 노릇이었다. 자신의 현실 앞에서 불안해하고 지나치게 경계하며 통제하려 드는 아이들의 모습은 난민촌 아이들과 그야말로 판박이였다. 이 아이들은 방 안에서도 위협이 있는지 살피느라 한시도 가만있지 못했다. 사소한 일에는 크게 반응하는 반면 사회적으로 마땅히 상호작용해야 하는 순간에는 아무런 반응도 보이지 않았다. 한편 아주 고요하고 예측 가능하며 친절하고 부드러운 환경에서는 잘 반응했다. 이는 난민촌 아이들도 다를 바 없었다. 환경이 나아지면 난민촌 아이들 역시 시간이 흐를수록 불안감이 완화되고 '정상' 생활에도 잘 적응했다. 내가 책 앞부분에서 말한 것처럼 이 아이들은 '유년기를 파괴하는 소리 없는 전쟁' 속에서 피폐해져 가고 있었던 것이다.

이 같은 내 깨달음에는 이제 순수한 희망이 가득 들어찼다. 자녀에게 무엇이든 해주고 싶고 보호하고 싶은 부모의 본능이 강하고 견고하다는 사실을 알게 되었기 때문이다.

내가 여기까지 오게 된 배경은 다음과 같다. 초판본 출시 후 이 책은 미국에서 베스트셀러로 등극해 30개 언어로 번역되는 행운을 누렸고 유명 매체들의 인터뷰 요청도 수없이 들어왔다. 그중 「타임」지와 한 인터뷰 주제는 헬리콥터 육아로 헤드라인은 "이런 부모를 구할 수 있을까?"라는 제목으로 실렸다. 이 기사가 나가면 과잉 육아에 대한 가혹한 고발장이 될 거라는 사실에 잠시 불안한 마음이 들었다.

나와의 인터뷰를 담당한 기자에게는 세 자녀가 있었는데 그중 한 아이가 열이 펄펄 나서 전날 밤도 밤새 아이를 돌보느라 상당히 피곤한 상태였다. 그 기자의 상황이 남일 같지 않았던 나는 열나는 아이의 곁을 지켜줘야 한다고 말하면서 덧붙여서 너무 빨리 흘러가는 삶에서 자녀가 마음에서 나는 고열에 시달릴 때도 똑같이 해 줘야 한다고 말했다. 바이러스가 우리의 면역 체계를 무너뜨리면 몸에서 고열이 나지만, 정신없는 일상에 감정적으로 더 이상 적절히 대처할 수 없게 되었을 때 마음에서 고열이 난다고. 나는 이른바 '헬리콥터 부모'도 과연 마음에서 나는 열에 시달리는 아이를 알아보고 곁에서 지켜줄 수 있는지 물었다. 그리고 그런 추세가 쉽게 사라지지 않을 거라고 덧붙였다. 하지만 중요한 건 그런 부모 역시 직감적으로 아이에게 이래선 안 된다고 말하는 내면의 목소리를 듣고 있다는 사실이다.

2009년 초판본이 나온 이후 이 책은 하나의 운동이 되었다. 자신의 가족이 '뭔가 잘못됐다'고 직감적으로 느껴 온 수많은 부모에게 실재 목소리를 부여해 준 것이다. 이 운동에 참여한 이들은 이제 전 세계적으로 하나의 커뮤니티를 형성한다고 해도 과언이 아니다. 훈련을 마친 단순 육아 코치들만 해도 1,000명이 넘고, 이들은 서로를 지지하며 학교, 지역사회 센터 등에서 모임을 갖는다. 유년기를 파괴하는 소리 없는 전쟁이 실제로 진행 중이라면 이 커뮤니티와 이 책이 우리 가정에서만큼은 평화를 선언할 수 있는 가치와 수단을 제공해 줄 것이다. 그것도 단기 휴전이 아니라 가정마다 깊이 있게 깃들어 전 세계로 퍼져 나가고, 또 그만큼 오래 지속되는 평화 말이다.

가족생활의 '새로운 정상' 즉, 뭐든지 넘쳐나고 지나치게 산만하며 빠르게 돌아가는 일상에 의문을 던지는 부모들을 지난 30년간 도우면서 나는 용기를 내 속도를 늦추고 풍부한 연결감을 창조한 가정에서 자란 아이들이 부모가 된 모습을 보는 행운을 누렸다. 이 젊은 부모들은 대중문화의 요구가 아니라 자신이 가족에게 원하는 게 뭔지 내면의 목소리를 따르는 방법을 본능적으로 알고 있었다.

가족의 삶이 더 빠르게 돌아가고 더 산만해진 데다 디지털의 물결이 갈수록 거세지면서 이 책의 중심축이라 할 단순화하기가 전달하는 메시지는 더더욱 중요해졌다. 이제 이 책을 다 읽은 만큼 당신은 더 이상 혼자가 아니라는 사실을 깨닫기 바란다. 당신은 자녀에게 가족은 물론이고 자기 자신과 굳건히 연결된 유년기를 선물하고 싶은 전 세계 부모와 부모로서의 직감을 공유하며 함께하고 있다.

옮긴이 후기

요즘 부모들은 영리하다. 육아에서 아이들의 지능 개발을 위해 애쓰는 것도 좋지만 그보다 더 중요한 게 정서 함양이라는 사실을 잘 알고 있다. 이를 위해서는 아이들의 각 발달 단계에 걸맞은 교육과 양육을 해야 하고, 놀이 중심의 생활이 이루어져야 한다는 사실도 안다. 이 같은 인식의 확산은 정부 정책으로까지 이어져 최근 누리과정이 '놀이' 중심으로 개편되는가 하면, 공교육에서는 한글과 영어 등 인지 교육의 시작 시기가 늦춰지기도 했다.

추세가 이렇다 보니 이 책의 번역을 시작할 때 과연 독자들에게 새롭게 다가갈 지점들이 있을지 의구심이 드는 게 사실이었다. 이 책이 처음 출간된 2009년에야 아이 발달에 맞는 양육, 놀이 중심의 육아라는 가치관이 신세계처럼 받아들여졌을지 몰라도 지금은 식상할 만큼 다들 너무 잘 알고 있는 이야기 아닌가? 결국 애들한테 장난감 좀 그만 사주고, TV도 그만 보여주라는 얘기라면 다들 어쩔 수 없는 상황이라 그러지 좋아서 그러는 부모가 어디 있다는 말인가? 각 가정의 어려운 여건은 무시한 채 이건 이래서 안 되고 저건 저래서 안 된다는 얘기만 하는 거면 현실의 무게에 이미 허덕이고 있는 수많은 부모들에게 무력감만 보태는 것 아닐까?

하지만 이 같은 우려는 작업을 진행해 나갈수록 안도와 감탄으로 바뀌어 갔다. 심지어 내 짐작은 완전히 빗나갔었다. '단순화하기'라는 게 그저 '발달'과 '놀이'를 강조한 육아의 차원을 훌쩍 뛰어넘는 가치였기 때문이다. 나는 과연 10주년 기념 개정판이 출간될 만하다는 생각이 절로 들 만큼 실질적이면서도 깊이 있는 내용에 안도하고, 부모들이 맞닥뜨릴 법한 순간들의 세밀한 감정들을 포착해 내는 작가의 내공에 감탄했다. 저자가 말하는 단순화하기의 의도이자 목표는 하나, 아이들의 마음에서 번잡한 모든 걸 덜어내고 온전히 자기 자신으로 서게 하는 것이다. 하지만 오늘날 가족들이 감내해야 하는 일상은 각양각색일 터, 저자는 교육가이자 상담가로서 보낸 30여 년의 풍부한 경험을 바탕으로 다양한 여건 속에서 아이의 중심을 잡아줄 수 있는 방법들을 제시한다. 특히, 엄마 아빠가 둘 다 바쁜 건 물론, 직업상 하루하루의 스케줄이 매번 달라지는 가족의 사례를 언급하며 어떻게 해야 어린 자녀의 안정감을 구축할 수 있는지 알려줄 때에는 무릎을 탁 치지 않을 수 없었다.

이 책에 등장하는 사례들은 비단 유아기 자녀를 둔 부모에만 한정되지 않는다. 자녀들을 키울 때 얼핏 사소해 보이는 부모의 행동이 아이들의 정서에는 계속해서 특정한 영향을 미친다는 사실을 깨닫게 되자 육아를 하는 내내 부모로서 견지해야 하는 태도가 무엇인지 마음속에 스며들었다. "당신의 아이가 (그리고 부모로서 당신이) 십대 청소년기를 어떻게 보낼지는 처음 호르몬이 왕성하게 분비되는 시기에 결정된다. 그리고 아이가 어렸을 때 잠시 함께 멈췄던 순간, 그 시간을 통해 쌓인 관계의 신뢰도에 따라서도 달라진다." 단순화하기는 바로 이 '관계에 신뢰'를 축적하기 위한 수단이다. 육아라는 게 워낙 복합적 작용이다 보니 관여하는 요소가 한두 가지가 아닌데 저자는 그중 중요한 요소들을 짚어 주고 어떻게 설계하면 좋을지 알려주는 건 물론, 수많은 사례들을 통해 '보여주기'도 한다. 저자가 말하는 '단순화하기'는 단순히 장난감, 옷, 책, 미디어와 같은 물리적 영역을 뛰어넘는다. "그저 그런 날이야말로 일상적으로 지속이 가능하다. 그래야 높은 음이 높은 음을, 낮은 음이 낮은 음을 내며 제 음색을 찾을 수 있다. 굳이 높은 음이 지속되는 일상이 아니어도 행복할 줄 아는 아이라면 특출함이라는 진정한 선물을 가진 것이다. 매 순간 감사하고 평범한 날에 기뻐한다면 이보다 더 좋은 게 어디 있겠는가?" 휴일마다 온갖 이벤트를 만들기에 급급한 요즘 부모들의 뒤통수를 치는 조언이 아닐 수 없다. 요즘 아이들은 꿈이 없다고들 한다. 원하는 건 무엇이든 누리고, 그 어느 때보다 다양한 경험들을 하지만 정작 자신이 하고 싶은 일이 뭔지는 모르겠단다. 그 원인과 해결책도 나는 '단순화하기'에서 발견할 수 있었다. "지나치게 많은 장난감이 창의력을 억압하듯 지나치게 스케줄이 많아도 아이 스스로 자신의 시간을 채우면서 길을 찾아갈 능력을 개발할 수 없다." 이때 부모로서 해야 할 일은 자명해진다. "차분하고 늘 지지해 주는 분위기를 만드는 데 몰두해야 아이가 헤치고 나아가야 하는 것들을 헤치고 나아갈 수 있다." 그리고, "끼어들지는 않되 아이가 필요로 하면 언제든지 달려가 주는 방식이 좋다."

지금껏 내가 인용한 본문들은 빙산의 일각에 불과하다. 저자가 30여 년간 만나온 가족들의 다양한 사례들, 그리고 거기서 파생된 섬세한 조언들이 내 일상의 조각들과 겹쳐져 나는 "이 책을 읽는 것만으로 깨달음과 영감을 얻는 순간을 경험"하고 근본적 육아관을 다시 세울 수 있었다. 앞서 저자가 말한 대로 "아이가 커 가는 동안에도 이 책을 다시 집어 들고 반짝이는 아이디어와 격려를 얻을 수 있다"는 데 의심의 여지가 없다. 옮긴이로서 독자분들 역시 책을 덮고 나면 이 책을 관통하는 단순화하기의 메시지가 몸과 마음에 스며들어 어느새 생활방식은 물론, 아이들을 대하는 태도까지 달라져 있는 걸 체험하게 되길 바란다.

감사의 글

이 책에 놀라운 재능과 헌신을 쏟아 준 리사 로스에게 감사하고 싶다. 호손 출판사 팀원들이 보여준 열정과 믿음 또한 내게 큰 힘이 되었다. 전 세계 여러 커뮤니티와 가족들에게 변화의 기반을 마련해 주고자 소리 없이 헌신하고 있는 단순 육아 코치 및 그룹 지도자들께도 감사드린다.

고요하지만 굳건한 지지를 보내준 내 가족, 특히 장인어른과 장모님께 감사하고 싶다.

마지막으로 이곳 단순 육아 본부의 팀원들에게 누구보다 큰 감사의 마음을 보낸다. 그들이 없었다면 이렇게 큰 성과를 낼 수 없었을 것이다. 그리고 세상과 가족의 삶을 관통하는 보이지 않는 흐름을 느끼면서 지금 우리에게 필요한 것에 대한 창의적이고 유연한 해답을 끊임없이 연구하는 다비나 뮤즈에게 특별한 애정과 감사를 전한다.

- K.J.P.

부록 I

단순 육아
그룹 스터디 가이드
- 부모, 교사 및 상담가용

킴 존 페인 교육학 석사
다비나 뮤즈 정신건강전문가

목차

소개

단순 육아 스터디 그룹 구성하기

스터디 구성

스터디 그룹 내 소통

1장: 왜 일상이 단순해야 하는가?

2장: 마음에서 나는 열

3장: 환경 정리하기

4장: 리듬 더하기

5장: 스케줄 줄이기

6장: 어른 세상 걸러내기

사회적 지속가능성을 위한 센터
애쉬필드 마운틴 로드 355번지, 애쉬필드, MA 01330
www.socialsustain.com
www.simplicityparenting.com

우리는 다른 모든 출판물처럼 PDF 문서, MP3 오디오, 비디오, 오디오 콤팩트 디스크의 모든 저작권이 법에 따라 존중되기를 요청합니다. 본 가이드에 수록된 자료는 공개 배포용이 아닙니다.

소개
단순 육아는 단순한 책이 아니다, 하나의 운동이다!

단순 육아를 시작한 당신에게,

킴 존 페인의 저서 단순 육아를 좀 더 깊이 있게 이해하고자 스터디 그룹을 결성한 걸 환영한다. 아무쪼록 이 가이드의 구성과 제안이 각 장에 실린 절차를 시행해 나가는 데 도움 되길 바란다.
또한 스터디를 함께하는 모든 이들이 책에서 소개하는 단순화하기 아이디어를 가족의 일상에 실제 적용해 아이와 부모가 더 큰 유대감을 경험하고, 더 차분해지고 행복해지길 빈다! 우리 코치들이 이끄는 그룹에 참여하거나 스스로 코치가 되는 것도 좋은 방법이다. 상당히 유용한 킴의 MP3 파일, 코치 훈련에 대한 정보는 이 가이드 끝부분과 우리의 웹사이트에서 찾아볼 수 있다.
단순 육아 스터디 그룹이 단순화하기의 씨앗이 되어 당신의 가족과 지역사회에 뿌리 내리길 바란다!

단순화하기를 기원하며,

킴 존 페인 교육학 석사
단순 육아 저자
사회적 지속 가능성 센터장

다비나 뮤즈 정신건강전문가
단순 육아 훈련 및 자격 코디네이터
단순 육아 커리큘럼 개발 코디네이터

스터디 그룹 구성하기

준비 회의를 포함해 총 여덟 번의 스터디가 진행될 예정이다.

다음의 조언을 활용하면 도움이 될 것이다.

준비 회의
1. 단순 육아에 관심 있거나, 관심 있을 거라고 생각하는 부모들을 모아 집에서 커피나 차를 마시며 모임을 진행하자. 스터디 그룹은 보통 한 명의 리더가 중심이 되는 게 아닌 만큼 그룹 자체에 대한 책임은 느끼지 않되 스터디 진행 책임은 모두가 공유하는 게 좋다.
2. 다음의 사항을 결정하자:
   - 그룹의 규모: 3~7명이 가장 좋다.
   - 장소: 한곳을 정해 두거나 여러 곳에서 돌아가며 한다.
   - 빈도, 요일 및 시간: 이 스터디를 위해 일곱 번을 더 만나야 한다는 사실에 유념하고 첫 만남에서 필요한 모든 사항을 정해 두자. 책을 다 읽으려면 첫 스터디까지 일주일 이상의 시간이 필요한 사람도 있을 것이다.
   - 출석, 결석, 스터디 준비 및 진행 등의 세부 사항을 결정하고 한두 모임 마치고 나면 구성원 모집을 마감하도록 한다.
   - 스터디 방식: 구성원이 돌아가면서 이야기하는 방식, 혹은 열린 토론으로 진행한다.
   - 스터디 그룹 책임자를 따로 정하지는 않는다. 자발적 협력 단체로서 스스로 책임감을 갖고 참여해야 한다.
   - 필요할 경우 간식과 음료는 어떻게 할지 정한다.
   - 구성원 간 소통 방식: 이메일. '전체 회신'을 눌러 모든 구성원과 관련 있는 이메일만 보낼 수 있도록 한다.
3. 이 스터디 그룹에 참여한 구성원은 모두 책이나 MP3를 소지할 수 있도록 한다. 첫 스터디 전, 적어도 앞의 두 장(章)은 미리 읽고 흥미로운 부분을 표시해 스터디 시 구성원과 공유하면 좋다.

참고: 킴 존 페인의 저서 및 MP3 주문은 www.simplicityparenting.com.

스터디 구성

다음의 구성 방식을 활용해 스터디에도 리듬을 구축해 보자. 이는 차례대로 말하는 방식과 열린 토론 방식, 모두에 적용된다.

1. 모이기 (30분)
2. 잘 지내셨나요?
3. 지난 시간에 논의한 내용에 대해 하실 말씀 있으신가요?
4. 단순 육아와 관련해 자축할 성과가 있으셨나요?
5. 오늘 다룰 내용 점검(30분)

　스터디 진행이 더디거나 해당 부분을 다 읽지 못한 구성원이 있을 경우, '단순하게 말하면…'을 활용해 논의에 박차를 가한다.

6. 이번 장에서 '주목한' 내용이 있다면 무엇인가? (30분)

　각 장 가이드에 주어진 질문을 활용해도 좋다.

7. 마무리 (30분)
8. 이번 스터디 돌아보기. 각 장 가이드에 주어진 질문을 활용해도 좋다.
9. 다음 스터디 일정 등 점검 사항.

스터디 시간을 4등분 한 뒤 그에 맞춰 진행하면 막판에 아이 돌보미 퇴근 시간을 앞두고 허둥지둥 대지 않을 수 있다.

구성원끼리 서로 편안해지면 이 구성을 좀 더 느슨하게 하거나 좀 더 활용해 (모두가 원하는 게 아니라면!) 스터디가 수다로 번지지 않도록 해야 한다.

각 스터디 가이드에 제시된 질문은 진행자가 던지고 진행자를 포함한 참가자들이 답하도록 한다. 참가자들은 아무나 생각나는 대로 먼저 답해도 좋고 돌아가며 차례로 답해도 좋다.

스터디 그룹 내 소통

스터디 구성원 간에, 혹은 어떤 상황에서든 다음의 조언을 참고하면 건강하게 소통할 수 있다. 첫 스터디 시 다음의 목록을 다 같이 읽어보는 것도 좋다.

소통 기술:
집중: 다른 사람의 말에 집중이 잘 안된다면 의도적으로 귀를 기울여라
의도적 듣기: 화자의 말 자체뿐 아니라 그 말을 하는 의도에 귀 기울여라. 그렇게 하면 형식에 휘말리지 않고 온갖 잡음과 의견에서 멀어질 수 있다.
휴식: 화자의 말이 끝나면 한숨 돌릴 시간을 준 이후에 의견을 제시하라.
흐름: 의도적 듣기를 통해 이전 발언의 의도에 걸맞은 발언이 이어질 때 적절한 대화가 이루어진다.
한 가지 주장: 말할 때 한 번에 여러 가지 주장을 제시하면 주의가 분산되는 만큼 한 번에 한 가지 주장만 하도록 하라.
발언 유도: 다른 구성원에게 직접 질문하기보다 질문을 물음표로 남겨두라. 그러면 말하고 싶은 사람을 위한 공간이 생긴다. 우리 모두가 이 같은 '발언 시간'에 유의할 때 이 전략의 효과가 발휘된다.
발언 시간: 말하는 시간에 유의하라. 너무 짧은가? 아니면 너무 긴가? 같은 얘기를 두 번 하고 있지는 않은가? 다른 이가 '너무 길게' 말하면 기분이 어떤가? 누군가 말을 거의 하지 않는다면? 아무 말도 하지 않으면서 당신이 하고 싶었던 말을 다른 누군가 하는지 지켜볼 수 있는가?
말하고 기다리기: 내 말이 끝나더라도 가만히 기다리면서 누군가 하고 싶은 말이 있는지 지켜보자.
충동: 진심으로 말하고 싶은 충동이 일 때까지 자신에게 집중하자. 이는 좋은 생각을 말하는 것과 차원이 다르다. 대화의 흐름에 몸을 맡길 때 에너지와 생기는 눈에 띄게 늘어난다. 이 순간을 묵인해선 안 된다. 말하라. 충동이 잦아들기 시작하면 의사 표현도 마무리하자.

첫 번째 스터디:

1장 왜 단순한 일상이 필요한가?

1. 모이기 (30분)
   - 우리는 누구인가? 필요하다면 각자 자기소개를 하고 아이가 몇 살인지 공유하자.
   - 이 책을 함께 스터디하는 의도와 목표는 무엇인가?
   - 우리는 이미 단순화하기를 하고 있는가? 자축할 만한 성과가 있는가?
   - 책에 집중하자. 모든 구성원이 이 책의 메시지에 집중해야 하지만 스터디가 상담 같은 심화 작업을 대체할 수는 없다. 성공적 스터디를 위해 개인적 잡담은 자제해야 한다.
   - 비밀 유지(여기서 나눈 대화가 밖으로 새나가선 안 된다)
   - 이 스터디에서 나눈 내용을 다른 누군가와 공유할 때 이름을 밝히지 않을 수 있는가?
   - 비밀이 유지됐으면 하는 내용을 공유할 때에는 먼저 그렇게 부탁할 것인가?

2. 이번 장의 내용 검토하기 (30분)
   스터디 진행이 더디거나 해당 부분을 다 읽지 못한 구성원이 있다면 각 장에 흩어져 있는 '단순하게 말하면...'을 활용할 수 있다. 질문:
   - 스트레스가 아이에게 미치는 영향에 대해 저자는 어떻게 이야기하는가?

3. 이번 장에서 내가 '주목할 내용'은 무엇이었나? (30분)
   논의해 볼 문제는?
   - 우리가 살아가는 방식을 통해 아이에게 전해 주고 싶은 가치는 무엇인가?

4. 마무리 (30분)
   - 이번 스터디 돌아보기.
   - 각자 집에 가서 생각해 보고 싶은 한 가지는?
   - 다음 스터디 일정 등 점검 사항.

두 번째 스터디:

2장 마음에서는 나는 열

1. 모이기 (30분)

- 필요한 경우, 간단한 자기소개 및 아이 연령을 공유하는 시간을 한 번 더 갖는다. 각자 사는 곳이 어딘지도 물어볼 수 있다.
2. 이번 장의 내용 검토하기 (30분)

    스터디 진행이 더디거나 해당 부분을 다 읽지 못한 구성원이 있다면 각 장에 흩어져 있는 '단순하게 말하면…'을 활용할 수 있다.
    - 마음에서 나는 고열과 몸에서 나는 고열 사이의 차이점은 무엇인가?
    - 저자는 마음에서 나는 고열에 어떻게 대처하라고 말하는가?
3. 이번 장에서 내가 '주목할 내용'은 무엇이었나? (30분)

    논의해 볼 문제는?
    - 당신의 아이가 가장 안전하고 평화롭다고 느끼는 때와 장소는?
4. 마무리 (30분)
    - 이번 스터디 돌아보기
    - 각자 집에 가서 생각해 보고 싶은 한 가지는?
    - 다음 스터디 일정 등 점검 사항.

세 번째 스터디:
3장 환경 정리하기

1. 입장 (30분)
    - 안부 묻기
    - 지난 시간에 논의한 내용에 대해 할 얘기가 있는가?
    - 단순 육아와 관련해 자축할 성과가 있었나?
2. 이번 장의 내용 검토하기 (30분)

    스터디 진행이 더디거나 해당 부분을 다 읽지 못한 구성원이 있다면 각 장에 흩어져 있는 '단순하게 말하면…'을 활용할 수 있다.
    - 지나치게 많은 장난감에 대해 저자는 어떻게 말하는가?
    - 토론: 저자는 어린아이에게 지나치게 많은 선택지를 제공하는 행위의 부정적 영향에 대해 논의한다. 당신의 생각은 어떤가?
    - 책과 독서에 대한 저자의 의견에 대해 어떻게 생각하는가?

3. 이번 장에서 내가 '주목할 내용'은 무엇이었나? (30분)

　논의해 볼 문제는?
- 온 가족이 갑자기 집을 떠나야 하는 상황이라면 무엇을 가져가겠는가?

　토론하고 공유하자.

4. 마무리 (30분)
- 이번 스터디 돌아보기.
- 각자 집에 가서 생각해 보고 싶은 한 가지는?
- 다음 스터디 일정 등 점검 사항.

네 번째 스터디:
4장 리듬 더하기

1. 모이기 (30분)
- 이전에 논의한 내용인 환경에 대해 할 얘기가 있는가?
- 다른 사람들과 책에 대해 논의해 보았는가? 반응이 어땠는가?

2. 이번 장의 내용 검토하기 (30분)

　스터디 진행이 더디거나 해당 부분을 다 읽지 못한 구성원이 있다면 각 장에 흩어져 있는 '단순하게 말하면…'을 활용할 수 있다.
- 가족 일상의 예측가능성에 대해 저자는 어떻게 말하는가?
- 저자가 말하는 예의에 대해 구성원은 어떻게 말하는가?

3. 이번 장에서 내가 '주목할 내용'은 무엇이었나? (30분)

　논의해 볼 문제는?
- 스트레스를 줄여줄 의식이나 리듬을 상상할 수 있는가?
- 우리 가정에서 '예의를 늘리면' 어떻게 될까?

4. 마무리 (30분)
- 이번 스터디 돌아보기.
- 각자 집에 가서 생각해 보고 싶은 한 가지는?
- 다음 스터디 시 소통 기술 목록을 다시 읽어 봐야 하는가?
- 다음 스터디 일정 등 점검 사항.

다섯 번째 스터디:

5장 스케줄 줄이기

1. 모이기 (30분)
   - 이전에 논의한 내용인 리듬에 대해 할 얘기가 있는가?
   - 지난번 스터디 때 동의했다면 소통 기술에 대해 다시 한 번 읽어 보자.
2. 이번 장의 내용 검토하기 (30분)
   스터디 진행이 더디거나 해당 부분을 다 읽지 못한 구성원이 있다면 각 장에 흩어져 있는 '단순하게 말하면...'을 활용할 수 있다.
   - '지루함이 주는 선물'에 대한 생각을 공유하자.
   - 각자 이번 장에서 주목한 부분에 대해 공유하자.
   - 평범한 날의 가치에 대해 저자는 어떻게 말하는가?
   - 자유 놀이와 팀 스포츠가 아이의 발달에 미치는 영향은 어떻게 다른가?
3. 이번 장에서 내가 '주목할 내용'은 무엇이었나? (30분)
   논의해 볼 문제는?
   - 아이들의 '휴식'이라고 하면 우리는 어떤 모습을 떠올리는가?
4. 마무리 (30분)
   - 이번 스터디 돌아보기
   - 변화가 느껴지는 구성원이 존재하는가?
   - 이번 스터디에서 나눈 내용 중 배우자나 친구와 공유하고 싶은 한 가지는?
   - 다음 스터디 일정 등 점검 사항.

여섯 번째 스터디:

6장 어른 세상 걸러내기

1. 주의 환기 (30분)
   - 각 구성원이 스터디 혹은 스터디 그룹에서 즐거웠던 한 가지는?
   - 이전에 논의한 내용인 스케줄 줄이기에 대해 할 얘기가 있는가?
   - 단순 육아와 관련해 자축할 성과가 있었는가?
2. 이번 장의 내용 검토하기 (30분)

- 미디어와 '과잉 육아'의 연관성에 대해 저자는 어떻게 말하는가?
- '말을 많이 할수록 듣는 건 소홀해진다'는 데 대해 토론해 보자!

3. 이번 장에서 내가 '주목할 내용'은 무엇이었나? (30분)

논의해 볼 문제는?
- 저자는 '사실성, 친절성, 필요성, 안정성'을 어른이 하는 말의 거름망으로 제시했다. 어떻게 생각하는가?
- 저자는 스크린 미디어를 적게 활용하거나 아예 보지 말라고 주장한다. 동의하는가?

4. 마무리 (30분)
- 이번 스터디 돌아보기.
- 이번 스터디에서 좋았던 점 한 가지는?
- 다음번 만남을 마지막으로 스터디가 끝난 이후에도 만남을 지속하고 싶은 구성원이 있는가?
- 좀 더 구체적으로 생각해 보고 싶은 한 가지는?
- 다음 스터디 일정 등 점검 사항.

일곱 번째 스터디:
나오며 -단순 육아 시작하기

1. 모이기 (30분)
- 이전에 논의한 내용인 걸러내기에서 기억나는 한 가지는?

2. 이번 장의 내용 검토하기 (30분)
- 카를라 가족의 사례에 공감한 구성원이 있는가?
- 이번 장에 대해 하고 싶은 말이 있는가?

3. 이번 장에서 내가 '주목할 내용'은 무엇이었나? (30분)

논의해 볼 문제는?
- 저자는 자녀뿐 아니라 배우자, 확대가족과도 더 깊이 있는 관계를 구축할 가능성을 제시했다. 현실적으로 가능하다고 생각하는가?

4. 마무리 (30분)

- 지금껏 해온 스터디 돌아보기.
- 이 스터디를 지속해 나갈 것인가?
- 스터디에서 특별했던 순간들은?
- 감사한 마음 나누기. "우리 스터디 그룹에서 가장 좋았던 건...?"
- 다음 단계 등 점검 사항.

그래서 다음 단계는?

1. 단순 육아 운동은...
   우리 웹사이트 www.simplicityparenting.com의 FAQ 항목에 들어가 훈련을 신청하자.
2. 또한, 단순 육아 커뮤니티에 가입해 육아에 도움이 될 다양한 자료들을 참고하자. 이를 통해 부모 포럼에 참여할 수 있는 건 물론, 저자가 몇 가지 조언을 추가한 주간 단순 육아 다이어리 오디오 및 단순 육아 오디오북도 들을 수 있다.

부록 II

단순 육아 그룹 지도자 및 코치 프로그램

이 책에서 많은 영감과 도움을 받았고, 다른 이들도 단순화하기를 도입해 균형을 이루길 바란다면 단순 육아 그룹 지도자가 되는 방법을 고민해 볼 수 있다. 이는 영상 자료를 활용해 스스로 학습해 나가는 단순한 훈련이다.

훈련의 4가지 종류

1. 단순 육아: 가족의 삶 - 그룹 지도자 (참고도서『맘(mom)이 편해졌습니다』)
2. 단순 육아: 훈육과 지도 - 그룹 지도자 (참고도서『훈육의 정신 The Soul of Discipline』)
3. 단순 육아: 감정적 자기 규제 - 그룹 지도자 (참고도서『최악으로 구는 아이에게 최고의 대우를 Being at Your Best When Your Kids Are Their Worst』)

자격증을 갖춘 전문가만 이 프로그램에 참여할 수 있는 건 아니다. 이 훈련 프로그램은 육아를 돕거나 교육, 혹은 단체 교육하는 교사/특수 교사, 치료사, 사회 운동가, 학교 담당관, 교육 행정관에게 유용하다.

이 프로그램에서 우리는...

- 단순 육아를 이해하고 실천한다.
- 전문 자료 및 훈련을 받아 스터디 그룹을 지원하는 데 필요한 기술을 개발한다.
- 마케팅과 홍보를 위한 지원을 받는다.
- 단순 육아 가족생활 그룹 지도자의 국제 커뮤니티에 참여한다.
- 당신의 커뮤니티 안에서 틈새시장을 구축해 수입원을 확보한다.

가족 실천 가이드라는 영상 자료에 모든 지침과 콘텐츠가 담겨 있다. 지도자들은 그룹별로 대화를 나누면서 각 부모가 작지만 가능한 변화를 일굴 수 있도록 돕는다.

4. 아이들과 가족들이 생활 속 스트레스를 줄일 수 있도록 다층적, 체계적으로 접근하는 세미나도 개최한다. 2시간씩 3회(총 6시간)에 걸쳐 전화 통화가 이루어진다.

세미나를 통해 당신은...

i. 아이들의 회복탄력성을 구축할 수 있도록 가족들을 돕는다.
ii. 아이의 가정생활에서 균형감과 차분함을 회복함으로써 돌봄의 효율성을 높인다.
iii. 새로운 이론과 기술로 무장해 전문성을 강화한다.

우리는 때로 단순 육아 코치들을 위한 심화 훈련도 제공한다.

과정 참여자 후기

저는 부모, 교사, 상담가, 가정 문제나 아이와 관련된 일을 하는 사람 누구에게든 이 교육을 추천하고 싶습니다. 이 교육을 들으면 현대 가족이 직면하고 있는 문제에 대해 여러 관점에서 이해할 수 있습니다. 교육 내용은 쉽게 이해되고 일상생활에서 적용할 수 있는 방식으로 전달해 줍니다. 그래서 저는 제가 가르치는 아이들의 부모에게 수년 동안 킴 존 페인의 책을 추천하고 있습니다. 아이들의 마음에서 나는 고열이 널리 퍼져 있는 요즘 부모와 함께 이 문제를 깊이 있게 탐구하여 더 많은 전략을 고민해볼 수 있었고 항상 좋은 피드백도 받았습니다. 정신건강전문가 다비나 뮤즈는 부모와 대화하는 법, 중요한 정보를 이끌어 내는 법, 경청하는 법과 지원하는 법에 대해 훌륭한 예를 제공해주었습니다. 저는 그녀가 전해준 지혜를 발판 삼아 발전하고 있습니다.

– 스페인에 사는 엄마, 교육학 석사, 교육자

이 과정은 교육가들이 현장에서 부모들을 도울 수 있도록 사용할 수 있는 지혜, 지식, 도구로 가득 찬 멋진 교육입니다.
저는 이 과정에 참여하여 다른 참가자들의 관점과 질문을 들을 수 있어서 정말 즐거웠습니다. 많은 것을 얻는 데 큰 도움이 되었습니다. 단순 육아 코치로서 앞날이 기대됩니다.

– 캐나다에 사는 싱글맘

본 교육은 책을 기반으로 단순 육아에 대한 포괄적인 통찰력을 제공하지만 비디오, 신문 기사, 직접 체험한 사례 같은 다양한 추가 자료와 활동도 있습니다. 이 교육은 당신이 코치로서 지역사회의 요구에 맞게 직접 스터디 그룹을 운영할 수 있도록 매우 잘 준비시켜 줍니다. 교육 내용은 매우 알찰 뿐 아니라 교육 후에도 멘토링을 통해 지원해 주고 있습니다. 단순 육아 코치가 되는 것은 가족들이 더 행복하고 만족스러운 삶을 살 수 있도록 돕는 멋진 일입니다.

– 조지아에 사는 세 아이의 엄마

이 과정에 참여하지 않았다면 두 아이를 키울 수 있었을지 의문이 듭니다.

– 뉴욕에 사는 엄마

주석 및 참고 자료

들어가며

1 David Elkind, The Power of Play: Learning What Comes Naturally, Da Capo, New York, 2007, p. ix.

1장 왜 일상이 단순해야 하는가?

1 C.E. Hostinar & M.R. Gunnar, 'Future directions in the study of social relationships as stress regulators across development', Journal of Clinical Child and Adolescent Psychology, 42 (4), 2013, pp. 564-5.
2 Fred J. Aun, 'Study: Kids latching on to tech at earlier ages', E-Commerce Times, 6 June 2007; available at goo.gl/z87uXN (sourced August 2018).
3 Craig Lambert, 'Deep into sleep', Harvard Magazine, July-ugust 2005; available at goo.gl/M92yoE (sourced August 2018).
4 Ibid.
5 Kim John Payne & Bonnie River, 'From attention deficit to attention priority: a study of attention related disorders in Waldorf schools', Waldorf Research Bulletin,

Spring 2002.

6 See National Center for Health Statistics, Health, United States, 2016: With Chartbook on Long-term Trends in Health. Hyattsville, MD, 2017, Table 35; available at goo.gl/DeQZXU (sourced August 2018).

7 See Sarah Knapton, 'ADHD is vastly overdiagnosed and many children are just immature, say scientists', Daily Telegraph, 10 March 2016; available at goo.gl/Kr6UvE (sourced August 2018); see also Richard DeGrandpre, Ritalin Nation, Norton, New York: 1999.

8 Sharon Begley, Train Your Mind, Change Your Brain, Ballantine Books, New York, 2007.

3장 환경 정리하기

1 Elkind, The Power of Play (see above), p. 15.

2 Howard P. Chudacoff, Children at Play: An American History, New York University Press, New York, 2007.

3 Juliet B. Schor, Born to Buy: The Commercialized Child and the New Consumer Culture, Scribner, New York, 2004.

4 'Kids: a powerful market force', BNET Business Network.

5 Schor, Born to Buy (see above), p. 25; David Futrelle, 'Are your kids normal about money?', Money, December 2005.

6 Mary Pipher, The Shelter of Each Other, Putnam, New York, 1996, p. 93.

7 Michel Marriott, 'Gadget or plaything, let a child decide', New York Times, 17 February 2005; available at goo.gl/93kDbL (sourced August 2018).

8 Schor, Born to Buy, p. 56.

9 Marriott, 'Gadget or plaything…'.

10 Victoria J. Rideout, Elizabeth A. Vandewater & Ellen A. Wartella, Zero to Six: Electronic Media in the Lives of Infants, Toddlers, and Preschooler, Henry J. Kaiser Family Foundation, Menlo Park, Calif., 2003).

11 Schor, Born to Buy, p. 62.

12 Alix Spiegel, 'Old-fashioned play builds serious skills', National Public Radio, Morning Edition, 21 February 2008; available at goo.gl/BahSVD (sourced August 2018).

13 Richard Louv, Last Child in the Woods: Saving our Children from Culture, Scribner, New York, 2004. Nature-Deficit Disorder, Algonquin, Chapel Hill, NC, 2005, p.178.

14 Robin Marantz Henig, 'Taking play seriously', New York Times magazine, 17 February 2008; available at goo.gl/aPMwFq (sourced August 2018).

15 Victoria J. Rideout & Elizabeth Hamel, The Media Family: Electronic Media in the Lives of Infants, Toddlers, Preschoolers and Their Parents, Henry J. Kaiser Family Foundation, Menlo Park, Calif., 2006.

4장 리듬 더하기

1 Nancy Gibbs, 'The magic of the family meal', Time, 4 June 2006; available at goo.gl/e5oo1f (sourced August 2018).

2 Alex Cohen, 'Michael Pollan: If you can't say it, don't eat it', National Public Radio, 24 April 2008; available at goo.gl/bHyrGs (sourced August 2018).

3 Anon, 'How much sugar is in your soft drinks?', Daily Telegraph, 1 May 2015; available at goo.gl/BfumXG (sourced August 2018).

4 Eric Schlosser, Fast Food Nation: What The All-American Meal is Doing to the World, Houghton Mifflin, Boston, 2001, p. 54.

5 위와 동일

6 Gibbs, 'The magic of the family meal'.

7 Po Bronson, 'Snooze or lose: overstimulated, overscheduled kids…', New York, 8 October 2007; available at goo.gl/NxcTDi (sourced August 2018).

8 위와 동일

5장 스케줄 줄이기

1 David A. Kinney, Janet S. Dunn & Sandra L. Hofferth, 'Family strategies for

managing the time crunch', Center for the Ethnography of Everyday Life, 5 September 2000.

2 Erica Alini, 'Kids activities: When too many extracurriculars lead to anxiety', Global News, 4 September 2017; available at goo.gl/PVLdpD (sourced August 2018).

3 Claudia Wallis, 'The myth about homework', Time, 29 August 2006; available at goo.gl/nL8Tmw (sourced August 2018).

4 Robert M. Pressman, David B. Sugarman, Melissa L. Nemon & others, 'Homework and family stress: with consideration of parents' self confidence, educational level, and cultural background', American Journal of Family Therapy, 43 (4), 2015, pp. 297–313; available at goo.gl/yM2Ge4 (sourced August 2018).

5 Elkind, The Power of Play, p. ix.

6 Walter Kirn and Wendy Cole, 'What ever happened to play?', Time, 30 April 2001; available at goo.gl/7z7r6N (sourced August 2018).

7 Anon, 'The joys of doing nothing', Scholastic.com, 28 November 2012; available at goo.gl/Jt92zK (sourced August 2018).

8 Katharine Rosman, 'BlackBerry orphans', Wall Street Journal, 8 December 2006.

9 See Sports and Fitness Industry Association (SFIA), at goo.gl/ACPGAu (sourced August 2018).

10 Tim Arango, 'Social site's new friends are athletes', New York Times, 26 March 2008; available at goo.gl/KvgQJF (sourced August 2018).

11 Jeannine Stein, 'Kicking it up a notch', Los Angeles Times, 22 May 2007.

12 Laura Hilgers, 'Youth sports drawing more than ever', CNN.com, 5 July 2006; available at goo.gl/DasmQM (sourced August 2018).

13 Bill Pennington, 'Doctors see a big rise in injuries for young athletes', New York Times, 22 February 2005; available from goo.gl/6LmuvJ (sourced August 2018).

14 Frank Brady, 'Children's organized sports: a developmental perspective', Journal of Physical Education, Recreation & Dance 75, February 2004, pp. 35–41; available at goo.gl/PWkmJ5 (sourced August 2018).

15 See National Alliance for Youth Sports (NAYS), a (sourced August 2018).

16 Janice Butcher, Koenraad J. Lindner & David P. Johns, 'Withdrawal from competitive youth sport: a retrospective ten-year study', Journal of Sport Behavior 25, 2002, pp. 145-63; available at goo.gl/nCUKcY (sourced August 2018).

17 Josephson Institute, What Are Your Children Learning? The Impact of High School Sports on the Values and Ethics of High School Athletes, 2006; available at goo.gl/cmjicX (sourced August 2018).

18 Anon, 'New survey identifies decline in sportsmanship', US Youth Soccer eNews, 18 April 2018; available at goo.gl/G6C2Us (sourced August 2018).

6장 어른 세상 걸러내기

1 Tamar Lewin, 'If your kids are awake, they're probably online', New York Times, 20 January 2010; available at goo.gl/Ecq3Rx (sourced August 2018).

2 Robert Putnam, Bowling Alone: The Collapse and Revival of American Community, Simon & Schuster, New York, 2000, p. 222.

3 Office of National Statistics, Statistical bulletin: Internet access – households and individuals: 2016; available at goo.gl/QB6Zo6 (sourced August 2018).

4 Victoria J. Rideout, Donald F. Roberts & Ulla G. Foehr, Generation M: Media in the Lives of 8-18 Year-Olds, Henry Kaiser Family Foundation, Menlo Park, Calif., 2005, p. 46.

5 Jeff Dunn, 'TV is still media's biggest platform – but the internet is quickly gaining ground', Business Insider UK, 9 June 2017; available at goo.gl/543uWJ (sourced August 2018).

6 Marie Evans Schmidt, David S. Bickham, Brandy E. King & others (Center on Media and Child Health), The Effects of Electronic Media on Children Ages Zero to Six: A History of Research, The Henry J. Kaiser Family Foundation, Menlo Park, Calif., 2005, p. 1.

7 American Academy of Pediatrics ,'Media education policy statement', Pediatrics, 104, 1999, pp. 341-3.

8 Christine Ollivier, 'France bans broadcast of TV shows for babies', Associated Press,

20 August 2008; available at goo.gl/79pF42 (sourced August 2018).

9 V. Dunkley, Reset Your Child's Brain: A Four-Week Plan to End Meltdowns, Raise Grades, and Boost Social Skills by Reversing the Effects of Electronic Screen-Time, New World Library, Novato, Calif., 2015.

10 A.E. Fahy, S.A. Stansfeld, M. Smuk & others, 'Longitudinal associations between cyberbullying involvement and adolescent mental health', Journal of Adolescent Health, 59 (5), 2016, pp. 502–9; available at goo.gl/ZbhCGo (sourced August 2018).

11 Dade Hayes, Anytime Playdate: Inside the Preschool Entertainment Boom, Free Press, New York, 2008, p. 56.

12 Alissa Quart, 'Extreme parenting', Atlantic Monthly, July/August 2006; available at goo.gl/H8Ps1i (sourced August 2018).

13 Alice Park, 'Baby Einsteins: not so smart after all', Time, 6 August 2007; available at goo.gl/oZnxAc (sourced August 2018).

14 Schmidt et al., The Effects of Electronic Media on Children Ages Zero to Six, p. 1.

15 Elizabeth A. Vandewater, Victoria J. Rideout, Ellen A. Wartella & others, 'Digital childhood: electronic media and technology use among infants, toddlers, and preschoolers', Pediatrics, 119 (5), 2007; available at goo.gl/xTHsKV (sourced August 2018).

16 American Academy of Pediatrics, 'Children, adolescents, and television', Pediatrics, 107, February 2001, p. 423.

17 Robert Kubey & Mihaly Csikzentmihalyi, 'Television addiction is no mere metaphor', Scientific American, February 2002; available at goo.gl/Rtyhxy (sourced August 2018).

18 T.N. Robinson, J.A. Banda, L. Hale & others, 'Screen media exposure and obesity in children and adolescents', Pediatrics, 140 (Suppl. 2), 2017, pp. S97–S101; available at goo.gl/ssRv5o (sourced August 2018).

19 Victoria Clayton, 'What's to blame for the rise in ADHD?', MSNBC, 8 September 2004; available at goo.gl/GjthtA (sourced August 2018).

20 Michael Gurian and Kathy Stevens, The Mind of Boys: Saving Our Sons from Falling Behind in School and Life, Jossey-Bass, New York, 2005, p. 112.

21 American Association of Pediatrics, 'Joint Statement on the Impact of Entertainment Violence on Children', 26 July 2000; available at goo.gl/1KEZu8 (sourced August 2018).

22 American Psychological Association. (2015). Resolution on Violent Video Games; available from goo.gl/PmAiXe (sourced August 2018).

23 AAP Council on Communications and Media, 'Virtual violence', Pediatrics, 138 (1), 2016, e20161298.

24 Henry Bodkin, 'Violent video games like Grand Theft Auto do not make players more aggressive, major new study finds', Daily Telegraph, 8 March 2017; available at goo.gl/zdWFoK (sourced August 2018).

25 ICD-11 for Mortality and Morbidity Statistics (2018), 6C51.0 Gaming disorder, predominantly online; available at goo.gl/jZHtxe (sourced August 2018).

26 Dave Grossman & Gloria Degaetano, Stop Teaching Our Kids to Kill: A Call to Action Against TV, Movie and Video Game Violence, Crown, New York, 1999.

27 Nicholas Carnagey, Craig Anderson & Brad Bushman, 'The effect of video game violence on physiological desensitization to real-life violence', Journal of Experimental Social Psychology 43, July 2007, 489–96; available at goo.gl/DzmjTs (sourced August 2018).

28 Daniel G. McDonald & Hyeok Kim, 'When I die, I feel small: electronic game characters and the social self', Journal of Broadcasting and Electronic Media, 45, Spring 2001, 241–58; available at goo.gl/CqKJ9i (sourced August 2018).

29 Jane Healy, Failure to Connect: How Computers Affect Our Children's Minds – for Better and Worse, Simon & Schuster, New York, 1998.

30 John Markoff, 'Joseph Weizenbaum, famed programmer, is dead at 85', New York Times, 13 March 2008; available at goo.gl/uW7exD (sourced August 2018).

31 Rideout, Roberts & Foehr, Generation M, p. 46.

32 위와 동일 p. 16.

33 위와 동일 p. 46.

34 1번 참고.

35 Common Sense Media; available at goo.gl/8us9Cr (sourced August 2018).

36 S. Rousseau & M. Scharf, 'Why people helicopter parent? An actor-partner interdependence study of maternal and paternal prevention/promotion focus and interpersonal/self-regret', Journal of Social and Personal Relationships, 10 April 2017; available at goo.gl/qMR4zd (sourced August 2018).

37 Bob Livingstone, 'The media-parent connection: overplaying fear - how it hurts and what we can do about it', July-August 2007; available at goo.gl/6m6zwd (sourced August 2018).

38 J. Veitch, S. Bagley, K. Ball & J. Salmon, 'Where do children usually play?: a qualitative study of parents' perceptions of influences on children's active free play', Health & Place 12 (4), 2005, pp. 383-93; available at goo.gl/sup76n (sourced August 2018).

39 Maia Szalavitz, 'Today show revises number of missing kids downwards', STATS Organisation, George Mason University, 9 March 2006.

40 NCIC Missing Person and Unidentified Person Statistics, 2016; available at goo.gl/ND2ZYi (sourced August 2018).

41 Kay Randall, 'Mom Needs an "A": Hovering, Hyper-Involved Parents the Topic of Landmark Study', University of Texas Feature Story, University of Texas at Austin Web site, March-April 2007.

42 Susan Gregory Thomas, Buy, Buy Baby: How Consumer Culture Manipulates Parents and Harms Young Minds, Houghton Mifflin, New York, 2007.

43 Garrison Keillor, Lake Wobegon Days, Faber & Faber, London, 1998.

엄선 참고문헌

2009년, 『맘(mom)이 편해졌습니다 Simplicity Parenting』 초판본이 출간된 이후 육아에 대한 전체론적 접근법은 물론, 소비주의와 기술이 범람하는 세상에서 더 느리고 단순한 삶을 옹호하는 '미니멀리스트' 방식 역시 옹호하는 책들이 폭발적으로 늘었다. 이 같은 도서를 더 광범위하게, 최신 버전으로 탐색해 보고 싶다면 초판본에서 정리한 책들과 함께 다음의 참고문헌도 유용할 것이다.

Acosta, R.M. (2018). The Happiest Kids in the World: Bringing up Children the Dutch Way. London: Transworld / Penguin.

Aldort, N. (2006). Raising Our Children, Raising Ourselves. Bothell, Wash.: Book Publishers Network.

Alexander, J.J. & Sandahl, I.D. (2014). The Danish Way of Parenting: Whatthe Happiest People in the World Knowabout Raising Confident, Capable Kids. London: Piatkus.

Arnold, J. C. (2000). Endangered: Your Child in a Hostile World. Farmington, Pa.: Plough.

Aron, E.N. (2015). The Highly Sensitive Child: Helping Our Children Thrive when the World Overwhelms Them. London: Thorsons.

Bailey, M. (2009). Simple Home: Calm Spaces for Comfortable Living. London: Ryland, Peters & Small.

Baldwin Dancey, R. (2006). You Are Your Child's First Teacher: Encouraging Your Child's Natural Developmentfrom Birth to Age Six, 3rd edn. Stroud: Hawthorn Press.

Bartlett, A. (2015). Keep it Simple: A Guide to a Happy, Relaxed Home. London: Ryland, Peters & Small.

Becker, J.S. (2014). Clutterfree with Kids: Change Your Thinking, Discover New Habits, Free Your Home. USA: Becoming Minimalist.

(2016). The More of Less: The Life-Giving Benefits of Owning Less. Colorado Press, Colo.: Multnomah / WaterBrook Press.

Begley, S. (2007). Train Your Mind, Change Your Brain: How a New Science Reveals Our Extraordinary Potential to Transform Ourselves. New York: Ballantine.

Biddulph, S. (1998). Raising Boys: Why Boys Are Different – and How to Help Them Become Happy and Well-Balanced Men. Berkeley, Calif.: Celestial Arts.

Biddulph, S. (2002). The Secret of Happy Children: A Guide for Parents. New York: Marlowe & Co.

(2013). Raising Girls: Helping Your Daughter to Grow up Wise, Warm and Strong. New York: Harper.

(2015). The Complete Secrets of Happy Children: A Guide for Parents. London: HarperThorsons.

(2017). Ten Things Girls Need Most. London: Thorsons / HarperCollins. (2018). Raising Boys in the 21st Century, revised edn. London: Thorsons.

Biddulph, S. & S. (2000). Love, Laughter and Parenting. London: Dorling Kindersley.

Blake Soule, A. (2017). The Creative Family Manifesto: Encouraging Imagination and Nurturing Family Connections. Boulder, Colo.: Shambhala Publications.

Borba, M. (2017). UnSelfie: Why Empathetic Kids Succeed in Our All-About-Me

World. New York: Touchstone / Simon & Schuster.

Boyle, E. (2016). Simple Matters: Living with Less and Ending Up with More. New York: Abrams.

Brett, T.G. (2011). Parenting for Social Change: Transform Childhood, Transform the World. Tucson, Ariz.: Social Change Press.

Britz-Crecelius, H. (1996). Children at Play: Using Waldorf Principles to Foster Childhood Development. South Paris, Maine: Park Street.

Brooks, A. A. (1989). Children of Fast-Track Parents: Raising Self-Sufficient and Confident Children in an Achievement-Oriented World. New York: Viking.

Carey, T. (2014). Taming the Tiger Parent: How to Put Your Child's Well-being First in a Competitive World. London: Robinson.

(2015). Girls Uninterrupted: Steps for Building Stronger Girls in a Challenging World. London: Icon Books.

Carver, C. (2017). Soulful Simplicity: How Living with Less Can Lead to So Much More. New York: TarcherPerigee/Penguin.

Charley, L. (2018). The Unconditional Respect and Love: How Positive Parenting Can Elevate the Relationship between You and Your Child. CreateSpace Independent Publishing.

Chudacoff, H. (2007). Children at Play: An American History. New York: New York University Press.

Conner, B. (2007). Unplugged Play: No Batteries. No Plugs. Pure Fun. New York: Workman.

Cooper, A. (2015). Reflective Parenting. Abingdon, Oxon: Routledge.

Cooper, V.L., Montgomery, H. & Sheehy, K. (2018). Parenting the First Twelve Years: What the Evidence Tells Us. Harmondsworth: Pelican.

Crain, W. (2003). Reclaiming Childhood: Letting Children Be Children in Our Achievement-Oriented Society. New York: Times Books.

DeGrandpre, R. (1999). Ritalin Nation: Rapid-Fire Culture and the Transformation of Human Consciousness. New York: Norton.

Doe, M. (2001). Busy but Balanced: Practical and Inspirational Ways to Create a Calmer, Closer Family. New York: St. Martin's.

Drew, N. (2000). Peaceful Parents, Peaceful Kids: Practical Ways to Create a Calm and Happy Home. New York: Kensington.

Dunn, J. & Layard, R. (2009). A Good Childhood: Searching for Values in a Competitive Age. Harmondsworth: Penguin.

Eanes, R. (2016). Positive Parenting: An Essential Guide. New York: J.P. Tarcher/Penguin.

Elkind, D. (2006). The Hurried Child. 25th Anniversary Edition. New York: Da Capo. (2007). The Power of Play: Learning What Comes Naturally. New York: Da Capo.

Goddard Blythe, S. (2005). The Well Balanced Child: Movement and Early Learning. Stroud: Hawthorn Press.

(2008). What Babies and Children Really Need. Stroud: Hawthorn Press. (2011). Genius of Natural Childhood. Stroud: Hawthorn Press.

(2017). Raising Happy Healthy Children: Why Mothering Matters. Stroud: Hawthorn Press.

(2018). Movement: Your Child's First Language. Stroud: Hawthorn Press.

Golding, K.S. (2017). Everyday Parenting with Security and Love: Using PACE to Provide Foundations for Attachment. London: Jessica Kingsley.

Goleman, D. (1995). Emotional Intelligence: Why It Can Matter More than IQ. New York: Bantam.

Gopnik, A. (2017). The Gardener and the Carpenter: What the New Science of Child Development Tells Us about the Relationship between Parents and Children. London: Bodley Head.

Gray, P. (2015). Free to Learn: Why Unleashing the Instinct to Play Will Make Our Children Happier, More Self-Reliant, and Better Students for Life. New York: Basic Books.

Grossman, D. & Degaetano, G. (1999). Stop Teaching Our Kids to Kill: A Call to

Action Against TV, Movie and Video Game Violence. New York: Crown.

Gurian, M. & Stevens, K. (2005). *The Mind of Boys: Saving Our Sons from Falling Behind in School and Life*. New York: Jossey-Bass.

Hanscom, A.J. (2106). *Balanced and Barefoot: How Unrestricted Outdoor Play Makes for Strong, Confident, and Capable Children*. Oakland, Calif.: New Harbinger.

Harvey-Zahra, L. (2014). *Happy Child, Happy Home: Conscious Parenting and Creative Discipline*. Edinburgh: Floris Books.

Hayes, D. (2008). *Anytime Playdate: Inside the Preschool Entertainment Boom, or How Television Became My Baby's Best Friend*. New York: Free Press.

Healy, J. (1998). *Failure to Connect: How Computers Affect Our Children's Minds – and What We Can Do About It*. New York: Simon & Schuster.

(2004). *Your Child's Growing Mind: Brain Development and Learning from Birth to Adolescence*. New York: Broadway.

Hetzel, R. (2012). *Down to Earth: A Guide to Simple Living*. North Sydney: Penguin Random House.

Hoffman, K., Cooper, G. & Powell, B. (2017). *Raising a Secure Child: How Circle of Security Parenting Can Help You Nurture Your Child's Attachment, Emotional Resilience, and Freedom to Explore*. New York: Guilford Press.

Holland, H. (2012). *I Love My World: The Playful, Hand-on, Nature Connection Handbook*. Otterton, Devon: Wholeland Press.

Honoré, C. (2005). *In Praise of Slow: How a Worldwide Movement is Challenging the Cult of Speed*. London: Orion.

(2009). *Under Pressure: Rescuing Our Children from the Culture of Hyper-Parenting: Putting the Child Back into Childhood*. London: Orion.

(2014). *The Slow Fix: Lasting Solutions in a Fast-Moving World*. London: HarperCollins.

Hood, M. (2016). *Real Parenting for Real Kids: Enabling Parents to Bring Out the Best in Their Children*. Practical Inspiration Publishing.

House, R. (ed.) (2011). *Too Much Too Soon? Early Learning and the Erosion of*

Childhood. Stroud: Hawthorn Press.

House, R. & Loewenthal, D. (eds) (2009). *Childhood, Well-Being and a Therapeutic Ethos*. London: Karnac Books.

Hunt, J. (2001). *The Natural Child: Parenting from the Heart*. Gabriola Island, BC: New Society Publishers.

James, O. (2006a). *Affluenza: When Too Much Is Never Enough*. London: Random House.

(2006b). *They F*** You Up: How to Survive Family Life*. London: Bloomsbury. (2014). *How to Develop Emotional Health*. Basingstoke: Pan Macmillan.

(2018). *Love Bombing: Reset Your Child's Emotional Thermostat*. Abingdon, Oxon: Routledge (orig. 2012).

Janis-Norton, N. (2016). *Calmer, Easier, Happier Parenting: The Revolutionary Programme That Transforms Family Life*. London: Hodder & Stoughton.

Jay, F. (2016). *The Joy of Less: A Minimalist Guide to Declutter, Organize, and Simplify*. San Francisco: Chronicle Books.

Kabat-Zinn, J. and Kabat-Zinn, M. (1998). *Everyday Blessings: The Inner Work of Mindful Parenting*. New York: Hyperion.

Kenison, K. (2002). *Mitten Strings for God: Reflections for Mothers in a Hurry*. New York: Warner.

Kohn, A. (2006). *Unconditional Parenting: Moving from Rewards and Punishments to Love and Reason*. New York: Atria Books / Simon & Schuster.

Lancy, D.F. (2017). *Raising Children: Surprising Insights from Other Cultures*. Cambridge: Cambridge University Press.

Lane, J. (2001). *Timeless Simplicity: Creative Living in a Consumer Society*. Totnes, Devon: Green Books.

Large, M. (2003). *Set Free Childhood: Parents' Survival Guide for Coping with Computers and TV*. Stroud: Hawthorn Press.

Leo, P. (2007). *Connection Parenting: Parenting Through Connection Instead of Coercion, Through Love instead of Fear*. Deadwood, Ore.: Wyatt-MacKenzie.

Leonard, A. (2010). The Story of Stuff: How Our Obsession with Stuff is Trashing the Planet, Our Communities, and Our Health – and a Vision for Change. London: Constable.

Levine, M. (2002). A Mind at a Time. New York: Simon & Schuster.

Levy, P. (2014). Digital Inferno: Using Technology Consciously in Your Life and Work, 101 Ways to Survive and Thrive in a Hyperconnected World. West Hoathly, W. Sussex: Clairview Books.

Louv, R. (2006). Last Child in the Woods: Saving Our Children from Nature-Deficit Disorder. Chapel Hill, N.C.: Algonquin.

(2012). The Nature Principle: Reconnecting with Life in a Virtual Age. Chapel Hill, N.C.: Algonquin.

Luhrs, J. (1997). The Simple Living Guide: A Sourcebook for Less Stressful, More Joyful Living. New York: Bantam Doubleday Dell.

McAlary, B. (2018). Slow: Simple Living for a Frantic World. Naperville, Ill.: Sourcebooks.

McKeown, G. (2014). Essentialism: The Disciplined Pursuit of Less. London: Virgin/Ebury.

Macy Stafford, R. (2-14). Hands Free Mama: A Guide to Putting Down the Phone, Burning the To-Do List, and Letting Go of Perfection to Grasp What Really Matters! Grand Rapids, Mich.: Zondervan.

Markham, L. (2014). Calm Parents, Happy Kids: The Secrets of Stress-free Parenting. London: Ebury Books.

(2018). Peaceful Parent, Happy Kids Workbook: Using Mindfulness and Connection to Raise Resilient, Joyful Children and Rediscover Your Love of Parenting. Eau Claire, Wisc.: PESI Publishing & Media.

Mellon, N. (2000). Storytelling with Children. Stroud: Hawthorn Press.

Morin, A. (2017). 13 Things Mentally Strong Parents Don't Do: Raising Self-Assured Children and Training Their Brains for a Life of Happiness, Meaning, and Success. New York: William Morrow / HarperCollins.

Morrish, R. (1998). Secrets of Discipline: 12 Keys for Raising Responsible Children. Ontario: Woodstream.

Murray, L.E. (2012). Calm Kids: Help Children Relax with Mindful Activities. Edinburgh: Floris Books.

Mustard, J. (2018). Simple Matters: A Scandinavian's Approach to Work, Home, and Style. Utah: Gibbs M. Smith Inc.

Naish, J. (2009). Enough: Breaking Free from the World of Excess. London: Hodder.

Naish, S. (2018). The A–Z of Therapeutic Parenting: Strategies and Solutions. London: Jessica Kingsley.

Noll, S. (2013). Slow Family Living: 75 Simple Ways to Slow Down, Connect, and Create More Joy. New York: TarcherPedigee.

Ockwell-Smith, S. (2016). The Gentle Parenting Book: How to Raise Calmer, Happier Children from Birth to Seven. London: Piatkus.

Page, L. (2015). Parenting in the Here and Now: Realizing the Strengths You Already Have. Edinburgh: Floris Books.

Palmer, S. (2008). Detoxing Childhood: What Parents Need to Know to Raise Happy, Successful Children: What Parents Need to Know to Raise Bright, Balanced Children. London: Orion.

(2010). 21st Century Boys: How Modern Life Is Driving Them off the Rails and How We Can Get Them Back on Track. London: Orion.

(2014). 21st Century Girls: How the Modern World is Damaging Our Daughters and What We Can Do About It. London: Orion.

(2015). Toxic Childhood: How The Modern World Is Damaging Our Children And What We Can Do About It, 2nd edn. London: Orion.

Parker, J. & Stimpson, J. (2004). Raising Happy Children: What Every Child Needs Their Parents to Know – from 0 to 11 years. London: Hodder & Stoughton.

Parkins, W. (2006). Slow Living. Oxford: Berg 3PL.

Patterson, B. & Bradley, P. (2000). Beyond the Rainbow Bridge: Nurturing Our Children from Birth to Seven. Amesbury, Mass.: Michaelmas.

Payne, K.J. (2015). *The Soul of Discipline: The Simplicity Parenting Approach to Warm, Firm, and Calm Guidance – from Toddlers to Teens.* New York: Ballantine, 2015

——— (2019). *Being at Your Best When Your Kids Are at Their Worst: Practical Compassion in Parenting.* Boulder, Colo.: Shambhala.

Payne, K.J. & Hammond, K. (1997). *Games Children Play: How Games and Sport Help Children Develop.* Stroud: Hawthorn Press.

Pearce, J.C. (1992). *Magical Child: Rediscovering Nature's Plan For Our Children.* Harmondsworth: Penguin.

Penney, C. (2018). *The Parenting Toolkit: Simple Steps to Happy and Confident Children.* Stroud: Hawthorn Press.

Perry, B.D. (2011). *Born for Love: Why Empathy Is Essential – and Endangered.* New York: HarperCollins.

Petrash, J. (2002). *Understanding Waldorf Education: Teaching from the Inside Out.* Beltsville, Md.: Gryphon House.

——— (2004). *Navigating the Terrain of Childhood: A Guidebook for Meaningful Parenting and Heartfelt Discipline.* Kensington, Md.: Nova Institute.

Pierce, L.B. (2001). *Choosing Simplicity: Real People Finding Peace And Fulfillment In A Complex World.* Rolling Meadows, Ill.: Gallagher Press.

Pipher, M. (1996). *The Shelter of Each Other: Rebuilding Our Families.* New York: Putnam's.

Postman, N. (1995). *The Disappearance of Childhood.* New York: Vintage.

Putnam, R. (2001). *Bowling Alone: The Collapse and Revival of American Community.* New York: Simon & Schuster.

Robb, M. (2015). *Learning with Nature: A How-to Guide to Inspiring Children through Outdoor Games and Activities.* Cambridge: Green Books.

Rosenfeld, A. & Wise, N. (2001). *The Over-Scheduled Child: Avoiding the Hyper-Parenting Trap.* New York: St. Martin's.

Sacks, O. (1985). *The Man who Mistook His Wife for a Hat and Other Clinical*

Tales. New York: Summit.

St James, E. (1996). Living the Simple Life: a Guide to Scaling down and Enjoying More. New York: Hyperion.

Sampson, S.D. (2016). How to Raise a Wild Child: The Art and Science of Falling in Love with Nature. Boston. Mass.: Mariner Books / Houghton Mifflin Harcourt.

Schlosser, E. (2001). Fast Food Nation. Boston, Mass.: Houghton Mifflin.

Schor, J. B. (2004). Born to Buy: The Commercialized Child and the New Consumer Culture. New York: Scribner.

Schwartz, B. (2005). The Paradox of Choice: Why More Is Less. New York: Harper Perennial.

Sherlock, M. (2003). Living Simply with Children: A Voluntary Simplicity Guide for Moms, Dads, and Kids Who Want to Reclaim the Bliss of Childhood and the Joy of Parenting. New York: Three Rivers.

Siegel, D. (2015). The Developing Mind: How Relationships and the Brain Interact to Shape Who We Are, 2nd edn. New York: Guilford.

Siegel, D. & Hartzell, M. (2003). Parenting from the Inside Out. New York: Jeremy Tarcher.

Sigman, A. (2005). Remotely Controlled: How Television Is Damaging Our Lives. London: Vermillion / Ebury.

Skenazy, L. (2010). Free-Range Kids: How to Raise Safe, Self-Reliant Children (Without Going Nuts with Worry). San Fransisco: Jossey Bass.

Stadlen, M. (2005). What Mothers Do: Especially when It Looks Like Nothing. London: Piatkus.

Stiffelman, S. (2012). Parenting without Power Struggles: Raising Joyful, Resilient Kids while Staying Cool, Calm and Collected. New York: Simon & Schuster.

(2015). Parenting with Presence: Practices for Raising Conscious, Confident, Caring Kids. Novato, Calif.: New World Library.

Stixrud, W. & Johnson, N. (2018). The Thriving Child: The Science Behind Reducing Stress and Nurturing Independence. Harmondsworth: Penguin.

Sunderland, M. (2001). Using Story Telling as a Therapeutic Tool with Children. Milton Keynes: Speechmark Publishing.

(2015). Conversations that Matter: Talking with Children and Teenagers in Ways that Help. Duffield, Derbyshire: Worth Publishing.

(2016). What Every Parent Needs To Know: Love, Nuture and Play with Your Child, 2nd edn. London: Dorling Kindersley.

Susanka, S. (2007). The Not So Big Life: Making Room for what Really Matters. New York: Random House.

Thom, J. (2018). Slow Teaching: On Finding Calm, Clarity and Impact in the Classroom. Woodbridge, Suffolk: John Catt.

Thomas, S, G. (2007). Buy, Buy Baby: How Consumer Culture Manipulates Parents and Harms Young Minds. Boston, Mass.: Houghton Mifflin.

Timimi, S. (2002). Pathological Child Psychiatry and the Medicalization of Childhood. Abingdon, Oxon: Brunner-Routledge.

(2005). Naughty Boys: Anti-Social Behaviour, ADHD and the Role of Culture. Basingstoke: Palgrave Macmillan.

Timimi, S. & Leo, J. (eds) (2009). Rethinking ADHD: From Brain to Culture: International Perspectives. Basingstoke: Palgrave Macmillan.

Tough, P. (2013). How Children Succeed: Confidence, Curiosity and the Hidden Power of Character. London: Random House Books.

(2016). Helping Children Succeed: What Works and Why. London: Random House Books.

Tsabary, S. (2018). The Awakened Family: How to Raise Empowered, Resilient, and Conscious Children. London: Yellow Kite / Hodder & Stoughton.

Various. (2017). Tools for Slow Living: A Practical Guide to Mindfulness and Coziness. London: Eken Press.

Wallman, J. (2015). Stuffocation: Living More with Less. Harmondsworth: Penguin.

Walsh, P. (2007). It's All Too Much: An Easy Plan for Living a Richer Life with Less Stuff. New York: Free Press.

Williams, F. (2017). *The Nature Fix: Why Nature Makes Us Happier, Healthier, and More Creative.* New York: Norton.

Williams, J. (2015). *Understanding the Highly Sensitive Child: Seeing an Overwhelming World through Their Eyes.* CreateSpace Independent Publishing.

Wipfler, P. & Schore, T. (2016). *Listen: Five Simple Tools to Meet Your Everyday Parenting Challenges.* Palo Alto, Calif.: Hand in Hand Parenting.

옮긴이 이정민

인하대학교 역사학과를 졸업하고 고려대학교 국제대학원에서 국제평화안보를 공부했다. MBC 문화방송 시사교양국「지구촌 리포트」구성 작가와 보도국 국제팀 번역 작가로 재직했으며, 외교통상부 산하 핵안보정상회의 준비기획단 홍보 에디터를 거쳐 현재는 바른번역 소속 전문 번역가로 활동 중이다. 옮긴 책으로는『평가받으며 사는 것의 의미』,『빅뱅에서 인류의 미래까지 빅히스토리』,『돈 걱정 없는 삶』,『이집트에서 24시간 살아보기』등이 있다.

맘(mom)이 편해졌습니다

초판 1쇄 발행일 2020년 6월 15일
초판 3쇄 발행일 2020년 7월 23일

지은이 킴 존 페인(Kim John Payne)
옮긴이 이정민
번역 감수·교열 이영구
책임편집 김민석
교정교열 박오름
디자인 박마리아
펴낸곳 골든어페어(Golden Affair Books)
출판등록 2013년 8월 16일 제2013-000178호
주소 진주시 금산면 월아산로 1440번길 55
대표전화 070-7533-2021
팩스 0303-3441-2020
전자우편 contact@gabooks.kr
홈페이지 www.gabooks.kr
ISBN 979-11-88225-63-7 (13370)

*이 책 내용의 전부 또는 일부를 이용하려면 반드시 저작권자와 골든어페어의 서면동의를 받아야 합니다.

*이 도서의 국립중앙도서관 출판시도서목록(CIP)은 서지정보유통지원시스템(http://seoji.nl.go.kr)과 국가자료공동목록시스템 (http://www.nl.go.kr/kolisnet)에서 이용하실 수 있습니다. (CIP 제어번호: CIP2020019351)

일상(everyday affairs)을 대하는 관점이 바뀌면 천재일우의 기회(golden affair)가 찾아올 수도 있습니다. 관점의 변화를 출판합니다. - 골든어페어(Golden Affair Books)